Theodor Mommsen

1902

"当代最伟大的编史大师，这点在他的巨作《罗马史》中得到了淋漓尽致的展现。"

〔德国〕蒙　森◎著
肖　婷◎译

罗马史

北京理工大学出版社
BEIJING INSTITUTE OF TECHNOLOGY PRESS

颁奖辞

瑞典学院常任秘书 C.D.威尔逊

在诺贝尔章程的第二段中有详细的表述："文学"除了包含纯粹的文学以外，"还应当包括能够在形式、题材和主题上彰显文学意义的其他作品"。根据这个规定，只要哲学家、宗教题材作家、历史学家和科学工作者的作品形式具有非常出色的艺术特征，作品的内容具有重大的意义，那么他们就有获得诺贝尔文学奖的资格。

今年瑞典学院需要在众多出色的竞选者中进行选择，最终将诺贝尔文学奖授予由18位普鲁士皇家科学院院士共同推选的特奥多尔·蒙森。

在蒙森70岁生日之际，柴格迈斯特将他已经出版的所有书目进行整理，共包括920篇优秀文章。蒙森最主要的成果之一是编著了《拉丁铭文集》。虽然这项工作得到许多博学的学者协助，但仍是一项艰巨的使命，就像海格力斯所完成的"不可能完成的"伟绩一样。在书集所包含的15卷书中，他不仅要在每卷书里都撰写关于历史英雄的文章，还要担任整部著作的主编工作——这也是体现他出色才能的地方。蒙森是文学界中当之无愧的标志性人物。他在罗马法学、铭文学、钱币学以及罗马编年史和通史方面都有独特的见解。即便总是对他心存偏见的批判家也承认，在谈到伊阿庇吉亚的碑铭，阿庇乌斯·西库斯的残片，以及迦太基的农业时，蒙森都是这些领域的权威。受过教育的大众一般是通过《罗马史》(1854—1885) 一书了解他的。正是这部意义深远的著作使他获得了瑞典学院颁发的诺贝尔文学奖。

《罗马史》问世于 1854 年，迄今为止，第四卷仍未出版，但在 1885 年《罗马史》的第五卷抢先出版了。蒙森在该卷中详细地描写了罗马帝国各省的状况，由于罗马帝国时期与现代社会时间间隔较小，因此其中的很多描写可用于比照现代社会，这也使得《罗马史》能够对照诺贝尔规章中指明的情况，给大家提供了评估该著作的标准。蒙森的这一著作已被译成多种文字，该著作不仅在行文风格上灵活生动，而且在学术方面具有很高的价值。蒙森把大量的数据与其敏锐的判别力、缜密的分析方法、灵活的文笔相结合，并以艺术表现手法赋予文章生命。他懂得怎将真理从冗杂的历史资料中提炼出来，蒙森渊博的学识、杰出的组织才能、非凡敏锐的直觉，丰富的想象力，以及能够把苦心钻研所得的成果以一幅生动的画面展示出来的能力一样令人钦佩。他的直觉和创造力冲破了历史学家和诗人之间的阻碍。在《罗马史》第五卷中他说，"想象力不只是诗歌的来源，也是历史的源泉"。的确，二者极为相似。就像兰克的超然的客观主义令人想起歌德的理智冷静，而英国将麦考莱以诗人的身份安葬在威斯敏斯特教堂的诗人之角也是非常正确的决定。

蒙森用粗略的笔法描写出罗马人的性情，并展现出罗马人遵守国家命令与儿子遵守父辈命令的关联性。他以卓越的手法绘制了一幅罗马帝国发展过程的伟大画卷。他描述了罗马如何从一个人数不多的小民族发展成为统领世界的强大帝国；罗马发展的过程中，旧体制是怎样无法满足新的要求；"古罗马公民大会"的权力怎样逐步形同虚设，进而成为政客实现自身目的的工具；元老院是怎样从起初全心全意关注民生，而在完成政治任务之后却无法满足国家新的需求，以及那些没有爱国精神的资产阶级怎样在政治投机中滥用权力，自由农民的消亡又是怎样给共和国带来灾祸性的后果。

　　蒙森还证明了执政官的频频替换如何影响了战事，最终导致罗马人延长了军官服役的期限，那些将军们是怎样逐渐独立的。同时由于旧制度无法满足帝国的实际需要，恺撒主义怎样因为罗马帝国缺乏可以与其发展相匹配的制度而成为历史发展的必然趋势，以及专制主义怎样带来比寡头政治更少的阻碍。作为一名历史学家，蒙森的眼里容不进一粒沙子，他看破一切虚假，就像将糠皮分离出麦子一样。蒙森以理性睿智的头脑研究历史，从感性的历史资料中发现真理，蒙森的目光十分敏锐，擅长区别实际与幻想，就如同他崇拜的恺撒大帝。

　　许多批判家曾对蒙森的这部《罗马史》表达过异议，这些批评家的观点也不是毫无道理的。他们认为蒙森的天赋有时会使他在判别事物时受主观情感的控制，从而影响他判断的公正性，尤其是在他评价那些支持必将消失的自由而反对恺撒的人，以及在艰难时期不忠诚于派系的墙头草。还有人质疑蒙森对违反法令天才的欣赏，他认为在历史中并没有叛国罪一说，因为革命者都是具有长远眼光的政治家。但有必要说明的是，蒙森从不主张暴力，而是称赞为国家最高目标效劳的那种气魄。他曾表达过他坚定的信仰："欣赏被凶恶的力量所破坏的事或物，就是违背了历史精神。"还有一些评论家指责蒙森，说他曾偶尔用不是很恰当的现代术语来描述古代的史实。可是这种手法并非蒙森幻想所得，而应归功于他的博古通今。这种手法不仅丰富了文章的描写，也给文章加入了新鲜感。

不过，我们要说一下，蒙森并不是历史唯物主义者。他崇拜波利比乌斯，但也批判他，这是由于他无视人的品德力量以及过于机械化的世界观。关于格拉古这位鼓舞人心的革命者，蒙森以为，统治阶层和被统治阶层必须具有相同的道德原则，不然任何国家都是修建于流沙之上的。对他而言，稳定的家庭便是国家的根基。另外，他还对罗马的奴隶制度表达了强烈的不满。在对罗马史的研究中，蒙森看到一个仍有生机的民族怎样在灾祸面前变得愈加刚强，正如波斯人在卫城点燃的大火带来了雅典的自由，高卢人在罗马烧起的大火亦致使今天意大利的团结。

蒙森博学，健谈，长于讽刺，他对罗马的政治、外交以及宗教、文学、法令、金融和风俗习惯等方面都有过生动的描写。蒙森对历史事件的描写是十分精彩的，只要是读过《罗马史》的读者，都无法忘掉他对特拉西美努斯湖、卡奈战争、阿累利亚战争及法萨鲁斯战争的描写。他对人物的刻画也非常生动，他以锋利、细腻的笔触刻画出许多形象，例如富有"政治煽动性"的盖阿斯·葛拉丘，将处在生命行将结束时的马略描写为"精神混乱无法自拔，众人为躲避晕眩而跳入深渊"。特别是苏拉，蒙森对他进行了精彩绝伦的描写，还有尤利乌斯·恺撒，这是蒙森心中的罗马英雄，以及汉尼拔和大西庇阿——扎马战役的胜利者，更不必提那些他几笔刻画就熠熠生辉的次要人物了。

对于这些描写，历史学家特莱支克说过，《罗马史》是19世纪最出色的历史巨著，蒙森笔下的恺撒和汉尼拔一定会在每个青年和士兵的心中燃起激情。

蒙森身上汇集了许多才能。他学识渊博，能够清醒地剖析原始数据，但他在判别事物时又饱含激情。蒙森以他扎实的知识储备，详细地描写了罗马政府内部组织和复杂的经济状况。另外，他对战争场景和人物个性的描写也是活灵活现的。蒙森也许可以算是一位艺术家，因为他的《罗马史》可以称得上是一部艺术巨著。诺贝尔在遗言中肯定了纯文学是人类文明的高尚之花，而蒙森是其最优秀的代表之一。在把《罗马史》第一卷交给出版商时，蒙森说："这项工作绝非易事。"在他取得博士学位50周年之际，他又激动地说学习是无穷尽的。可是在他已完工的著作中看不出任何工作的艰苦，这正体现了所有优秀艺术著作的内在品质。读者像踏在坚实的土地上，完全不担心拍岸的浪花会溅湿衣裳。这部非凡的著作就好像金属铸成一样，巍然矗立于我们眼前。

在剑桥的就职演说中，阿克顿勋爵称蒙森为当代最优秀的作家之一，由此看来，蒙森理应得到一项文学上的重要奖项。最新的德语版《罗马史》刚刚发行，内容没有任何改变，但这部书仍然具有鲜活的生命力。这是一部标志性的著作，或许它没有大理石的美感，但却像铜器那样坚固耐久。在蒙森的著作中，历史学者和诗人的手法都随处可见。的确，他年轻时就写过诗，1843年出版的《三个兄弟的诗集》即可证明。若不是境遇使然，他有可能成为缪斯的追随者。用他的话讲："写诗和做文章，并不是所有的蓓蕾都会开出花朵。"作为一个历史学家，蒙森是特奥多尔·施托姆的好友，是默里克的崇拜者，就算已到晚年，他还翻译过意大利诗人卡尔杜齐和加可萨的诗文。

艺术家与科学家常常在精神上保持青春活力。蒙森既是一位学者又是一名艺术家，85岁的他在著作中仍然有着年轻人的热情和精力。即便到了1895年，蒙森仍为普鲁士科学院的学报做出了很大的贡献。

诺贝尔文学奖的奖章上面刻了一位在倾听缪斯教导的年轻人。蒙森虽然年老，但他有着与青年一样炽热的心。读过《罗马史》的人几乎没有人不知道缪斯女神当中的历史女神克莱奥。年轻时，古代历史的代表人物曾经激起过我们的热血，在多年之后我们重读历史时，仍然能够感受到这些人物的魅力，这便是与无穷的艺术相结合的文学的魅力。

基于以上理由，今天我们在埃里克·古斯塔夫·盖耶尔国王统领下的国家向特奥多尔·蒙森表达我们崇高的敬意。

致答辞

（蒙森因年纪与工作原因未能前往参加颁奖典礼，但向瑞典学院发了致谢信。）

目 录

罗马史

第一卷　罗马的肇始

第一章 导 论

　　峡湾错如犬牙、岛链灿若星辰的地中海，深深嵌入到欧亚非大陆之中，形成了一个巨大的内海。它在地理上将旧世界分成三个部分，同时，这三者又因为地中海本身被紧密地牵连在一起，密不可分。在古代，地中海沿岸栖息着不同的民族。虽然各民族间的血脉、语言各不相同，但是在历史上却构成了一个统一体。而这些民族的历史经常被称为古代世界史。——当然，现在看来，这个称呼似乎并不那么正确。

　　这部分的历史，准确来说，是指那时生活在地中海沿岸各个民族的文明史。而这个文明史大致可以分为四个组成部分——其一是生活在地中海南岸埃及人的先民史；其二是生活在东岸，乃至向东延伸到亚洲地区两河流域的中东人的民族史；其三是希腊人的历史；其四是意大利人的历史。后者两个民族——希腊人和意大利人，是以欧洲河岸为原始边界，共同发展起来的孪生民族。

　　这四部不同民族的发展史，在早期是互相密不可分的，无论在地理上还是时间上都互有关联，但是很快，在各自的发展到达一定阶段以后，便走上了各自截然不同的发展轨迹。而除此四个民族之外，周围还有许多别的民族——居住在非洲的柏柏尔人、尼格罗人；居住在亚洲的阿拉伯人、波斯人和印度人，以及欧洲大陆的凯尔特人与日耳曼人——都与地中海沿岸的诸民族有过关系复杂的交往，但是无论是激烈的战争，还是和平的商贸往来，彼此间都似乎各立门户，并没有因此而产生决定历史走向的影响。

若说文化圈可借以划分地域，那么，我们可以将地中海沿岸的文化圈看作是一个整体，其文明巅峰则完全可以归纳为四个重点词——底比斯、迦太基、雅典以及罗马。这四个名词所代表的，是四个有着各自独特而又高贵文明的民族，他们的文明互相辉映，将人性的一切元素演绎得波澜壮阔，乃至最终成就了地中海沿岸的文化圈。而此前如汹涌的海浪一般冲击沿岸诸国疆域的新民族，终于将地中海南北两岸各自为政、互相独立的两个历史进程合而为一，从而，世界的文明中心从地中海沿岸北移到了大西洋沿岸。

由此我们可以看到，古代史与近代史的划分并非任意为之，也不仅仅是为了方便编年史。这里所称的近代史，实际上是以一个新文化圈的形成为划分标志的。这个新兴的文化圈，在历史的不同阶段都与地中海沿岸各民族的文明紧密相关——就像地中海文化圈在形成初期受到印欧民族文化的巨大熏陶，最终又走上自己独立的道路一样——这个新文化圈必然要走出一条只属于自己的独特道路来。

这个新文化圈的未来或许注定要经历兴衰荣枯的交替，其也许会在宗教、政治、艺术方面有所创新与突破，取得物质和思想的双重丰收；也许会在未来的某一天，终于因为自身的不足而衰败。但文明的不足，终归只是某段时期的短暂情况，因为其本身拥有着庞大而严肃的体系，这个体系必定会将其发展引导到正确的轨道上，最终指导其文明完成自己独特的历程。

然而，人类本身的历史却与此类文化圈的历史不同，因为人类即使是在新的历史任务即将达成的时期，那些曾经被解决过的旧问题或许会再次袭来——对此，人类则需要重新解决，而同时，重新解决这些旧任务所辐射的社会范围将会更为广阔，完成任务时所产生的历史意义也将更为深刻。

本书的目标则是要将这部伟大历史剧的最后一幕重现出来，即叙说这个由北方大陆搋入地中海所形成的中央半岛的古代史。

这个半岛由亚平宁山脉——西阿尔卑斯山南部的支脉——所形成，其整体走势偏于东南，因而西岸的海湾相对东岸要宽广一些。岛上山脉的至高处位于临近东部海湾的阿布鲁兹，然而甚少有终年积雪的高峰。由阿布鲁兹开始，高山向南延伸且高度不断降低，最终下倾成为丘陵，绵延至东、西、南等不同方向：东、西方向形成近乎平坦的高地，南方则多成为凹凸不平、分散凌乱的小丘，最终两者都形成了更小的海岬，伸入到地中海里。

其北方，阿尔卑斯山脉与亚平宁山脉之间，一派平川沃野，直至阿布鲁兹，然而，此间却并非早期罗马史的发祥地，因为古意大利的北方边界是亚平宁山脉，而不是阿尔卑斯山脉。亚平宁山脉坡面缓和而辐辏宽广，为数众多的山谷台地之间，不仅有较易行走的隘口相连，而且附近的缓坡以及向东、西、南三个方向延伸开的海岸，都十分利于安家立业。

东海岸的阿普利亚平原，平缓延展，基本没有曲折和河口，在北方被阿布鲁兹山脉堵住，只有陡峭的伽甘纳斯的山脊将之突破。与之呼应的，是与内陆丘陵以及旷野相连、位于两个海岬之间的广阔低地，即缺乏港口但水源充沛、土地肥沃的南岸，以及幅员广阔、有台伯河等河溪流经的西岸地区。

在伊特拉里亚、拉丁以及坎帕尼亚诸区，海浪侵蚀以及火山喷发所形成的山谷、海岛以及港口，共同构成了意大利本土的精华。坎帕尼亚南方山势较低缓，到了第勒尼安海附近，几乎与海平面持平。其山脉潜行于海水下，形成了与意大利本岛约略相隔的西西里岛——史上这两者的关系，犹如希腊之于伯罗奔尼撒，盖同为民族交融之前沿、文明交汇之舞台——这一块诞生于火山喷发的小陆地，是地中海最美的岛屿，其内陆主要由山川以及部分沙漠组成，四周的外缘却宽阔肥美，其中，东方与南方的海岸则更为典型。

与希腊半岛相似，意大利半岛同样拥有平缓的山丘与新鲜的空气。然而，其海岸发展却不如希腊，由于地理上缺乏岛屿与港口，意大利半岛的航海技术始终不及希腊。不过，意大利的优势在于肥沃的冲积平原和水草丰美的坡地，适宜发展农牧业。这些条件，使得意大利半岛像希腊地区一样，成为一个激发奋进的地方，既可以作为远征的根据地，也可以作为部族的定居地。

在地势走向上，希腊半岛向东方倾斜，而意大利半岛则向西方倾斜。在希腊，阿卡纳尼亚海岸与埃壁鲁斯并不是主要的历史发展区，这一点，意大利的阿普利亚与麦撒比亚海岸也是一样。希腊的历史发展主区——艾提卡与马其顿，是面向东方的；而意大利这边，面向西边的埃特鲁利亚、拉丁和坎帕尼亚，则正是其历史发展主区。从这一点观之，希腊和意大利，这两个姊妹邻邦，似乎有意背道而驰。尽管奥特兰托和阿克罗克劳努之间的距离，用肉眼就可以穿越，但是意大利与希腊两国之间最初的来往，却要取道亚德里亚海之外的其他途径。

在历史上，由于地理环境差异导致民族倾向不同的例子，比比皆是。希腊与意大利同样如此，这两个民族同为古代文明的延伸，但其文化所辐射的范围以及对后世源远流长的影响，则分别投射至了东、西两个方向。

本书所讲述的并非仅是罗马这一城邦的局部历史，而旨在表达意大利的全史。从历史的发展进程来看，罗马社团首先攻取了意大利，取得意大利的主权之后才征服世界，因此罗马的历史与意大利的历史似乎确实很难一分为二。从历史意义方面来看，罗马人虽然是意大利各民族之中最强悍的一支，但毕竟只是其中的一部分而已，而罗马征服了意大利，在史实上则是为意大利全民族的统一奠定了基础。

意大利史主要分为两个部分：第一，内部史，时间从最早期开始，直至拉丁民族取得主导地位为止；第二，即为罗马人如何征服全世界的历史。第一部分的介绍，集中于本书的前两卷：那时，更古老的文明部落——希腊和埃特鲁利亚人以及周遭各民族，都对居于半岛上的意大利各民族在民族与政治上进行过袭扰，而后者则对这种干预和侵扰进行了反击，将之消灭或征服；之后，便是半岛争霸赛——交战双方分别是意大利的两大主要民族——拉丁人与闪米特人；最后讲述的则是罗马建城后的第五个世纪——即公元前四世纪——拉丁人取得的胜利。

第二部分由本书的第三卷开始，将主要描述迦太基之战，迅速扩张的罗马领土，漫长的罗马帝国时期，以及整个罗马帝国是如何崩溃的。

第四章　罗马的肇始

　　平缓的山丘在台伯河两岸升起，此处离河流的入海口大概14英里。山丘在这里右岸比左岸高一些。而左岸较低的群山，则与"罗马人"这个词汇息息相关了至少2 500年。当然无法知道是从什么时候开始有的这个称谓，但是我们已经可以确定，在这个区域内最初的住民的称谓并不是"罗马人"，而是"罗姆尼安人"。这个词可能意味着"森林人"或者"丛林人"，虽然这个词向上溯源的源头和期间的演变过程我们不甚知晓，但这个名称也就说明了它是从还不能被记录的远古时期就已经存在并流传着的。

　　罗姆尼安人也并不是台伯河岸的唯一住民，事实上，从罗马自由市民的区分上看，这个整体被显示为由罗姆尼安人、泰提人、鲁塞尔人这三个可能是各自独立的部分组成的。或许现今罗马人在法律上的一种用语可以作为最佳的证据来证明这三者作为一个整体被提起的历史有多么久远——当他们总是一成不变地用"分为三份"和"三分之一"来表示"分"和"部分"。

或许罗姆尼安人、泰提人以及鲁塞尔人早在台伯河河岸有城市形成之前就在罗马的山丘形成了农耕村落，各自独立，之后合而为一成为一个整体。昆提氏族有一个在帕拉丁山举行的村民与牧羊人的节日，被称为"牧羊神节"，或许就是那个远古时代流传下来的。即使在罗马基督化之后，异教的节日均已消失的情况下，"牧羊神节"仍被他们比谁都稳健地保存下来了，沿袭着族长时代简单的消遣方式。

就是这些栖息地兴起了以后的罗马。谚语说"罗马不是一天建成的"，因此传说中罗马没有基础就建立城市的传言都是不切实际的。"为什么要在物质条件如此不宜建城市的地方兴起城市呢，而这个城市竟然还可以在那么久远的早期时代在拉丁拥有重要的政治地位？史学家必定会追问。确实，台伯河泛滥频繁，两岸常常会被河水淹没，城市近郊的泉水并不丰裕，葡萄和无花果也并非长得能称得上繁茂——相比于拉丁大部分的古老城市，罗马城确实称不上资源丰富、土地肥沃。

这条河流经的地域起伏并不大，雨季来临的时候大量的雨水在山区汇集，集中流向河谷低地，使之形成沼泽。而河谷低地并非适合久居，甚至从古代起就有人指出这块并不富饶健康的土地不会吸引最早的移民在此驻扎，但历史的事实却是确有城市在这里兴起——这必定是有其特殊原因的。传说罗马城是由阿里普斯王的两个逃亡的儿子罗姆拉斯和黎慕斯所建，而这种影射的唯一目的，就是试图向后人解释罗马何以建在此块不适宜的地点之上，并希望将罗马城的起源和其他拉丁城市拴在一起。而历史学家必定不会以传说作为理解的准绳，他的职责则是在考察实地的地理条件之后，对罗马城的兴盛以及其在拉丁地区产生的巨大影响力和重要地位做出一个令人信服的猜测。

首先，我们来看看罗马领土最早的边界。安亭奈、费登奈、凯尼纳、科拉西亚和伽比，都在罗马向东不远的地方，有些甚至距塞尔维亚城门不足5英里。由此可见，罗马城的东边边界便在城门附近。孔武有力的图斯库卢姆人和阿尔巴人社团仅距罗马城门14英里，这使得罗马的南方边界止步在5英里外的克勒利亚壕沟。与此同时，西南方向的边界则显示在城门外6英里的里程碑上，用以界分拉维尼阿姆的势力范围。与陆地范围上的受限相对，罗马在沿台伯河两岸方向延伸的海洋范围并无阻碍——因为历史上从未在这个方向发现古代边界遗迹与其他的地区中心。由于海岸上港口极少，台伯河的出海口则成为当时航海者必要的栖泊处，因此而成为拉丁地区天然的通衢；另一方面，台伯河也为拉丁居民提供了防范北方邻族的天然屏障。

再没有一个城市在成为拉丁河海地区中心以及海防堡垒这一点上比罗马拥有更好的区位优势——一方面临近河边，另一方面易守难攻，它拥有台伯河的两岸和出海口，同时掌握台伯河—安尼欧河一线的内河航运与入海处的海港船只收纳。同时，相比于海边的城镇，更有条件防范海盗。罗马在建城时虽未必将这些条件列入主要原因，但罗马城的兴起与繁荣却确系由此而来。正因如此，罗马与凯尔的关系自古便因同为近邻以及共同结下的商业同盟而变得极为密切。因为这层关系，首先，使得台伯河上的桥梁显得非常重要。而一般情况下，罗马共和国的桥梁建筑确实历来极受重视。其次，由于二者的战略合作由河流维系，罗马便在城市战备中产生了长船。另外，奥斯提亚港也规定开始征收进出口货物税，这种税的征收对象只针对用于买卖的货物而并非向船员的自用物品征收，因此是典型的通商税。随着这种通商税的实施，很快，罗马便出现了与海外国家的通商条约与用于流通的硬币。从这些史实而言，罗马并非如传说中一般是一种偶然的创造物，而是一个逐渐兴起的城市。它在拉丁诸城中也不是最古老的，相反，是最年轻的一个。

毫无疑问，当台伯河岸的这个拉丁重镇兴起的时候，已经有一定程度的文明与农耕在这个国家中形成，甚至已经有了许多要塞出现在阿尔巴山峦以及坎巴纳的其他高地上。罗马城究竟是怎么形成的呢——出于拉丁联盟的某个决定，还是某个雄才大略者的独到眼光，或者建立在交通及自然条件上，都已经无从考证。

有件事情可作为我们研究有关罗马在拉丁地区中心地位的参考，当我们开始发现历史的曙光时，罗马已经呈现出与其他拉丁小区联盟结构不一致的联合城市面貌。罗马地区或许比其他拉丁地区都更早地形成了长久以来就一直被坚守的习惯——拉丁地区的人民平时都住在空旷的村庄，而公有的要塞只有在特殊情况和公共的庆典和机会上才被使用。罗马人将这片土地视作重要的家园，勤于在此亲自耕种，但是因为坎巴利不适宜人体健康的空气使得许多罗马人为了更加清新干爽的空气不得不尽量住到山上去，而农耕者的聚集自然会吸引其他行业的人在此定居，有的是本土人，有的是外国人，这些非农耕业者或许从很早以前就在此定居了。

这个事实同时也说明了这个面积至多为115平方英里，其中不少部分是沼泽沙土的旧罗马领域中，人口究竟为何如此稠密——即使在建城早期，自由民（应该是享有政治权利的公民）既有3 300名，而自由居民至少就得有上万人了。再者说，熟悉罗马历史及文化的朋友们都知道，罗马人在公私生活中以他们杰出的城市性以及商业性，区别于其他拉丁人和意大利人。

尽管罗马城因为拉丁基本上属于农业区，使得罗马和科林特或迦太基不同，不是商业城，从一开始就主要是一座拉丁城。但是要追溯罗马与其他拉丁城镇的区别，就不得不提到它的商业地位，以及由此而产生的市民性格。我们也可以了解到，正是由于罗马为拉丁各地区商业中心的地位，商业的发展为它的城市前程奠定了基础，使得罗马城在农业之外，城市生活有着如此有力迅速的发展。

与其分析罗马城原始的小区（城邦）情况究竟如何，不如去研究罗马在城市商业与战略方面的发展脉络来得更为有价值。罗马在商业与战略方面的发展可以从其交叠扩充的护城河和堡垒中看出，而这种发展是与罗马共和国的整体发展相辅相成的。

据可靠证据表明，这个逐经几个世纪最终成为罗马的城镇，最原始的形式却仅仅是帕拉丁而已。由于帕拉丁山系从外形上看是一个不规则的四方形，因此也称"四方罗马"。直到帝国时代都可以找到包围这座原始城市的城墙与城门的遗迹，现在还为人所知的是罗马纳城门和穆基昂尼斯城门，而另一部分，至少在面向阿芬亭与凯利安的部分，由于泰西塔斯亲自观摩之后留下了记录而能够被指认。数据显示这个地方便是原始城市遗址的中心。

该城的神圣象征，所谓"工具窖"，曾被发现于帕拉丁山。这是最早的移民者用于贮存家庭一切所需品的地方，并在此安放这些移民者从原住地带来的宝贵泥土。并且还有他们建在炉边的用于宗教崇拜和其他目的的建筑。存放战神盾牌的地方，被称为"战神"

的聚会堂，还有朱庇特神祭司的居所和"牧羊神"的祭坛。

　　传说中此山以及其附近区域，正是这座城市重要遗迹的汇聚之处。这些遗迹主要包括：罗慕拉斯的草顶屋，他养父孚士图拉斯的牧羊小屋，那棵传说是他们孪生兄弟二人摇篮漂停处的樱桃树，以及由城市的创建者从阿芬亭越过色卡斯山谷掷入此处的镖枪头所长出的红樱树，等等。由于正式的神殿此时尚未产生，而市民的公共聚会场所变化多端，因此那最早的地址已经不可考证了。但是我们猜测自由市民与元老最初的集会所应该是后来被称为"阿波罗区"的"工具窖"附近，而上方所建造的高台则是罗马的原始法庭，保留了早期移民遗址的还有"七山节"，这些遗迹都统一说明了他们正逐渐向帕拉丁周围扩张。

　　就像沼泽区的每一条细流都会和主沟相连一样，罗马城郊区不断出现的一层层郊区，也都和帕拉丁的原始城墙相连，并且由护城河所保护。所谓的"七环"指的便是帕拉丁，所谓的"瑟马拉斯"，是指从帕拉丁向下倾斜，存在于帕拉丁与卡皮托连之间的那片沼泽，后来这里覆盖满了帝国的建筑。"维利亚"指的是帕拉丁与伊斯奎连之间的山脊。而"法古塔尔"、"欧庇阿斯"和"西斯庇阿斯"，则是伊斯奎连的三座山峰的名字。最后，被称为"修古萨"或者"修布拉"的，指的是位置在伊斯奎连和温克利的S.彼得罗下方奎瑞纳尔之间的低地，用于保护凯利纳山上的新城堡垒。这些都是城市逐渐成长的标志。由此我们可以看到罗马的早期成长历程，和在原先的基础上逐步扩张的塞尔维亚分区相比，罗马扩张的历程显得极其突出。

　　帕拉丁在罗马社团的原始地址中，有着最早、也是唯一的城墙。像罗马的大多数地区一样，帕拉丁的殖民区，并不在堡垒内部，而是形成在其周围。例如，瑟玛拉斯斜坡（包括可能由于纪念凯瑞提人与罗马的通商而命名的"塔斯坎街"）和维利亚殖民区（这里和瑟玛拉斯及堡垒地区一起，在日后形成塞尔维亚城）。

此外，可能只包括科洛撒姆尖端的凯利安地区，与传说中标枪从伊斯丘连投向帕拉丁的凯瑞纳郊区，还有修布拉山谷与外堡，这些区域合在一起构成早期的城市。而其中地势较高、从堡垒向下方的山谷延伸的修布拉区，或许比帕拉丁更古老。这两区的区别在每年10月在战神园内举行的最古老的习惯——马祭中保留下来。这种祭祀后来演变为古城的两部分平等竞争：由修布拉人和维亚·撒克拉人争夺马头，若修布拉人胜利，马头钉在马米连塔处；若维亚·撒克拉人胜利，马头则钉在帕拉丁山下的王宫。

这个时期，伊斯奎利雅（凯瑞纳）事实上只是指它的"郊区"或"外缘建筑"，相比于修布拉区和帕拉丁区，属于地位较次的"第三区"。而七山的社团当时可能占据着其他临近的高地，比如卡皮托以及阿芬亭。那时横跨台伯河岛屿的"列柱桥"必定已经存在，埃特鲁利亚岸的据点詹尼古伦高地绝对会引起关注，但这些地方都还没有被列入罗马人的保护之下。那时的桥梁必须全用木造，不用铁架，因此基本性质便是浮桥，可以随时拆除或者焚毁。而当时罗马社团究竟有多缺少安全感，从这一点就可见一斑。

这个逐渐形成的城市殖民区与在其外围的三个社团的真实关系我们已经无从得知。但是由于其中有社团首先宣布彼此独立，我们基本可以确定，罗姆尼安人、泰提人和鲁塞尔人，这三种人所在的殖民区必定是有所区别的。有一种不大明智的、被专家所排斥的说法，认为他们分别住在七山上不同的护城河内，这必定是无稽之谈。这三种人必定在旧城的修布拉与帕拉丁两区中择一居住，这一点由之后扩充城区都共有一对阿及亚小教堂为佐证。七山上的帕拉丁城或许也有自己独特的历史，但是除了考古发现他们确实存在过以外，甚至没有其他传说流传下来。最后，我们无缘得见的七山之城的历史最终还是移交给了罗马历史，就像是树叶将自己移交给新春一样。

但并不是只有帕拉丁一个是被塞尔维亚城墙围绕起来的古城。奎瑞纳尔山上的城便在它的对面。而奎瑞纳尔很明显也是一个独立联邦的中心，这一点从它拥有的"旧堡"，祭祀朱庇特、朱诺和米诺娃的祭坛，以及侍奉忠诚之神的神殿（用于存放国内条约）可以表明。而与之情况类似的卡皮托城，同样拥有祭祀朱庇特、朱诺、米诺娃的祭坛，包括"罗马忠实之神"神殿（用于储存国际法），因之可以得出同样的结论。

另外，还有一个事实同样可以证明这个事实——帕拉丁和奎瑞纳尔同时祭拜马尔斯。战神马尔斯是意大利各社团中最古老的神祇，而侍奉马尔斯的教士同样可以证明这一点，因为在后来的罗马，侍奉战神的祭司团与侍奉牧羊神的祭司团同时存在。帕拉丁的昆提族"战神祭司团"边上便是奎瑞纳尔的法比亚族"战神祭司团"，两者的"牧羊神骑士团"同样站在并列，而法比亚族的牧羊神祭司团则很有可能在奎瑞纳尔也有祭坛。

我们之前所述的几点，如若再补充另一个事实，就会显得更有意义了：事实上奎瑞纳尔并不被包括在七山的帕拉丁城之中。之后出现的塞尔维亚罗马，则直接将奎瑞纳尔以及邻近的维明纳尔规划为第四区。这也是为什么修布拉的外堡要构筑于伊斯奎连和奎瑞纳尔之间的城墙之外，这是因为罗马人在取得低地之后，必须构筑堡垒用以对抗奎瑞纳尔，而两区的接触点恰恰在此罢了。

最后一个证据在于，史书上对于帕拉丁人和奎瑞纳尔人称呼的记载。帕拉丁城的市民多自称为"山人"，这是由于帕拉丁自名为"七山"而来；而奎瑞纳尔人在流传下来的记录中，只被称为"丘"而从未附加过其他任何信息，这是由于尽管奎瑞纳尔的山虽然高于帕拉丁，但也只能被称之为"丘"了。同样道理，奎瑞纳尔区通往外边的门被称为"丘门"，教士们被称为"丘教士"用以区别于"帕拉丁的教士"，由此奎瑞纳尔作为萨维亚的第四区也被称为"丘区"。"罗马人"这个称谓本来就是从地理概念中来，现在变成了"山人"和"丘人"，"丘罗马人"便是"丘人"们的自称。至于这两个相邻地区的居民或许在种族上也有差别，但是我们现在并没有什么证据来说明这一点。

综上所述，到现在我们所讨论的这一时期为止，罗马联邦地区仍然处于分居状态，帕拉丁的"山罗马人"和奎瑞纳尔的"丘罗马人"分据两端，难免互相仇视、对立。二者相比较，七山社团明显比奎瑞纳尔占有更大的优势。首先，七山社团的小区以及郊区在面积上都要更大一些；其次，后来丘罗马人对于自己在塞尔维亚分区中所获得的地位也不甚满意。正如之前提到的，修布拉人和帕拉丁人每年都会为了马首的归属而争斗。至于其他各部落间，也是互相分化独立的（那时城中都没有共同的炉子，而是各部落的炉子并列在一起）。就整体上看，此时的罗马与其说是个整一的城市，倒不如说它是各个殖民区的联邦和结合体。

我们在考古上搜集到的大量证据都表明，早期的每个有影响力的家族都会出于必要的警备考虑，而建造用于防守的堡垒。而将帕拉丁和奎瑞纳尔，以及阿芬亭和卡皮托连这两块高地统一，并使之合并建立在同一城墙内，从而建立了新的罗马城，也就是历史上的罗马，这是塞尔维阿斯·图利乌斯王的千秋大业。而这个伟大的功业之所以得以成功，主要在于在此之前，罗马和周边市镇的关系已经产生了彻底的变革，生成了一系列的先决条件——农夫在七山和拉丁地区的耕种标志着一种永久居留权；帕拉丁的繁荣以及七山拥有的台伯河口则象征了自由贸易的确立；加之在罗马的城镇中产生兴起的文明，则奠定了其政治基础，而塞尔维亚城墙则预告着罗马城拥有争夺拉丁联邦君主权的资格——而事实上，罗马确实做到了这一点。

第五章 罗马的原始体制

在任何生活情况下，不论是一夫多妻制，还是一妻多夫制，只要这种制度没有彻底根除母亲的明显地位，那么——父亲、母亲、儿子、女儿、家、不动产、仆人与动产，就是构成家庭的自然成分。由于世界上的各个民族在自己的文化形成之后，对待这些成分的态度、方法往往各不相同，有的认识深刻，有的认识极其肤浅，因而对其中的各个部分的保护程度也显出极大的差异来。而罗马人与其他任何一个民族都不同，罗马人不曾用道德观念或法律观念来涵盖家庭观念，而是用单纯而严厉的法律条文直接体现。

家与一家之主

在罗马人的概念中，家庭的成员包括自由民（在父亲死后则完全独立自主了），他的妻子（教士们通过圣盐饼的仪式庄重严肃地宣布与他缔结婚盟，与他分享水与火），儿子与未婚的女儿，儿子的合法妻子，还有儿子的儿子以及他们各自的合法妻子，儿子的女儿，以及这些所有家庭成员所拥有的一切财产。但女儿的孩子则不在此范围内——若孩子为姻生，则属于夫家；若非姻生，则没有任何地位可言。

在罗马公民的认识中，神赐予自己的子女以及家庭成员安身的房子，那是毕生的目的与存在的意义。罗马人不会为个体的消亡感到过多的痛苦，因为那是自然的必然；但是他们认为一个家族若是毁灭则是巨大的罪恶。因此早期时段，社团会为没有子女的公民安排养子女，用以避免这种"巨大的罪恶"的发生。

罗马的家庭从最开始就强调各个成员之间的道德关系。可以做一家之主的人必定只是男子，但罗马并不否认女人在取得和拥有财产上的地位，家庭中，女儿和儿子一样拥有平等的继承权，母亲和孩子的继承权也是相同的。但是罗马的女人通常而且必须对家庭负责而并非对社会负责。家庭中她必须处于从属地位——女儿从属于她的父亲，妻子从属于她的丈夫，尚未婚嫁就失去父亲的女儿则从属于血缘最近的男性亲属。如果这个女性必须接受审判的时候，她的审判则由她所从属的男人进行，而不是国王。

但是女人在家庭中的从属地位并不代表她在家庭内是地位低下的。女人在家中是女主人，而不是女仆。罗马人的女人们不用碾谷和烹饪，因为这属于女仆的工作，就像男人们也不需要亲自去耕种一样，她们作为女主人的天职工作是督导女仆工作以及监管家务事。罗马人还很重视父母对子女所应尽到的义务。他们深切地体会到，为人父母者若是忽视子女或教坏子女，以至于在不利于子女的情况下浪费财产，此类行为便是恶行。

但是在罗马的法律中，家庭完全受着父亲的指导与管理。在他面前，妻子儿女毫无合法权利可言，就像是没有任何权利的奴隶和牲口一样。由于妻子是在她的自由意志之下与他缔结合法婚姻的，因此，罗马男子有权根据自己的自由意志选择要不要养她以及她为他生的孩子。但这并不是说罗马人漠视家庭。恰恰相反，罗马人认为成家和养育子女是公民不可逃避的义务。

　　在罗马，或许只有一胎三婴的情况下，社团才会在抚养子女这件事上向父亲提供帮助。罗马的宗教严禁弃婴行为，认为所有的儿子都不可抛弃，如果残疾的话另当别论。女儿则至少长女能够受到这种保护。从公共福利的角度来看，弃婴行为虽然不当，但是由于父亲是绝对而彻底的一家之主，因此并不能剥夺为父者的这个权力，而罗马人似乎也有意识地保留这种地位。父亲作为一家之主，不仅对家庭成员享有严厉的管理权限，还拥有可以实施惩罚的司法权，在必要时甚至可以取其性命甚至肢体。

　　儿子在成年之后，可以自立家室，或者按照罗马人的说法，是"喂养自己的牲口"——这些牲口也往往是来自于父亲的馈赠。但法律规定儿子所拥有的一切财产，不论是他自己劳力所得或外人赠送，哪怕是在他自己的家中，那些财产也只归他父亲所有。因此在他的父亲在世之时，儿子们便不能拥有自己的财产，也只有在父亲的允许之下，才能够转让或者赠送财产。这方面妻子、儿女和奴隶的权利是一样的，因为奴隶也会被主人获准成家，转让财产也需要得到主人的首肯。事实上，在罗马，父亲可以将自己的儿子或者奴隶送给他人，由于罗马有罗马人不能成为其他罗马人的奴隶的规定，因此如果是外国人购买罗马人的儿子，儿子可以成为他的奴隶，但是如果购买者是罗马人，那么儿子只用做奴隶的事而不成为名义上的奴隶。

父亲的权利虽然不受到限制，但是极度滥用这个权利的父亲和丈夫被认为会被宗教诅咒。除去抛弃婴儿之外，会受到诅咒的行为还包括卖掉妻子和已经成婚的孩子。出于这种对神的敬畏心，父亲、丈夫应先和妻子或其他的最近的血亲商量之后，才可以用家法处置妻子和子女。既然诅咒这类事情是由天上的诸神说了算，那么就不归凡人所管。因此这个步骤也并非是为了削弱他那由法律赋予的权利，也不是为了让在场的血亲评判他，而只是对他作为一家之主进行忠谏而已。

对于男性而言，这种家主的权利不仅没有限制，而且不受任何人管辖，而且在其有生之年，这权利就是不可毁坏的、永恒不变的。希腊和日耳曼的法律规定成年的儿子不论是在实际上还是在法律上，都已经脱离父亲的管辖而独立。但是在罗马，这一点上却不是这样的，为人父的权利并不会因为当事人的年老、疯癫，甚至是他自己的意志而解除，是伴随终身的权利。唯一的例外便是家中出嫁的女儿，她离开父亲的诸神的保护，离开父亲所在的家族，进入夫家的家族，并把自己托付给夫家的诸神，从此像是以前作为父亲的从属一般，成为丈夫的从属。

按照罗马法律，儿子想要从父亲手中获得自己的自由和权利，甚至比奴隶从主人手中获释还要困难。早期奴隶获释的手续容易简便，而儿子获得自由一事却到了很晚的时期才得以实现，而且手续非常复杂。奴隶若被买家买走后，就可以释放为自由人，而儿子若被购买者释放，归属权仍然回到他的生父那里去。由此可见，罗马人为夫为父的权利从本质上来讲，就是对财产的权利。

家主对于妻子、儿女的权利虽然在形式上与主人对待奴隶、牲口的权利类似，但是由于家主的权利仅仅存于家族之中，并且只有在他生前的这一段时间内，是暂时的，某种程度上讲，这是一种小团体内部权力的象征。因此不论在事实上还是在法律上，家属和置办的财产和产业还是有本质上的区别的。首先，与产业只为业主存在以及专制王国只为国王而存在不一样，妻子和儿女并不是仅仅为了家主而存在的；其次，他们是人而并非物品；其三，尽管他们是家主权利的施加对象，但是他们拥有潜在的未曾施展的权利。因为家主是为了维护家庭的团结而产生的统治代表。但在家主死后，儿子即成为家主，具有了之前他父亲所拥有的权利，包括对于家中的女人、小孩以及对财产的权利。但是奴隶的身份和地位是不会因为主人的死亡而有丝毫改变的。

家与族

即使家主死亡也不会使紧密结合的家族分崩离析。虽然家主死亡后，后裔能够独立，但是他们仍然是这个家族的一部分，并没有完全分离出去。这个原理是解决许多事情所参照的蓝本，例如继承人要怎么安排，其他的家庭关系又该怎么处理，包括家族内寡妇与未嫁女儿的地位安排，等等。

早期的罗马人认为，女子不拥有管辖他人及管辖自己的能力，因此在一家的家主去世之后，女子的管理权利，说得文雅一些便是这个女子的"监护权"移交给家族中的全体男性近亲所有。儿子成为母亲的监护人，兄弟成为姊妹的监护人。换言之，除非家中的所有男性全部死亡，否则这种从属关系从家族成立起就不会改变。

罗马人的家与族，分别为"Agnati"和"Gentiles"，它们间的区别产生是由于时间的推移，家族亲属间的关系会逐渐随家族的开枝散叶而逐渐变得没有那么紧密了，日益疏离之后，原始的一体性辨别不出来。"家"即有清楚谱系者，由共同的祖先代代传递下来的；而"族"则指的是共同祖先传下，却不能由族谱确定他们的辈分、亲疏关系。在罗马的名字中，这个情况表现得很清楚，当他们说"马尔库斯"、"马尔库斯之子"、"马尔库斯之孙"时，我们知道他们是在按照族谱追溯，直到不能追溯的时候，则称作"马尔库斯之后代"，这是同一祖先留给后代的共同的名字。

家与族的依从者

除去家、族之外，还有另一部分人，被称为"依从者"。依从者并非像字面意思那样指的是从自己家搬到别人家暂住的居民，实际上所代表的是不属于任何居住区但是却在一个居住区内生活的，自由的权利受到该居住区保护的自由民。这个范畴还包括从主人那里获释、重获实际自由的奴隶以及避难者。

第一，依从者与本地居民之间的关系并不像主人与客人，或者主人和奴隶之间的关系一样，因为他们之间的关系并没有法律的制约；第二，虽然在实际的相处过程中由于习惯使然以及互相间都心照不宣，使得看上去依从者的自由度比较大，但是事实上，依从者仍然是不自由的。依从者和家中的奴隶一样，主要是依靠主人——

也就是真正的"自由民"的意识行动，和奴隶阶层一起构成了仆役阶级。按照原始的法律，自由民有权利，或者说有一部分权利，在必要的情况下重新将依从者划进奴隶中去，甚至对其执行死刑。但是由于"实际"的原因，家主对于依从者具有更大的保护责任，而不能像对待奴隶那样随意行使主人的权利。

经过好几代人的时间之后，依从者实际所拥有的自由必定已经很接近所谓法律上的自由。当初的解放者和被解放者已经去世了很长时间，如果还有家主仍然向依从者要求统治权就显得大不敬了。因此在这之后，就出现了一类虽然依存却拥有自由的人，他们既不是家属，也不是奴隶。

罗马社团

罗马的这些家族是整个罗马国家所能够建立起来的基础，无论在构成的主要成员和形式上都是这样。罗米利、伏尔丁尼、法比等家族，就是罗马社团的主要起源，最开始的领域也是这些家族的土地所联合起来的。凡属于这几个家族的成员，则都是罗马的自由民。在这个范畴内，按照常规手续缔结的婚姻被承认为真正的罗马婚姻，由此姻生的子女自出生就享受自由民的权利，若非此种合法姻亲所生，或者干脆的非姻亲者，就被排除在罗马社团之外。

正由于这个原因，罗马的自由民则多采用"父亲"或"父亲之子"的称呼。这主要是因为，在罗马社区中，只有这些自由民在法律的眼光中都是"父亲"，或者可以成为"父亲"，而且只有他们才在法律上拥有"父亲"——他们所在的家族都按照家族内的本身关系以及全然没有改变的形式和"国家"合而为一。

在这个由各个家族组成的国家之内，各个家族都按照原来的家庭从属关系以及各自的领地生活。但家庭以及家族之中各个男人所处的地位并不影响他们在国家中的地位。比如在家中，儿子属于父亲；在国家的政治权利上，两者却是平等的。而处于各自原属家庭保护之下的依从者，地位也在长久的演变中得到了改变，在整个罗马社团中被接受，虽然没有自由民的那些正式权利，但是在社团的节庆与崇拜仪式中，他们并不会被完全排除在外。社团本身也有依从者，他们和依存于各个家族的依从者一样。至此，国家内的阶层包括家族、家属以及依从者、自由民以及留居者。

国王

由于罗马社团是以家族为构成单位的整体，因此在政体上无论从宏观还是微观上都是以家庭模式为模式的。家庭的主要供养者为家庭中的父亲，整个家族的兴亡也系在父亲身上，与他生死与共。而社团这个由众人所形成的整体中，没有像"父亲"一样的天然的主人，但是社团和家庭一样，旨在追求永不消失；加之罗马主要是由自由平等的男人们组成的国家，并没有产生贵族。因此他们必须要推选出一个"首领"、"独裁官"或"人民的主人"，让他成为整个社团的"家主"。

而他的地位也确实是一位"大家主"了。在稍后一点的时期，他的住所或附近将会有一个永不熄火的灶，整个社团的储藏室里也将供奉罗马的女灶神以及家庭守护神，由此表示他是这个包括了全罗马的"大家庭"的"家主"。国王由选举产生，但是其他社团居民并没有义务对他忠诚，再往后，国王会召集拿得动武器的自由民，要求他们效忠。

于是他获得了这个大家庭的家主权利，以他的权利君临整个社团，并且如同家主一样，这个权利他将一直享有到生命终结。他将成为与保护社团的众神之间沟通的桥梁，询问他们的意见，平息众神的愤怒，并且指派男女教士。他代表社团和外国人签订的合约，对整个社团都具有约束力。尽管多数情况下，全社团的人民可以不受到他和非本社团分子签订的合约的约束，但是他的"命令"不论在战时还是平时都是全能的。而他无论何时公开露面，都会有"使者"手执斧头替他开道。

他拥有在自由民面前公开演说的权利，这个权利只有他拥有。而公共金库的钥匙也在他的管辖之下。他拥有一般"家主"拥有的纪律权和法律权。一切罪犯的审判都由他作裁判，遵从法律者，都由他裁判是生是死或者释放，拥有绝对的处断权，尤其对于触犯军纪的，由他下令鞭挞惩罚。他有权将一个自由民变为另外一个自由民的奴隶，甚至可以下令将自由民当作奴隶贩卖掉，换言之就是流放。他有权让被自己宣布死刑的人向人民请求赦免，当然，这个权利他也可以不用。战时他必须召集人民参战，并统领军队。但是由于身负家主重任，当有火警的时候，他必须在现场。

国王是全国内第一有权者，也是唯一有权者。确实，他可以成立一个团体，召集那些对圣事或法律事务有专长的人，向他们求教。他也可以将某些权力移交给别人，比如与自由民沟通生活状况，包括战争的指挥权、罪犯的审讯以及那些非重要事务的决定权等，以方便权力行使，以提升权力行使的效率。当特别重要的事情发生，他不得不出城的时候，他可以将充分的权力移交给"城市长官"，作为他的"另一个自己"，暂代他管理。从国王手上得到治理权的那些行政官们，职位都由他制定，至于行政管理的任期就完全看国王的心情了。

最早的时期，包括城守在内，定期指派的"独裁官"，步兵与骑兵的"军团长"都只是国王的委任官，到很晚才成为后期我们通俗认为的"长官"。

指定继承人既是国王的特权，也是义务。当国王没有指定的时候，则自由民将自动聚集，选择一个只能留任5日、不得要求人民效忠的"临时摄政王"。此王由无专长者挑选，因此是个没有指定新王权力的非正式者。临时摄政王并不能指定新王的人选，但是他可以指定第二个临时摄政王。而第二个临时摄政王则可以选择新王，当然，第二个临时摄政王需要在做决定之前向自由民和元老议会确认他所指派的人是否能得到他们的首肯。合法的国王在选择新王这件事上，并不需要和元老院合作，而自由民们则只能在新王指定之后承认这个新王。

我们现在并没有找到可以直接证明罗马的新王是被前一任国王提名之后，直接可以被选举为就任的证据。但是独裁官和执政官，则应该是不需要进行选举的，区别在于执政官人选方面给予了社团提议权。这个向社团的让步肯定是后期发展而来的。由于执政官和独裁官的职位是王位的延伸，因此执政官的人选无一例外都是由现任王或者临时摄政王选定。我们之前所说的向社团让步是后期才发展来的假定一定是成立的。由各个家族选定独裁官或者执政官，这是可以的，但并不是必要程序，塞维亚斯·图利乌斯的故事便可说明。只是当人选被国王指定之后，公众都纷纷喝彩，后来的作家就以为这是选举，于是使得大家有了这个错误的认知。

从第一个国王开始，罗马就秉承着"众神祝福新罗马"的理念，因此即便当权者换人，国家的一体性也不会受到冲击。罗马人的一体性在宗教上由朱庇特代表，在法律上的代表者则是君王。由此他的服饰和众神一致，拥有鹰的标志和象牙令牌，涂得粉红的脸，黄金的橡叶头圈。国王的战车甚至也可以在人步行的城市中奔驰。和埃及以及东方不同，若是认为罗马是神权政体就大错特错了，因为意大利人从未将神与国王的概念混淆起来。相比于认为罗马的国王是人民的神，倒不如认为他是国家的拥有者更为正确。罗马人从不认为众神会特别地眷顾某一家人，也不认为国王拥有和他人不同的神秘之术。高贵的家族出身和与之前统治者的关系，绝非成为一个新统治者的必要条件，充其量不过是一丁点儿的优势而已。凡是已经成年、身心健康的罗马人，在法律上都有为王的资格。就像一个家必定有一个主人一样，一国也必须拥有一个主人，因此，由于国王这个自由民的优点与幸运，我们像置一丈夫于其他丈夫之上，置一战士于其他战士之上一般，将他的地位置于一般的家主地位之上，使他高于与他平等的人。而罗马人对于统治者的态度就好像儿子绝对遵从父亲但是不会自认不如一般。这就构成了对于王权在道德以及实际上的约束与控制。

虽然，国王有权利做出违背平等观念的事，破坏该地的法律。但是如果他减少战士和同胞的战利品，加重自由民的任务，无理侵占自由民的财产，这种行为便是忘记了他的王权并非来自神，而是在神的同意之下来自人民，他不过只是人民的一个代表而已。而且如果他失去了民众的效忠，还会有谁支持他呢？

罗马的国王不论是在精神和法律上都和现在的君主大为不同，罗马的国王只有执行法律的权力而没有改变法律的权力。一旦他有偏离法律的行动，而又没有获得人民集会的同意，那么这个行为就是暴政行为，没有法律效力。在现代生活中，找不到和罗马家庭和国家类似的例子。

元老院

无论出于传统还是习惯，对于绝对的权力所施加的最强力的限制就在于：在决定重要事情上，不论国王还是家主都不得不征询别人的意见。正如为夫为父的权力受到家庭议会的限制那样，行政者在任何时代，都被规定在下任何重要的决定之前，都必须先听取朋友们的意见。元老院正是这样一个机构，即在重要国事（不仅仅包括军事和法律）上有决定性的影响，而又在法律上不至于破坏国王权力的绝对性。

元老院是一个永久性的政治组织，早期带有某些代表意味，而不是由国王的亲信组成，让他乐于征询。我们知道罗马的氏族缺乏有效的首领，一般情况下都是整个氏族认为自己是某个共同祖先的后裔，但并没有人因此而可以代表这个氏族。最原始的元老院很有可能是由最初组成国家的各氏族的年长者担任组成的。而到了稍晚时期，元老院仍然可以被看作是由各族的代表组成。

这个观点就可以解释为什么一旦元老被指定之后，当然是指

"事实上"而并非"法律上"的指定之后，通常会持续一生。而这也解释了元老院的席位一般和组成国家的族数相等。由此，原始的三个社团，其中的每一个都分别由许多氏族组成，它们之间如若混合，则必须在法律的建制上伴随元老院席位的增加。

元老院代表氏族恐怕完全是出于建制上的典型考虑，而不是出于法律上的考量。因为国王在选择元老这件事上是不受什么限制的，即便是可不可以将元老的职位授予非自由民都完全看国王的喜好了。如若有元老去世，这个席位就会由国王从同一氏族中选拔另一个年长练达之人接替。但随着三个社团充分融合之后，国王选取元老就完全是个可以自由选择的事情了。只有当元老院的空缺国王始终没有选人填上的时候，人们才会认为国王践踏了法律。

由于元老席位是终身制而且又和罗马国的基本组成单元有着密切而不可分割的关系，使得元老院不仅仅是国王亲信的一个集合。因为正式来讲，只有在国王征询意见的时候元老院才可以行使元老的权力向国王提供意见。国王只有在愿意召集他们的时候才召集他们来询问想要他们回答的问题。元老在国王没有请教问题之前不得擅自表示意见。没有被召集的时候，绝对不能聚会。因为只是建议而不是命令，国王也有权力不采纳元老院的意见。而元老院也没有实际的行动和对策来确定自己的权威身份。

"汝等为吾所选，"国王对众元老说，"非使汝等为吾导引，使汝等从吾所请。"但是毫无疑问的是，如果在重要的问题上国王没有征询元老院的意见就擅自决定，则被视为严重滥权。

元老们可能参与到征服领土如何处置等事宜当中，尤其在国王需要听取社团意见的时候，比如准许非自由民为公民，宣布侵略战争等情况，更必须有元老参与。如果罗马社团受到邻族的攻击，而协商解决又被对方拒绝，那么负责战争与和平仪式的教士就会向众神陈述并且证明自己的国家正受到亏待，并且这段仪式通常会在这样的话中结束："对于此事，我们将请教我们的元老，使我们知道如何得到利益。"之后国王必须在与元老院商议之后，将事件始末报告给社团。因为罗马人相信，只有当元老院与社团同时同意战争的时候，这个战争才是正义的，可以祈望众神给予福佑。

在处理军队事务与法律的执行上，并没有什么迹象表明元老院曾经整体做过什么建议。当国王亲自审判，或者在法律过程中向发过誓言的代理人宣读决定时，他所选取的陪审员多半都是来自元老院。而国王完全只是凭着自己的直觉选择，并不会向元老院整体询问具体意见。也正因为如此，自由阶段的元老院从未拥有司法权。

社团

原始自由民社团的区分遵从的是典型原则，所谓十户作为一个族单位，十个族单位或者百户形成一保，十保或百族或者千户而形成一个社团。在此期间，每一户需要出步兵一个，每族也需要各出一个骑兵以及元老。在联合时期，各族保有自己的土地，作为社团结合时最小的土地单位。

这种形式对后世的拉丁社团和自由民社团都产生了直接的影响，使得这些社团也呈现出这种体制——这样产生的社团中，一律有100个被称"十户之首"的执行参议员。而由于罗马是由3个社团发展起来的，因此在最早的时期中，这个体制的数量也显示出相同的典型数目——各社团拥有30保、300族、300户以及3 000步兵。

但是可以很肯定地确定一点，就是这种体制的形成并非是罗马的原创，而是所有拉丁人共有的原始体制，时间可以上溯到各族还没有分化之前。以前考古学一直认为，保的概念似乎是罗马城的原创，但是最近的发现却显示保也是拉丁人城市体系中的一个基础部分。保作为独立的一个部分，拥有保长以及教士，在保长做审判以及表决时期，自由民也会参加，甚至每个保内还有征税纳税的活动。

自由民的平等

罗马人在划分自由民与非自由民之间的界限，以及保障自由民与自由民之间的权利平等方面比全世界的其他民族都做得更彻底一些，由此而产生了荣誉市民制度。这个制度最开始的本意是为了区分自由民与非自由民，作为其中的一个介质而存在，将二者的区别更明显地表现出来。习惯上，当一个外方人经过社团的决议而划入自由民的圈子内的时候，如果他要加入这个新的社团，就需要放弃他在之前的社团所取得的市民资格。但是他也可以将以前的资格与现在的资格同时使用。这个习惯自古就有，经常能够见到一个希腊人在数个社团中都拥有自由民的身份。但是拉丁的居民却无法接受任何人同时是两个社团的自由民，这是由于他们对社团概念的坚持而导致的。如果一个新近获准的自由民不愿意放弃他以前的资格时，他便获得荣誉市民资格——但这个称号的意义是有局限性的，指的是他将被作为外国人看待，在这个社团内他是客人，社团理应友善对待并给予保护。

对社团外的人，权利的界限自然明显，但是对于各个社区内的自由民之间，则一切可能将权利划分等级的行为都将被杜绝。像之前提到的，在家庭中，权利是有区别的，以及按等级划分。但是这种区别到了社团之间却基本可以忽视，虽然在家庭这个范畴内儿子属于父亲的财产，但是到了社团中，以自由民的身份来看的话，他甚至可以成为父亲的独裁官。自由民中间是不存在等级特权的，泰提人优于罗姆尼安人，而两者又优于鲁塞尔人，但是在法律权利上毫不影响他们的平等。

在这个时期，几乎所有的罗马贵族都要加入罗马骑兵。这种自由民所组成的骑兵队伍，无论是在马背上还是徒步单独作战，作为士兵中的精英分子，是最富有、武装最好、训练最精良的人，因此享有比自由民步兵更高的声誉。但这只是"事实上"的区别，在法律立场上，自由民之间的所有区别也不过仅仅是在体制当中所划分的主要力量和次要力量的区别罢了。

即使仅仅是在衣着上，社团内各分子在法律上的平等地位也表现得很明显。社团的首领和普通成员，元老院与非元老院的自由民，成年而可以服兵役的人和年龄没有到的未成年人，其实都有服装上的区别。但是在公共场合，所有人的着装都统一成简单白色羊毛宽外袍。这种在自由民之间的权利完全平等，无疑源自印欧体系，但是在平等的意义和严格遵守上却形成了这个拉丁民族最特殊、最有影响力的特点之一。

在此还有一事值得一提，这些拉丁人并不认为在当地的一些早期居民因为文化落后，从而需要服从自己。这一点和印度种姓划分不同，也和特萨利亚、斯巴达及希腊贵族阶层的产生不同，甚至与日耳曼的阶级之分亦有所不同。

自由民之负担

一般情况下，由普通民众负担国家经济。罗马也不例外，对于自由民而言，最重要的职责在于服兵役。只有自由民有参军的义务与权利。自由民本身也是"战士团"。国王在向他们致辞的时候称他们为"矛士"。因为在古老的战争前的祈祷书中，是"负担着矛的战士"祈求得到战神马尔斯的庇护。至于军团是如何产生的，我们在前文已经解释过，罗马的社团中，军团包括300骑兵，分成三个小队，每100人配备一个骑兵分队长。其他还有3 000步兵，也分为三个小队，每1 000人由一个队长带领。除此之外，还有例如弓箭手一类的轻装备者。

一般情况下，国王是这个军队的将军。因为骑兵拥有指定的队长，所以国王的主力武装部队就是步兵，而且步兵从最开始便是武装的主力。自由民的义务还有很多，执行国王在战时以及平时委派的任务，替国王耕种他的土地，参与公共设施的建设等。城市的环墙被命名为"重任"，这一点充分体现了修建城墙的艰辛。而由于国家没有固定的直接支出，因此并没有固定的税收。为社团服务是没有报酬的，包括服兵役在内，被指定的任务以及公众服务都是没有报酬的，但是若仅仅为了某个地区或某个个人活动，则由该地区和个人酌情给予报酬。

公共祭神所需要的牲口等物，由法定税捐统一购买，在公共比赛中，负的一方则按照比赛的项目价值向国家缴纳牛金，牛金指的是在当时以牛为单位作为罚金缴纳。古典文献中，只有居住在罗马的非自由民因为受到保护而需要向国王缴纳税金，但是却没有自由民向国王缴纳固定贡品的记载。王库的主要进项还包括港口的税收、充公的物品、牛金以及战争所得，领土收益则包括草地贡和产物配额，草地贡是向在公共牧场上放牧收取的贡金，而产物配额则主要来自继承了国有土地的人。在紧急必要的时候也会有强制征收的税款，在时局改变之后再由王库偿还。但是这种税收的对象究竟是只针对自由民，还是无论是自由民与否，所有在社团内生活的人都要缴纳，这一点便无从考证了，但是只针对自由民的可能性更大。

王库的开销是由国王自己决定的。国王的私有财产和国家共有的财产是不一样的，虽然从罗马王室最后拥有的广大土地来看，国王的私有财产也必定可观，但是有一点十分确定，但凡是国家采用武力所得来的土地，则被确认为共有财产。当时的国王在处理共有财产时有多大的自由度，现在已经没办法知道了，但是在这方面似乎从未向自由民征询过意见。不过有些情况还是需要征询元老院的意见的，例如在分摊税捐和分配战利品和土地上。

自由民之权利

但是，自由民不只是在税捐以及服役之时才对他们的国王负责，事实上，他们也参与到公共治理上去。国王每年两次会将所有"矛士"，即社团中的所有人（妇女以及不能持兵器的男童以外），召集在法庭中，举行例行"沟通"，时间一般是3月24日以及5月24日。在此基础之上，如果国王认为有必要的话，可以不限制次数地随时召集自由民。但是自由民在这个"沟通"会上所负有的职责并不是发言，而是聆听，而且每一个自由民都有责任回答国王的问题，但并没有权利向国王发问。

因此在这个集会上，除了国王以及国王允许提问的自由民以外，并没有人说话。而被允许回答国王问题的自由民也仅仅只能去回答国王的问题，不能附加条件、推理以及讨论，甚至不能将这个问题分成好几点来回答。正因此，罗马的自由民社团也像日耳曼以及印欧的原始社团一样，形成了真正意义上的政治主权观念。但这种主权观念事实上是一种潜在的观念，从某种意义上只表现在自由民对国王无条件效忠上。国王在就任礼上从教士手上接过权力的同时，会向集会上的自由民询问，以获得他们宣誓效忠的誓言——愿不愿意成为他忠诚的子民，愿不愿意按照惯例承认他以及他的调查官、使者等，但这种问题就像世袭的国王询问是否会得到效忠一样，基本没有可能得到否定的回答。

由于自由民拥有这种主权，使得他们没有必要参加日常事务，这两者在精神上是相符合的。由于治理政治事务的是法律本身，而不是立法者。只要现行法制是在标准之内，任何人就无权力干涉。但是如果现有法制有所改变，即使是在某个特例上偏离了轨道，那么自由民所享有的主权就必须出面干预。在此原则之上，只要罗马在体制之内出现了此类特例，则自由民就必须在这件事上显示自己享有的主权权利。

如果出现国王在去世之前没有指定下一任继承人的情况，此时的国家则被称为"孤儿共和国"，此时国家的指挥权以及神圣保护权则由自由民行使，直到选出新的主人为止。在这种情况下，自由民社团自动选出第一摄政王。当然这种情况只是例外，如非必要，自由民是不会这样做的。而且这种选出也有其局限性，因为这种不是国王指定而是自由民选出的摄政王，在法律上并不被承认为拥有完全权力的国王。

通常情况，国家主权是由自由民与国王或者摄政王合作行使。统治者与被统治者的法律关系，由口头上问答以缔结合约，因此，社团的主权行为均由国王自身，而不能是他的替身（即"另一个自己"）向自由民提出问题，并且在自由民做出肯定回答的基础上完成主权行为的缔结。因此罗马法并不像我们一般认识的那样是由君主向子民发出命令形成的，而是由君主与子民之间的发言与回答组成，这里"回答"的字面表示为"Lex"，本义为"说出口的句子"，意思为"合约"。这个合约还拥有"由提议者提出，而接受者单纯同意或者拒绝而形成"的潜在意思在里面。例如自由民与政府之间的合约便属于这个范畴之内。由于提议者为国王，而人民是接受者，在"罗马人的公共立法"的语境中，直接揭示了合约当中人民的局限性。从法律上讲，凡是在通常法制体系中出现了违背其一致性的情况，则必须经过此类立法性合约确定。

按照法律的常规而言，任何人都有权力将个人财产给予他愿意转让的人，但是所有权必须立即转让，不能出现这个财产仍由原主享有所有权，等到原主死后再转让的情况——除非社团允许。而要取得社团的允许，不仅仅可以在社团集会的时候提出，也可以在列队参战的时候提出。这就是遗嘱的起源。另外，在法律常规上，自由民不能将自己不可让渡的权利丧失或者放弃，因此，如果一个儿子失去了父亲，他便不能再以儿子的身份受到任何人的制约，当然，在社团允许下的情况除外。这就是所谓的监护。

同样，在通常的法律范畴上，自由民所享有的权利是由出生便享有的，不能在除了社团允许之外的情况下丧失或者放弃。毫无疑问，这种行为在最早期，没有"族人"这个概念之前，便不可能发生。另外，罪当判死的犯人在国王以及国王的代理者宣判之后便应该必须立即执行死刑。国王在权限上只有审判的权力而没有原谅犯人的权力，如若被判刑的自由民祈求社团给予悲悯，而法官同意给予他求取原谅的机会——这种原谅是给予坦白罪行而又恳求减刑者的，而不会赐予被证实有罪却拒绝服罪的犯人的。这便是申诉权的起始。

通常情况下，如果不是由于本社团的自由民受到伤害而集体同意将其废除的情况之外，社团与邻国所缔结的长期条约是不能被废除的。因此，如果本社团要发动攻击战，则需要国家与自由民商询。但是在这种情况下，国王的问题则不是向自由民集会提出，而是直接向军队提出。但是当其他国家违背合约攻击本社团，而本社团被迫进入防御战，或者要与其他国家缔结和平条约之时，国王则不必询问自由民集会的意见。但是总而言之，如若国王要做出以前法律体制所没有的创新举动，或者对现行的公共法律进行改变的时候，都必须与自由民商议才行。

因此立法权是由社团掌握而并非国王掌握的传统，是从古就有的。在此类实例中，国王的行为如果没有社团的合作与支持，便不具有法律效力。一个人如果只有被国王宣布其为自由民，这个人便还和以前一样在法律上被认定为非自由民，因为这种无效的行为只能在"事实上"被承认，而不是在"法律上"被承认。由此可见，自由民集会虽然从表面上看受到许多限制以及阻碍，但是它自古以来便是罗马联邦的基本构成单位。而由于集会的特权和行为不是由国王的意志随意确立的，所以和元老院的性质并不一样。

罗马的原始法制

这里请允许我对罗马的原始法制做一个总结——罗马人认为主权是寓存于自由民之间的，自由民只有在必要情况下才有权使用，而且只有当偏离现行法规之时，才有权力和国王一起行使主权。因此正如萨鲁斯特所言，王权既是绝对的，同时又受到法律限制。这里所言的"绝对"是指国王发出的命令必须绝对服从，不管这个命令是对是错；"受限制"则是指，当这个命令与常规法制不相容的时候，如果没有经过人民这个主权的真正所有者的允许，都是没有长期的合法效力的。

因此从某种意义上说，罗马最早的宪法正是君主立宪体制的倒转。在君主立宪的政府形式中，国王被认为是国家全权的拥有者与荷载者，比如说赦免权是属于他的。而相应地，国家的治理权则属于人民代表以及由人民负责的单位。而在罗马的体制中，人民所施行的权利则和现在的英格兰王类似，比如英格兰王所享有的特权——赦免权，在罗马则由社团享有，而君主立宪制中政府的一般功能却落在了罗马国王的身上。

如果我们在国家与个体分子之间的关系上考察，会发现罗马并非仅仅是体制疏松的防卫结合体，同时又与现代观念中的"绝对权利国"的概念相冲突。事实上，外来限制对于国家权力的限制力，从根本上说仍然小于它对国王权力的限制。但由于"合法权力"这个概念本身的局限性，因而国家权力也并非是无限的。虽然社团在例如分配自由民承担公共事务以及惩罚犯罪者此类事情上对自由民行使权利，但任何法律若要惩罚什么人，而个人所做的行为并非被集体认可为需要制裁的，即使这个法律行为在程序上无可挑剔，但是罗马人仍然认为这种程序是不公正的。

而且国家权力在财产权以及家庭利益方面，受到了更为严格的限制。罗马并不像里可加斯的警察组织那样，可以使家庭消失从而扩大社团。罗马的原始想法最重要而且不可否认的原则在于，国家即使有权监禁甚至处死自由民，但是不能因此而剥夺他的儿子的权利和田地，甚至不能向他收税。没有社团会像罗马社团一样在自己的范围内拥有如此完全的权利，也没有任何社团如罗马社团一样，可以使自己的自由民权利免于受到其他自由民以及国家的侵犯，享受着几乎绝对安全的生活。

罗马社团秉承着他们自由民族的原则，了解服从的义务，法律上不受任何神秘观念的影响，实现绝对的平等，互相之间也享受同样的地位；保持明显的民族界限，但是同时也慷慨地向其他民族开放门户。这种体制是随着罗马人自然成长起来的，而不是制造出来或者借取其他民族的。当然，这也是以"希腊—意大利"和印欧的早期法制为基础发展而来的。但是荷马的史诗以及塔西佗的《日耳曼尼亚志》中所描述的景况与罗马最早的社团组织之间，一定有着连续的发展脉络。罗马集会中有组织的裁判行为以及有规章制度的意见宣布法，与希腊集会的欢呼以及日耳曼集会敲击盾牌的仪式相比，虽然同样有展示社团主权的意义，但是彼此之间还是有着很大差距的。

　　另外，由于罗马国王的紫色长袍以及象牙令牌必定是从希腊借取而来（绝非从埃特鲁利亚人那里得来），因而12个开道使者以及其他种种外在形式上的安排，也有可能是从外国借鉴而来的。但是罗马宪法的发展却一定只属于罗马自己，至少也是属于拉丁文明。至于其中借鉴其他国家的元素，非常少而且无关紧要。——此结论所参照的证据即是罗马宪法中的观念都是由新创的拉丁语表达出来的。

　　罗马联邦作为政权基础的一切基本概念，都是从宪法中提取来的，因此，只要是有罗马社团的地方，都遵守着一样的原则——行政长官拥有绝对的指挥权，元老议会是国家的最高权威，其他的一切则需要主权人即自由民集会决定。

第六章　非自由民与体制之改革

帕拉丁与奎瑞纳尔诸城之混合

任何民族的历史都是一种大规模的混合，其中尤以意大利的历史最甚。以我们现有的知识可知，罗马最早的组成形式便是一种三合一的状态，而这种类似的合并在罗马的精神活力完全熄灭之前都在一直进行着。

我们现在所能知道的不过是罗姆尼斯人、泰提人与鲁塞瑞斯人的原始混合的事实而已，至于其混合的过程则不得而知了。在此之前，罗马民族最早的混合在于"丘自由民"与帕拉丁罗马人的混合。虽然两种族社团的组织在本质上可能已经很类似了，但是在融合的过程中，要解决其中的问题，他们只有两种情况可以选择：其一是保留双方各自的构成元素，另一种方法则是消除其中一方的构成元素，直接将其扩充到结合后的集体之中。而罗马社团在圣殿与教士制度上，选择的是保留双方各自的构成元素。

因此，罗马社团拥有了两个"Sakii"（战神教士）组织和两个

"Luperci"（牧羊神教士）组织。由于此时的罗马社团拥有了两种形式的战神，因此供奉战神的教士也分为了两种：分别为帕拉丁教士——通常称为马尔斯教士，与科林（"丘"）教士——通常称为奎瑞纳斯教士。虽然现在没有史实来证明这一点，但是很有可能罗马的所有古老的拉丁教士，包括占卜师、高僧、女灶神祭司与战神祭司，都是由帕拉丁和奎瑞纳尔的教士团混合而成。其外在区域划分上，除去原有的帕拉丁城、修布拉和修布巴（即伊斯奎利亚）三部分以外，再把奎瑞纳尔加上去，成为四个部分。

合并过来的社团在"融合"之后，基本都被认作是新自由民的一部分，因此使得政治的实体在某种意义上是具有继续性的。但是到了与"丘罗马人"合并之时，已经没有这种过程了，以后的情况也是一样。与"丘罗马人"合并以后，罗马社团仍然向以前一样分三族，每族十保，而丘罗马，无论之前是否有自己的部落，也必须分散地插进现在的各族各保中去。

这种插入法也许是为了使得各保能够接受新的自由民，又能使得新旧两方并不完全合而为一，而刻意安排的。因为这种安排，使得各族之后呈现出了两个阶级：泰提人和罗姆尼人，还有鲁塞尔人各自区分为两种——"先"与"后"。后来我们在社团组织中经常可以看到成对的结构，其源起或许就是这个原因。

三族的代表就是三对"神圣童贞女"，也是有先后级区别的，而分布在四个城区中的六个阿及亚小教堂，每条街都有一对家神，可能这些都是因为同一个原因而形成的。这种成对的例子在军队中就更是比比皆是，合并后的三分社团每个"半族"提供一百匹马，由此罗马自由民骑兵的数量便增加至六"百"，而马队长也从原来的三个变为六个了。

但是这种增加并没有表现在步兵方面，我们后面可以知道的步兵团，一般也是以两团为一个单位增加的，因此我们可以猜测步兵团的领导人已经不像以前一样是三个，而可能已经增至六个。元老院席位却似乎没有相应地增加，因为一直到七世纪都还沿袭着原始的三百名席位。但是也可以有"元老院从合并过来的社团中吸收较杰出分子"此类的假说存在。因为行政官方面也有类似情况——联合社团只能有一个王、一个马队长和一个城守，而马队长和城守是国王的主要代理人。

由此可见，"丘城"的仪式建制仍然是保留着的，只是因为自由民的数量翻倍而需要加倍军队数量。在很多方面看，奎瑞纳尔城归入帕拉丁之后成为帕拉丁的从属。这一点有很多事实可以作为佐证。后来并入到原始自由民中间的部族被称为"小族"。这种假定很可能说明，这种新旧自由民之间的区别与之前泰提人、罗姆尼人以及鲁塞尔人之间存在着先后级别的划分是一样的，因此，奎瑞纳尔的各"族"便是"新"族。

这种优先级仅仅体现在名誉上，而不是在法律上有什么优势地位。但是只有一件事是特殊的——在元老院的表决中，大族的元老总是比小族的元老得到更早的提问。一样的道理，科林区的阶级甚至低于帕拉丁城的修布巴区（即伊斯奎林区），同样的，奎瑞纳尔的战神祭司以及牧神祭司都在帕拉丁的祭司地位之下。

由此可见，帕拉丁社团将奎瑞纳尔合并进社团的这一过程是介于最早的融合（泰提人、罗姆尼人以及鲁塞尔人之间融合），以及之后的所有融合之间的这样一个中间阶段——在这个阶段中，被合并的社团并不是在新的这个整体中单独成立一个独立部落，而是融合进各族之后形成单独的部分，宗教仪式也准许保留——但是也仅仅到此为止了——并且提升至整个社团的整体建制的一部分。这种情况在之后再也没有出现过。

依从者与客人

本质相似的两个社团在融合过程中，形成的多是量变而不是质变。然而或许就在这个时期，有一个非常重要、渐进而影响深远的过程正在开始——这正是自由民与"留居者"之间的融合。从前期开始，自由民在罗马社团中即与"受约束之人"（bondmana）同时存在着，而后者被称为"依从者"（clientes）和"平民"（plebes），依从者依存于自由民家庭，被称为平民，这一点可以很消极地理解为，他们并不享有政治权利。

我们之前已经说过，这种介于自由民与奴隶之间的人很早就存在于罗马家庭中。这类人在事实上以及法律上都将日渐取得更为重要的地位。原因有二：其一，社团中可能同时存在半自由的依从者以及奴隶。尤其在征服一座城市之后，征服者最好不要将该地的自由民作为奴隶出卖，而是应该在"事实上"保证他们的自由，这样的话，他们就可以以"被解放的人"这种新身份向新的国王效忠。

其二，这样的社团，在本质以及对个体自由民的权威上来讲，就寓含了一种对依从者的保护责任在内，使得即使在"法律上"对这些依从者拥有的主宰权也不至于被滥用。在没有任何记载的早期，罗马法中便有这样一种原则，而居留者的法律地位就是以此作为基础的。这种原则的大致内容如下：一旦主人在公开的法律行为中（包括法言、遗嘱、诉讼以及在人口调查时发言等此类行为）公开或者默许放弃对居留者的主宰权之后，那么即使他自己或者合法继承人也不能再反悔，不能再重新要求得到已经获取自由的人，包括其后裔的主宰权。

依从者本身以及他们的后代都不享有自由民或者客人的权利。客人的权利指的是只要是和罗马有条约存在的社团中的自由民，在罗马仍然享有其原自由民的权利。因为依从者以及其后裔想要变为自由民，必须获得社团的正式特权。而客人们所得到的自由是得到法规保障的，并不是在"法律"上的，因此在很长一段时间内，他们所有的与财产有关的权利，在法律上都视为他们的保护人对财产的权利，即使是在法律程序中，他们也必须通过保护人来作代表。在此情况中，保护人就拥有了双重的权利，一方面可以向他们索要课征贡品，另一方面还能在犯罪之后将罪责强加在他们身上。然而渐渐地，这些居留者摆脱了这些枷锁，他们逐渐可以用自己的名义取得或者转让财产，在罗马裁判所做权利声明，合法地去取得补偿，而这些都不必再由保护人插手。

在婚姻以及继承这件事情中，外国人能够比非自由民以及不属于任何社团的人更早拿到与自由民一样的平等权。但是如若非自由民以及不属于任何社团的人在其本来的生活圈中缔结婚约，则因此由婚约形成的所有关系都不受限制，包括父权、夫权、族人关系、继承权、保护权以及教育权，都按照自由民的此类关系模式进行。

从某种意义上讲，jus hosoitii(待客法) 的运用也产生了与此相似的结果。待客法适用于在罗马永久定居的外国人，他们在这里定居，建立家庭甚至取得不动产，从这种角度讲，罗马从原始时期开始，就奉行开放的原则。在继承权的平等性上，罗马法律要求不要有所区别，并且不能有封锁地产的举动。每个人在世之时，都拥有对自己财产无限制的处理权。另外，我们知道，在罗马凡是拥有与自由民交易权限的人，哪怕是外国人甚至依从者，都有权在罗马取得动产以及不动产权（不动产权是从不动产可以成为私人财产时开始实行）。罗马事实上是一个商业城市，它所拥有的国际重要性由其国际贸易开始，伴随着一种令人敬佩的开放态度，赋予每一个不平等的婚姻的后代以居住权，而解放的奴隶以及外地人，只要他愿意放弃原居住地所享有的权利到罗马居住，都可以拥有这种权利。同样的道理，这对于外国人也是一样的。

社团中之居留者

由此可见，在最开始，相对于非自由民的被保护者身份，罗马社团的自由民其实是主人与保护者的身份。但是罗马和其他社团遇见的情况类似，由于并不开放公民权利，这种关系和事务的实际情况很快就不能在"法律上"调和了。拉丁同盟保障所有拉丁人在首都居住的权利，加之贸易的逐渐繁荣，使得被解放的奴隶以及居留者的数量即使在平时也都不成比例地增加。被罗马武力征服的或者被罗马吞并的城镇的居民们，有的直接迁进了罗马，有的则留在被罗马降为乡镇保留区的原土地上。但是一般情况下，他们都将自己原自由民的身份舍弃，以换取罗马社团的自由民身份。这种情况则使战争的所有负担都成了原罗马社团自由民的责任，使得罗马自由民的后代在罗马社团的人口比例中越来越少。居留者享受着胜利的果实，却不必承担流血的代价。但是令人称奇的是，罗马社团的贵族阶级，却没有因此导致数量锐减。这种结果就不能从罗马将自由民权利赋予其他数个杰出种族来解释了——这些人当本族本城镇被罗马征服以后，都接受了罗马的公民权利——但是这种权利随着价值的不断提升，被附赠的权利却越来越少。我们可以提出一个令人信服的假说，"公民婚姻"，也就是自由民的婚姻，开始由政府官员担任证婚人，而不像以往一样由祭司祝圣者担任。这种证婚制度规定：若父母双方都是贵族并且共同生活，即使没有宗教祝圣仪式，他们所生的孩子自出生起就是贵族，和祝圣婚姻所生的孩子一样，享有充分的自由民权利。这种婚姻制度的导入产生了巨大影响。尽管在十二铜表法之前就存在的这种公民婚姻，并不是原始的制度，但是仍然将其引入，其原因可能就是为了防止贵族的消失。这和后来允许贵族妇女在不平等的婚姻条件下生出的孩子仍然享有自由民的公民权利的原因，应该也是一样。

但是事实上，自由民的数量顶多只是未曾减少而已，而居留者的数量却在不停地上升。这一切制度的结果就是使得留居者不知不觉便获得了比以前更自由的地位，使得非自由民已经不再是需要自由民施加保护的解放奴隶以及外地人，他们中间包括因为战争而消失的其他拉丁社团的自由民，还有拉丁殖民者。他们是因为联邦权利而并非因为国王或者任何自由民的恩惠而迁居到罗马来的。

他们可以在法律上无限制地获得财产，从而可以在新居住地成家立业，并像自由民一样可以将自己的产业在子子孙孙之间一直传下去。非自由民的地位逐渐从那种令人沮丧的地位逐年上升。就算被解放的奴隶或者外地的移民仍然处于一种孤立状态，但是他的子女便已经脱离了这种状态，孙辈则更是彻底脱离了这种地位。这种情况使得他们越来越不需要保持与保护者之间的关系。

早期，依从者的权利完全是借保护人之手得以保全。随着国家之间的日益融合以及家庭的重要性不断降低的原因，依从者逐渐可以让自己从过往那里获得公正的待遇以及补偿，而不再需要保护人插手。非自由民中数目庞大的一部分，尤其是从解散了的拉丁社团中出来的一部分，刚开始主要是暂时依从国王而不是私人，因此他们所遵从的对象是同一对象，国王因为他对自由民的主权使得他的地位主要依赖臣民的善意，因此他必然需要对一大批忠于他的分子表示欢迎，从而和他们形成更为密切的关系。由自由民进贡的宝物，以及放弃继承的财产都可以用来充实国王的府库，甚至居留者需要向国王缴纳的保护金事实上也是与国王的府库有关，而且国王有权力用自己的名义让他们做沉重的工作，并且这些人会源源不断地涌来。

因此，在罗马，与自由民不同阵容的另一社团正在日益壮大，使得依从者之间产生了"平民"，这种名称的改变具有重要性。在法律立场上，依从者与平民是没有区别的。但是实际上，他们却有着重要的不同。前者的名称中拥有对政治特权的依赖，而后者则只是寓意缺少政治权利。随着这种依赖意识的消退，自由居留者便明显能感受到一种政治上的劣势。而正因为国王对有特权者与无特权者两个阵营的平等统治，避免了两个阵营之间的政治冲突。

塞尔维亚宪法

两者之间的对立是孕育革命的预兆，然而其融合的第一步却并非具有革命性质。此次宪法的变革，顶着赛尔维亚斯·图利乌斯王的名义，然而其历史渊源与同时期的其他事件一致。我们仅仅从后期的各个表现就可以推测，却没有当时的史料作为详细完整的证据。然而根据这个法律的性质而言，这次变革并非是因为平民请命而兴起的，因为宪法并没有赋予平民任何权益，而仅仅只是指定了平民的义务。

这次的变法可能出于某一个王的智慧，或者出于罗马社团内自由民的急切愿望，使得平民不能再逃脱军役以及税捐的义务。按照塞尔维亚宪法，服役的义务以及与之相关的责任，不再只是落在原先那些自由民的身上，从现在开始落在土地的拥有者身上，"定居者"或者"财产的保有者"或者"富有者"身上——不论其作为自由民或者居留者——使得军役这个责任改变了性质——从个人性的负担转变成为财产性的负担。

规定的细节如下：凡是拥有财产的人，包括他们的儿子，从17岁到60岁都有服役的义务，并没有出身上的区别。这样，只要是拥有地产的人，即使是被解放的奴隶也必须服役。然而在罗马拥有地产的外国人要怎么算，这个倒不是很清楚。但是有可能的是，或许有规定要求外国人只有定居在罗马之后，成为在战争中需要服役的居留者之后，才可以在罗马拥有土地。

有服役义务的人按照所占有土地的多少分为五类，被称为五种"召集"。第一种召集指的是，拥有一个足量"海德"——这里采用的是古代英国的耕地面积名称，一海德大概指的是80—120英亩，足以维持一家人的生计，在收到召唤时候需要全副武装地奔赴战场，因此成为"被召赴战役者"中的主力成员。其他则是与此地产相比较少的另外四类，拥有的土地各为正式农场大小的3/4、1/2、1/4以及1/8。这四类人需要服军役，但并不需要全副武装。由于那时大多数的农场土地是按照分配所得，因此一半数量的人都是拥有全海德大小，而拥有3/4、1/2、1/8的人数则各自占到总人数的不到1/8，而拥有1/8海德大小农场的人大概只占到总人数的1/8。

步兵征集的时候，也会按照这个比例召集人数，拥有全海德面积大小的人，召集80人，其次的三类各20人，而拥有1/8海德大小农场的人召集28人。

步兵的召集一般都不受到政治区分的影响，但是骑兵就不是这样了。迄今为止的自由民骑兵按照往常，此外增加的两倍骑兵人数，多数都由非自由民来增补。

除了正式的自由民之外，那些拥有地产的依从者，在之后被称为"不享受表决权的自由民"，他们所承担的义务在于公务、纳税、军役、进贡、重役等方面。他们不用再向国王以及贵族缴纳保护金。但是在族人范围之外的居留者，他们仍然需要缴纳保护金，他们是"非有产者"。

至此，原本的罗马社团是由两类构成分子组成的，一类是自由民，一类是依从者，现在却分为了三类，分别担任积极的保护者、消极的保护者和被保护者。这种区分在之后的许多个世纪之内，都对罗马宪法起到了主宰性的影响。

第七章　罗马在拉丁之霸权

罗马领土之扩张

拉丁民族一向勇武热情，这种性格使得他们互相之间以及与邻族之间都少不了敌对的状态，而随着国家的日益兴盛，这种敌对必定会升级成为相互间的战争。掠夺资源的战役终于升级为正式的征服战争，在政治上的强权也必定逐渐成型。然而因为意大利本身并没有荷马那样优秀的诗人将那掠夺征战的场面记录下来，我们因此不能在后世对他们的这种战争行为做出有关民族性的推论。而且即使是传说也不能让我们精确地明白拉丁各行政区的权利是怎么外在发展的，以及其享有的资源。

不过，罗马的权势以及领土的扩张我们却有迹可循。罗马联合社团最早的疆土范围我们在之前已经做过说明，陆地方向大概只到距离行政区域5英里的地方，但是在面向海洋的方向，他们一直将疆土扩充到台伯河河口处（奥斯提亚），距离罗马14英里。斯特拉波在对古代罗马的描述中也说过："环绕此新城者，大小诸族皆有，其中有独立于村庄者，并不从属任何国家之联邦。"罗马最初的领土扩张似乎就是从这种拥有血亲的邻族开始的。

在台伯河上流落居的拉丁社团，以及位于台伯河与安尼欧、安亭奈、克鲁斯图摩瑞姆、费可尼亚、麦杜利亚、凯尼纳、科尼古鲁、卡美科亚、科拉西亚之间的拉丁社团最早遭到罗马社团的武力震慑，显然也是最早被罗马武力征服的部分。之后，整个地区只有诺曼特保持了自己的独立，之所以只剩下这一个社团的原因，或许是因为他们与罗马之间是有盟约存在的。台伯河左岸的桥头堡费德奈，则成为拉丁人与伊斯特拉坎人，也就是罗马人与维安提人之间屡次争夺的地方，但是一直胜负未分。

而伽比人，这个占有安尼欧以及阿尔巴丘陵之间大片平原的部族，在很长一段时间中一直与罗马人不分胜负。到了很久之后，伽比人的衣服仍然被罗马人视作是战争的代名词，而伽比人的土地则就是敌方土地的代称。征服了这些地方之后，罗马的领土就扩张到了290平方英亩。而罗马士兵的另一项成就则是主要由传说得知的——拉丁圣城阿尔巴的征服与毁灭。传说只是告诉我们—每同胞的三个罗马兄弟和三个阿尔巴兄弟之间发生战争。至于冲突究竟是怎么起来的，战争是怎么开始的，这些内容都是这个寓言性质的传说没有说清楚的。这两个互相间都很强大的地区是必定相争的，它们的关系很密切，至少有一点可以确定——罗马确实是由三个部分组成。但是对于阿尔巴究竟是怎么被罗马征服并且毁灭的，我们都没有史料可以查证。

阿尔巴

我们缺乏这个社团是怎么被征服的记录，对于这些被征服的社团所拥有的自己的法律性格以及法律效力的记录就更为缺乏。简而言之，这些社团在融进罗马社团的时候是按照罗马原始的三个社团融合时的原则融合的，只是后来合并的社团在合并后不能再保持自己的独立性，而是完全被以前的整体吞并掉，与其他社团的区别也被抹杀了。在最早的时期，整个拉丁区究竟是怎么扩张的，因为除了罗马之外，都不允许其他的政治中心存在，罗马更为了消除以后会对本城造成威胁的对立者存在，不允许建立如同腓尼基人和希腊人那样的独立殖民地。

从这个角度而言，奥斯提亚所得到的待遇就非常需要让人留意了，罗马人不是不愿意在该地点兴起一个"事实上"的城镇，但是他们不会允许那个城镇拥有自己的政治独立权，因此不给予那个城镇的居民自由民的权利。但对于其中居住的已经拥有罗马自由民权利的人，那就让他们保留这种权利吧。

这个原则也使得那些被征服和自动投降的地区有了新的命运——他们的要塞被夷平，他们的领土成了征服者的领土，他们的人民还有神祇都在征服者的首都有了新家。但这并不意味着他们都必须住到首都来。

这个时期拉丁的各个城镇，主要的用途是作为军事上的要塞以及举行每周一次的市集的地方，因此征服的程序，只要市集和法庭被迁入新的城镇便可以了。阿尔巴和凯尼纳在遭到毁坏之后就是很好的例子。然而多数情况下，居民为了耕种土地也会留在被毁坏的城镇附近的空旷村野中，即使这个地区被武力摧毁了，这些居民都没有离开这里的必要。

但是多数的被征服者最后还是被迫迁进新建立的城市居住。罗马法律规定，只有参与疆土扩张的有功之人，才有资格成为罗马的"城墙内的人"。由于这条规定的存在，被征服者无论是否进入新都居住，都只能接受依从者的身份。但是被征服的部族中如若存在特别杰出的个人以及氏族，也可能会被赐予自由民的身份以及权利，就是说，成为罗马社团的贵族阶级。

几个阿尔巴氏族，包括朱利、塞维利、昆克提利、克罗利、吉甘尼、克利亚提、麦提利等族，作为本城被攻克之后迁往罗马而成为自由民的部族，可以保留他们阿尔巴的宗嗣，直到帝国时期仍然被罗马社团承认。而就在帝国时期，波维拉的朱利一族又将自己的氏族大为光耀起来。

罗马人并不是这种将小社团吸收到大社团行为的专利拥有人，因为希腊的诸族也是这样发展起来的。拉丁的罗马人以及雅典的雅典人，都因为许多地方融为一体而逐渐兴盛起来。"爱奥尼亚诸城要是想要一直保存自己的民族性，唯一的途径就是融合为一个整体。"这是由智慧的泰勒斯提议的。在意大利，罗马人则将这种联合的原则把持得最为热烈且成功。罗马就像是雅典一样，罗马"城邦"在所有联合国家中拥有的杰出地位就是由早期的中央集中化造成的。

罗马在拉丁的霸权

罗马对于拉丁的征服，从形式上看，固然是领土上的扩张，所要征服的人民也是与罗马社团有着相同特征的人。但是罗马征服阿尔巴则有特殊意义。在古代传说中，罗马对阿尔巴的征服被赋予了显要的地位，并不仅仅因为阿尔巴是一片富饶而且广袤的地域。阿尔巴作为拉丁联盟的首府，这个地位是被认可的，其属下共有30个社团。当然，阿尔巴的毁灭并没有达到和当时底比斯的毁灭使波提亚联盟解体那样的程度，不仅如此，由于罗马严格遵守拉丁战争法则中的私有产权法，承认新阿尔巴为合法继承人的身份继承阿尔巴成为该联盟的首领。当然我们现在并不知道这个继承声明在当时有没有引起危机。

简单地概括一下，当时只有少数几个社团不认可罗马在拉丁的霸权扩张，例如拉比西以及伽比，其中伽比尤其反对。即使是在那个时期，罗马相比于拉丁地区的内陆性，更像一个海权国；与拉丁的各村落相比，罗马是城市；而相对于整个拉丁联盟而言，罗马是一个单一的国家。而在当时，只有和罗马融合，拉丁的各个社团才有可能在海岸方面防御迦太基人、希腊人以及埃特鲁利亚人，才有可能在内陆前线对抗萨比利亚人。

罗马征服阿尔巴是否获得了比当时征服安亭奈或者科拉提亚多更多的财产，这个我们并不能确定。但是事实上罗马在很久之前就成为拉丁最大的社团，或许并不是因为征服阿尔巴造成的。但阿尔巴的征服却奠定了罗马成为拉丁联盟霸主的基础——因为对阿尔巴的征服使罗马掌握了拉丁节庆的主持权。这个基础对日后产生了巨大的影响，这个重要性是必须切记的。

罗马在拉丁阿姆的霸权，一般来说，这种霸权的性质主要是罗马社团与拉丁联邦的平等联盟，此联盟在攻击和防御上维持了长久的时间，因此在这个领域中维持了长久的和平。"罗马人与拉丁一切社团将维持和平，必须将这种和平维持到天长地久。你们将互相禁止征战，不得引狼入室，不能给敌人有可乘之机。凡是联合社团中任何社团遭受攻击，所有社团都必须一起行动起来支援，而联合战斗之后所得的战利品，必须同分。"罗马联盟条款中的一个条款规定：在交易、通商贷款与继承法方面，各社团都拥有平等权——这种条款达到的效果简直就类似于现在我们在各国间撤销海关限制。

而在具体形式上，各社团在内部仍然保留自己的法律，直至联盟战争时期，拉丁法都不是一定与罗马法相同的。例如由法律强行执行婚约，这一点拉丁社团仍然保持，但是在早期的罗马社团就废除了。但是拉丁法一直秉承着单纯以及纯粹的民族风格的发展，以及权利一致化，这样，后来的私人关系法无论在实质上还是形式上都与拉丁各社团保持一致。

各个社团权利的一致性，可以从个体自由民自由的丧失与恢复的原则上显示出来。按照古老可敬的法律准则，拉丁社团中的自由民只要在自己的国家之内，就不会失去自由民的权利，也就是说拉丁社团中的自由民不能在他生活过的国家成为奴隶，如果他遭受取消自由的惩罚或被剥夺自由民的权利，法律要求必须将他驱逐到国外，以奴隶的身份进入他国。

现在这项规定的地域限制已经扩延到全联盟的土地上，联盟的每一个成员在整个联邦范围之内都不会被沦为奴隶。这一点在《十二铜表法》中也有体现——如果债主要将没有能力偿还债务的自由民出售的话，只能将之出售到台伯河边界以外的地方去，也就是联盟的领土之外的地方去。罗马与迦太基的第二次条约中也规定：若是在战争中被迦太基俘虏的罗马人，即使在迦太基人手中沦为奴隶，但一旦进入罗马人的港口，从那个时刻开始将重获自由。

我们已经说过，盟约保证的权利在联邦内是一致的，其中也包括拉丁社团内所有拥有自由民权利的自由民可以跟与自己地位平等的拉丁妇女缔结婚姻，也就是互婚的权利。当然，拉丁人也只能在他被认定是自由民的地方行使自己的政治权利。同时私人权利同样同意拉丁人在拉丁领域之内的任何地方居住。用我们现在的语言就是，联邦内的凡是拥有自由民权利的自由民都享有迁徙定居的权利。

很容易了解的是，这一切规定使得首都拥有极大的利益。因为整个拉丁境内，只有罗马可以提供城市生活，拥有城市交通、城市福利及享受。因此在拉丁的各大社团与罗马有了相处及了解之后，大量的居留者就会很快地聚集在罗马。

许多社团，他们可以保持自己的独立性以及自主权，但是前提是他们必须履行联邦义务。但更重要的一点是：30个社团仍然保持着自己的自治权。我们可以说，阿尔巴对于联邦内其他社团来讲，地位肯定高于罗马对于其他社团的地位，而在阿尔巴失陷之后，各社团各自获得了自治权，事实上这个认识并没有错误。因为阿尔巴基本上是联邦的一部分，但是罗马其实一直属于分离的状态，并没有在联邦以内。这种情况就好像，日耳曼帝国虽然拥有皇帝，而且莱茵联邦在形式上还是自主的，所以阿尔巴享有的君主权力很可能只是名誉上的——就好像是日耳曼的皇帝。但是罗马则不同，罗马的保护者的地位在最开始就是最高权力，就好像拿破仑所享有的权力那样。

事实上，阿尔巴在联邦会议中似乎享有领导权，但是罗马则是听任拉丁的诸位代理人选举出一位主席，只在联邦庆典之中持有地位。罗马人对于联邦各族的利益一向保持平等尊重的态度，因此在拉丁条约中甚至限定自己不可以与任何拉丁社团单独订立条约——这个条款清楚地显示出了拉丁联邦各社团都普遍还有一种惧怕他们头顶强大社团的心理。在军事体系中，罗马与联邦各个社团之间的关系地位就显得更加清楚了。

联邦军队的兵力组成是由罗马以及拉丁各个社团各自分摊兵力，最高指挥权限轮流交给罗马和拉丁掌管，如果这一年的最高领导由罗马担任的话，拉丁各社团的支队便会在罗马各个城门前列队向被推举出来的司令致敬。这种盛况在罗马被拉丁联邦委任主办宗教庆典，而之后的结果看上去是获得众神赞许的时候也能看到。战争所得的战利品，包括土地和财产，同样也会平分给罗马以及拉丁。罗马—拉丁联邦不论在内部关系还是在外在关系上都保持着这种严明的平等，不会仅仅只由罗马来作代表。

联盟的条约并没有禁止两方中的一方仅仅以自己的名义发动侵略战争。但是如果战争是由联邦发动的，那么无论是什么情况，拉丁的联邦议会都必须参与，决定战争行为以及终止战争的方法，无论这次战争究竟是由什么目的开始的或者是因为遭受敌人的攻击进行反攻。实际一点来讲，即使有这样平等的立场作为前提，但是不论在什么时间，一个单一的国家与一个联邦缔结长期的关系之后，往往都是那个单一的国家掌握着两者之间的优势，因此，罗马很有可能仍然具有霸权。

阿尔巴陷落后罗马领土之扩张

罗马在攻陷阿尔巴之后，已经拥有了相当辽阔的领土，甚至已经算是全拉丁联邦的领导国家。之后的领土扩张也一直在直接或者间接地进行着，但是扩张的脉络已经不能在历史上找到记载。罗马人一直在费得奈的所有权上和伊斯特拉坎人及维安提人有争执。这块位于台伯河靠拉丁一边的土地，离罗马大概5英里。而罗马人始终不能长久拥有这里的所有权，也并没有把维安提人从这个可以发动攻势的基地里驱逐出去。另一方面，罗马人却毫无怀疑地占领了詹尼古鲁姆以及台伯河的两岸。

罗马在萨宾和艾奎这两个地方的争夺上显然拥有着有利地位。事实上，至少在君主政体时期，罗马就已经与古老的赫尼齐人之间奠定了友好关系的基础。拉丁人和赫尼齐人联合，在东方邻族的两边形成包围。然而南方的鲁屠利的领土却以渥尔斯齐的领土为其中最典型的代表，成为长久的征战之地。拉丁土地在这个方向上做了最早的扩张，也是在这里，最早从帝王时代开始，罗马和拉丁便已经在敌人的土地上建立了社团，使之成为被他们称为殖民地、属于拉丁联邦的自治领土。但领土扩张的广度在此却无法确定了。虽然关于罗马人与邻近的拉丁人还有渥尔斯齐人之间的争执，在帝王时期的年表上有详尽的记载，但其中能够像在庞普亭平原俘虏苏萨这种能够构成历史事件核心的记录却还是少数。无可置疑，帝王时期奠定的罗马的基础不仅仅是政治基础，还有对外的权势基础。在共和国初期，罗马城与其说是拉丁联盟的一部分，不如说其实是高高在上的，这使得我们可以确定罗马对外所显示的强大，其实在帝王时期就已经奠定了。许多重要的成就其实已经在历史中被湮灭了，但它所留下的光华也必照耀帝王时期的罗马，像久远的落日余晖一般，映照在塔昆尼的王室上。罗马受到幸运的眷顾，加上公民的积极努力，从商业与农业城镇发展成为一个繁荣的省份以及强大的首都。此时正值拉丁在罗马的领导之下联成一个整体，并向南方与东方扩张领土之际。军事体制的变革促成了我们所熟知的政治变革——塞尔维亚宪法的诞生。这种连续性的变革与罗马社团在性格部分的内在变化有关。而日渐丰富的资源以及越来越重要的地位，加之领域的扩张，都使其外在性格随之改变。塞尔维亚改革的历史基础必定是与奎瑞纳尔和帕拉丁的融合。这项变化也集结了整个社团的军事力量，台伯河河洲与对面的高地也被占领，各个山丘也布满建筑，使得自由民无法再满足于各山的分离。此时着手建筑塞尔维亚城墙，是因为拉丁首都需要一个强有力的完整的防御体系。从阿芬亭山脚下的河边绵延起新城墙，将整个山都包围在内。

1855年考古发现的两座城基，则可以将城堡原始的庞大显示出来，因为这两个城基，一个位于河西坡，另一个已经在东坡了。此处所发现的城墙也有非常高的部分，例如阿拉尼和费兰提诺城墙。如同从坟墓中高耸起的一般，方形大凝灰岩块高出地表，简直像是证明坚韧不拔、永垂不朽的民族精神的符号标志一般。凯利安、伊斯奎连、维明纳尔，包括奎瑞纳尔，都环绕在内。在奎瑞纳尔地区，为了弥补自然坡度的不足，又修建了土坡。即使是现在，其工程量的浩大也足以令人叹为观止。这里的城墙走向卡皮托连，陡坡与台伯河相连，成为城墙的一部分。台伯河上的柱桥连接河洲以及詹尼古鲁姆。此处已经不算是罗马城了，但是詹尼古鲁姆已是罗马的外堡。在此以前，帕拉丁是这座城市的碉堡。而且此时这座城市正在进行城市化进程。在城外，塔比亚山的山形易守难攻，面积并不大，却四面独立，山内建筑了新堡垒，包含有堡垒泉、"井房"、仓库和监狱，以及直到很久之后还要用于宣布月亮圆缺之类大事的自由民集会所。这里两峰之间的空地，恶神的祭坛遍布，草木丛生，因此早期应不允许居民长期居住，但是在洪水以及战争中其实可以趋避于此。另外，卡皮托尔城名义上只是罗马的一座卫城，但其实一直是独立于主城之外的城堡，主城失陷之后仍然可以独立作战。城门所在地区也许就是今后的广场所在。此处的防御工事比阿芬亭山更为坚固，但不似阿芬亭山允许长期居住公民，因为阿芬亭山可以提供城市的生活条件，比如水源。至此，罗马的住民分为两类：一类为正式公民，一类为住居在卡皮托尔和阿芬亭区的基尔特。卡皮托尔和阿芬亭两座城堡也划入新城墙内，与原先的帕拉丁以及奎瑞纳尔连成一片。最古老的帕拉丁城由其他高地簇拥着，两座城堡位于帕拉丁与城墙之间，被花环一般的城墙环抱在内。

第三卷　恺撒时代

第八章　庞培与恺撒的联合统治

在恺撒担任执政官期间，罗马人几乎公认几个民主派领袖在联合统治着共和国，而庞培显然在一般人的观念中，在其中位居榜首。富有阶级称呼他为"非公开的独裁者"。至于西塞罗在他面前则只有匍匐的份儿。比布鲁斯向他说着最刻薄的嘲讽，最恶毒的言辞在反对他的人士的私人集会上，也全都冲着他。

这是很正常的。那个时代中，庞培是无可争议的第一将军。恺撒的确是一个明敏的政治领袖，虽然有演说上的天才，但是他的性格几近优柔，而且不好战。这种意见由来已久。我们也不能指望那些出身贵族的乌合之众能用心去寻找故事的真相，因为传说中恺撒在塔霍河的英雄事迹，将已经形成的陈词滥调做出什么改变。显然，恺撒在他们心中完全是一个副官的形象了，只是去完成主官分配的工作，比如那些由弗拉维乌斯、阿夫拉尼阿斯此类能力较差的助手完不成的任务。即使后来他身居总督的位置，也没能改变一般人心中的这个形象。阿夫拉尼阿斯早前也曾坐到这个位置上，但并没有因此而获得任何重要的地位。许多年前，一个总督常常掌握着四个军团的兵权，甚至数省的执政也交由总督掌管。恺撒所管理的地区远在阿尔卑斯山之外，而日耳曼的王子又被罗马人视为朋友以及邻居，因此在那个地方是不会发生什么大的战争的。庞培的地位由加宾尼乌斯—马尼利乌斯法保护着，相比于被瓦亭尼亚法保护的恺撒，恺撒的地位显然是不利的。庞培掌握着统治权的地区几乎算是整个帝国，而恺撒只有两省。恺撒能够动用的军队只有2.4万人，而庞培却可以轻易调动全国的军队以及国库。而且恺撒的指挥权是有限期的，虽然时间相当长久，但是庞培却可以自己确定自己何时退休。总而言之，海陆上一切重要的任务都是由庞培一手掌管的，而恺撒的任务则是守在北边，为庞培在首都的统治不受干扰做守望工作。

庞培只会下令不会治理，因此当联合执政团选举他成为首都统治者的时候，那个重任其实超出他的能力范围。很快，首都就陷入一片骚动之中，加之由过去和即将到来的变革带来的侵扰，整个首都就简直变得和19世纪的巴黎一样了。要治理这样一个城市，没有兵力作后盾是不行的，而这个刻板的士兵也肯定完成不了这个艰巨的任务。结果，事情很快就发展到了不可收拾的地步——无论是令他感到不便的朋友也好，敌人也好，在关乎他的事情上都可以自行其是。恺撒外调以后，联合执政团实际上仍然掌握着世界的命运，却不能主宰那些在首都街道上行走的人们。

而元老院则任由事态发展，在表面上维持一个有名无实的政府。让元老院保持这个态度的原因如下：第一，联合执政团的分子缺乏执政团的指令，这一点引起了元老院的同情。第二，贵族阶级开始有人感觉到，或者有人还没有认识到，他们其实无能为力。因此，反对联合执政团的元老们义愤填膺、态度悲观。当时的罗马在那样的情形之下没有一个有决定力的政府，也没有真正意义上的权力中心。至此，罗马的贵族统治已毁坏，军事统治却尚未成熟。罗马陷入了一种青黄不接的状态中。罗马共和国固然在历史上显示出了对种种政治原则的了解远超古代以及近代任何国家的先进性，但它也同样将政治的无政府性充分地表现了出来。

非常巧合的是，当罗马的首都上演着这历史上最杂乱的政治闹剧的同时，恺撒在阿尔卑斯以北的地区正在缔造他的历史业绩。罗马这边的新摄政者要么忙于在元老院里和元老们一起哀叹现状，要么把自己关在房间内生闷气，无暇统治罗马。那些仍然渴望自由与秩序的公民们，无不对现状的紊乱觉得懊恼，但是之所以都采取了消极态度的原因，主要是由于没有领导者，因此也无人可以做顾问，他们都尽量和这种政治上的所多玛保持距离，尽量避免参与政治。

而这个现状却乐坏了平日里深藏不露的暴民们。整个罗马变成了他们的竞技场，自封的大人物成千上万。他们穿着破旧袍子，有着蓬乱的胡子，飞舞着长发，加上低沉的嗓音，有这类标志的人都是在进行政治煽动，他们简直组成了一个大行业。很多人都能从中得到大量报酬。戏院已经被发表慷慨激昂演说的人挤得人满为患，但是其中主要的听众却都是希腊人、犹太人和由奴隶获得解放的自由民，甚至还有尚未被解放的奴隶。他们都是这个场合里呼声最大的。但是事实上，真正拥有投票权的公民们很少出现在投票的地方。

此时拥有兵权的人就是握有真正权力的人。一些出身高贵的冒险分子，他们之中的多数人原先都是民主派的人，全都招募了剑士与黑卫兵。恺撒原来还在首都的时候，他是唯一懂得如何领导以及控制民主派的人。但是在他离开首都以后，由于所有的规矩都被破坏了，于是这些民主派的人们各自做自己想做的事去了，各自为政。即使是在现在这个大闹剧中，他们仍然还是高举着自由的旗帜热情高涨地奋斗着。但说实在的，他们的所作所为，既不算是民主派，也不算是反民主派。他们往往在不可或缺的旗帜上先是冠以人民的名字，最后又换上元老院或者某个党派首脑的名号。举一个例子，克罗狄乌斯就先后高举为元老院而战、为执政党而战、为克拉苏而战这三个旗号，至少他自诩为此而战。而这些武装分子其实也就只在反对或迫害他们的私敌时，才会把自己的旗号搬出来，他们的党派立场只是公报私仇的工具而已。例如在克罗狄乌斯迫害西塞罗的时候，以及米罗反对克罗狄乌斯的时候。如果这一段政治史是一场舞台剧的话，那么背景音乐确实可以搭配一个胡闹的音乐。大量的谋杀，围攻谁的宅邸，纵火，以及发生在首都内的其他暴力场面，简直罄竹难书。至于嘘、吼、叫、啐、踩，甚至是丢石头、拔刀相向就更是家常便饭了。

普布利乌斯·克罗狄乌斯是这场无法无天的舞台剧中的主要演员。他已经被好几任摄政者利用来对付伽图以及西塞罗。这个人确实拥有影响力，也有才干，最大的优势在于精力充沛。他在党内也确实算是一个举足轻重的人物。他在担任护民官时期，而且是可以自行其是的时间内，他所追寻的是过分的民主政策。他免费提供谷物给市民，限制检察官指控不道德的事件，不允许行政官用宗教规定阻止民众举行集会。不久之前，他还取消了为了限制政治帮派的猖獗活动而定下的对集会权的禁令，重新采用的几乎是军事清算式的"街头集会"——这种行为无异于是将首都那些无论是自由民或者奴隶的无产阶级正式地组织起来了。当然，用自由的名义进行这些行为，并不排除买卖公民证书的可能性。就像恺撒一样，他也利用自己大大小小的官职中饱私囊，将自主权卖给属国的国王和城镇。

其实庞培都看在眼里，却始终没有对这些严重损害他利益的事情采取什么措施。如若他没有看出这些来，但他的对手已经看出来了。克罗狄乌斯甚至已经胆子大到敢为了遣回一个被俘虏的亚美尼亚王子这样的小事，跑去和庞培争论，甚至这个争论不久之后变为正式的仇恨，这正显示着庞培的无力。此时的他身为摄政者，却已经沦落到要和一个党人兵戎相向，境遇可谓凄惨。而他和克罗狄乌斯相比，兵器的使用熟练度显然有所不如。他因为亚美尼亚王子的事件，觉得被克罗狄乌斯愚弄了，于是他又将克罗狄乌斯的敌人西塞罗从放逐中解放出来，因此庞培正式和克罗狄乌斯成了不共戴天的仇人。这位将军放出奴隶以及拳击手的做法，并不比克罗狄乌斯那一派人将街道变为危险场所的做法高尚到哪里去。随后在街头战中，将军必定敌不过煽动家，而且不止一次被克罗狄乌斯一党人围困在了庭院之中。另一场特殊表演也在这场匪夷所思的闹剧中上演着，那个名存实亡的政府竟然是摄政者以及那个流氓竞相讨好的对象。庞培放出西塞罗的一部分原因就是为了讨好元老院。而克罗狄乌斯更是叫来马尔库斯·比布鲁斯公开做证，说朱利安法通过宪法的流程是不合法的，宣称朱利安法是无效的。

由于这出肮脏的闹剧连主要演员都不知道自己在表演什么，因此必定不会产生任何积极的影响。即使天才如恺撒，也是凭借经验才知道政治煽动已经不能成为登上宝座的阶梯，因为情绪的骚动都过去了。如若现在还有人能够在这君主与共和青黄不接的时期，披上恺撒扔下的预言家法衣，举着手杖搬弄盖约·格拉古式的伟大理想，顶多也就是个搪塞现状的权宜之法。引起民主骚动的党派，实质已经是非常空泛，甚至都没有任何的机会进入最后决战的角逐。

这种混乱使得中立的公民渴望能有一个强大的拥有坚实军事基础的政府。这类中立公民都是没有受到暴乱直接影响的住在罗马城外的人。尤其是经历过卡提林纳利亚阴谋的人，出于对过去的经验之谈，已经对法治失去信心。那些彻底被暴乱震惊的人们相比于无政府的状态，最恐惧的也是法治被推翻后将要产生的巨大影响。而这种无政府状态唯一一个明显的后果，就是造成了庞培不断遭受克罗狄乌斯党派人士攻击的痛苦处境。而他的现状在决定他未来步骤的事情上，有实质的影响。

连生性迟钝的他都对克罗狄乌斯使他陷入尴尬处境而感到丢脸，因此尽管庞培一向不喜欢主动出击，此时也不得不想办法改变他和恺撒以及克罗狄乌斯之间的关系。但是现在他和恺撒的立场还有处境都发生了本质性的变化，这才是最重要的部分。与他在政务上取得全败的处境相反，作为另一个摄政者的恺撒，他的地位此时已经不再有任何顾虑以及恐惧。恺撒已经不在乎是否可以得到许可了，他已经在一个基本都是罗马公民的南方省进行征兵，使他的兵力变为以前的两倍。他原本的任务其实只是为罗马卫戍才驻守在罗马外的，但他却带着军队穿越阿尔卑斯山，将西布里人的一次入侵行为扼杀在了摇篮里。在公元前58年到公元前57年的两年之间,他已经将罗马的军队带到了莱茵河以及英伦海峡旁边。

在这样的事实面前,贵族们不能再保持以前不闻不问、说说坏话的惯例了,因为那明显是没用的。恺撒胜利者的光辉已经盖过了庞培的桂冠,那个以前被斥之为优柔的恺撒已经是名副其实的胜利英雄,成为士兵的偶像。而早在公元前57年,元老院就已经将连庞培都没有得到过的荣耀发给了恺撒。庞培和恺撒之间,主官与副官之间的关系,至此完全翻转。恺撒现在是拥有罗马最强大军事力量的人,与庞培这个过气了的、曾经著名的将军不同,此时的恺撒才是真正的英雄。

不错,在岳父与女婿之间,确实没有公开的冲突表现出来,但是政治联盟其实由于已然发生的变化而本质性地改变了,已经从内部崩溃了。对于庞培而言,与克罗狄乌斯的争执不过只是令人恼怒而已,但是现在与恺撒之间的角逐已经对自己形成了真正的危险。以前的情形是恺撒以及其徒众寻找军力的支持来对抗庞培,而到了现在,情形却已经逼得庞培不得不反转过来寻求军力来对付恺撒。庞培即使再不喜欢公开露面,但是到了现在也不得不利用自己的职权,争取让自己的权力凌驾于那个高卢两省的总督之上。

现在庞培采取了和恺撒在米特拉达梯战争时期一样的策略,向政府要求得到军事地位,以平衡遥远敌人的兵力优势。其实仅仅是在一年半以前,这都还掌握在他的手中。那时的庞培和恺撒这两个摄政者通过民众议事集会和元老院而号令全国,虽然元老院是威慑于恺撒的权威,但是民众议事集会还是将他们视为街头的主宰,并对两个摄政者唯命是从。庞培在当时站在联合执政团代表的位置上，是被承认的国家元首，因此他可以得到他所希求的包括损害恺撒利益的所有任命。但是此时的他已因为与克罗狄乌斯之间没有原则的争端失去了人民的信任，失去了领导地位。民众集会上也不再有许多人拥护他的提议了。但是即便到了这个地步，元老院对他的态度也还算是比较缓和的。但是他是否还在元老院拥有和以前一样数量的支持，并从元老院得到他想要的任命，在如此长久的沉寂之后，这些都变得令人怀疑了。

元老院，或者说那些一般贵族，也在经历着内部的变革。这种沉入最底端的现状给予了它新的力量。许多事情的端倪其实从公元前60年所举行的联合执政时期就已经暗暗地蛰伏下了，只是未到时机罢了。恺撒和庞培之间的姻亲关系，伽图与西塞罗被清退出场，这些都是君主政体以及家族联盟的迹象。大部分民众即使对政治事件不抱兴趣，却都能感觉到君主政体的奠基工作已经越来越明显了。

从那时起，恺撒的目标已经是共和体制是否还可存在，而不是如何修补它了。基于这个认识，那些有见识、有地位的人，都不再支持民主党，并将恺撒推到民主党首的位置上。住在乡村别墅中以及参加私人沙龙的人，已经不会再喊他们"三摄政""三头怪兽"了。恺撒这个民主党的执政者走进戏院进行执政官演说的时候，没有任何人鼓掌，而当他的爪牙出现在公众面前的时候，现场就是一片嘘声。一旦有人能够站出来说反对君主制度以及讽刺庞培的话语，哪怕说话的不过是一个演员在表演，都会引起哪怕是平时最老成稳重的人的喝彩。流放西塞罗的时候，当时许多公民，其中绝大部分都是中产阶级，他们穿着和元老们一样的丧服表示哀悼。当时的一封信曾说：现在这个时候，民众之间最受欢迎的事情就是反对民主党了。

摄政者暗暗授意，如若继续这样反抗下去，骑士阶级将会失去他们的特权，免费谷物也不会再免费派发给民众。出于这种压力，虽然不满的情绪仍然很大，但是这种不满被民众表现出来时显得更谨慎了。最有效的就是金钱的手段，恺撒的黄金正在不断增加。那些经营不善的商人，有影响力缺乏金钱的贵妇，不能偿还债务的年轻贵族，以及陷入困窘的商人与银行家，如果不能越过阿尔卑斯山，从根本上解决问题，就只剩下向恺撒在首都的代理人寻求帮助这一条路。如果已经是不可救药的破产的混混，恺撒必定不会给予帮助的。但是尚有些体面的人，恺撒一般都不怎么拒绝。此外，恺撒在首都兴建了许多可以惠及从执政官到贩夫走卒各个阶层的建筑，而且为了公共娱乐，也花费了大量的经费。虽然庞培也在这些方面做过努力，但毕竟规模有限。恺撒甚至前所未有地建立了首都第一座石头建筑成的剧场。

这些措施无疑会使首都反对者的态度转变，能够缓和他们的反抗态度。但这种贿赂毕竟不能撼动反对派的核心。现存体制在民众心目中的地位明显根深蒂固，即使是中立的民众，尤其在乡村生活的，更加不情愿君主政体到来，君主政体的赞成者少得可怜。

公民的不满在选举中可以得到自然的表达，这是罗马本身具有的特色体制。在这个现状下，元老院虽然已经败絮其中，但毕竟是合法的共和国捍卫者，因此立宪派在这里也只能委身在元老院的领导下。至此，一个事实便显露了出来，元老院被推翻之后，发现手上还有一支庞大而且可以信赖的军队，甚至比当时用于推翻格拉古和苏拉时都更为可靠。

而贵族们也意识到了这一点，并开始有所活动。但正在此时，马尔库斯·西塞罗却发誓绝对效忠于摄政者，而且参加元老院的绥靖派之中，获得了摄政者的同意回到罗马。庞培不过只是为了自己的利益向寡头政府做了一个偶然让步而已，才使得西塞罗可以回罗马，庞培的如意算盘是，西塞罗回到罗马，一方面可以给克罗狄乌斯一个下马威，另一方面也希望这个经历了诸多打击之后已经变得唯命是从的前执政官，可以成为他的工具。但出乎庞培的意料，西塞罗的回国却率先被共和派大肆宣传，这情形与当初放逐他的情况一致。两个执政官在元老院的紧急命令之下，由提图斯·安尼乌斯·米罗一群人作保护，用以抵挡克罗狄乌斯一派的反对——要求公民允许西塞罗回罗马。同时，元老院促使所有支持宪政者参与投票。非常多的知名人士，尤其是来自乡镇的人，在这一天全部聚集在了罗马，加入到这个投票的行列中来。连西塞罗如何从勃隆度辛到首都的行程安排，都成为公众一系列情绪表达的突破口。于是投票日的这一天，也就是公元前57年8月4日，正式宣告了元老院与倾向宪政的公民联合组成了一个新阵营。

　　庞培对于这种公开的宣示毫无对策，他和克罗狄乌斯之间近乎荒唐的斗争使得他完全失去了元老院的信任以及在人民之中的信誉。而他的无能也助长了共和—贵族派的信心，从而大大挫败了摄政者一派的士气。事实上，如果共和派能够勇敢而有策略地进行斗争，或许真的可以取得这场派系斗争的胜利——因为此时的他们拥有人民的坚定支持，这是一个世纪以来都没有出现过的力量。如果共和派能够信任自己以及人民，那么他们的胜利会以最光荣也最简单的途径完成。如果他们直接而公开地向摄政者发起攻势，并组织一个公众人物，以他为首脑，以摄政者的权力不符合宪法为由取消他们的权力，并号召意大利的共和派一起站起来推翻暴君——这样，他们也许可以使元老院恢复以前的统治权。虽然这确实是冒险的举动，但说不定历史往往正是青睐这样的冒险的决心，认为这才是最明智的行为。

但是此时的贵族们对这种简单而冒险的事感到力不从心，于是他们选择了另一种道路来达到目的，这个途径或许比较适合他们的性情——他们想要挑拨两位摄政者的关系：如果他们背道而驰相互嫌隙、恺撒的优势地位会逼迫庞培寻找更高的权位的话，说不定会使他们之间决裂，并且引起两人之间的斗争。如果这样的情形出现，庞培又找不到支持者，那么必定失败，那么立宪派的敌人就只剩下恺撒一个了。此时贵族和庞培联合，庞培是一个干练优秀的将才，而立宪派恰好拥有多数的兵力，说不定能够使立宪派获得成功。等到胜利以后再慢慢处置在政治上能力不强的庞培，到时就容易得很了。

因此，随着事态的发展，庞培真的与共和派有所和解。这种合作关系最终是否能够真的达成，而两个摄政者与贵族之间错综复杂的关系要怎么梳理，都要看公元前57年秋季的事件了——庞培在那时要求元老院将与平时完全不同的强大权力交付于他。使他提出这样要求的原因和11年前加宾尼乌斯法颁布之前一样，是首都面包的涨价。由于这个涨价，克罗狄乌斯一直试图指控西塞罗和庞培中的一个是幕后黑手，而庞培和西塞罗又反过来指控克罗狄乌斯，因此一直不能确定是不是真的是人为操纵引起的。罗马的食物几乎完全依靠海外供应，食物匮乏的原因主要由于海盗的劫掠、谷物分配监管不力以及国库空虚。庞培的计划是要求取得帝国粮食分配的监督权，而这个权力的获得意味着拥有国库的主宰权限，陆军和海上舰队的掌控权，以及高于各个行省总督之上的对于行省的高度控制权。总之，他所想求取的完全是加宾尼乌斯法的翻版。就像有权力处理米特拉达梯战争，就必定要拥有海盗的围捕权一样，按照这个方向来看的话，则埃及战争的处理权也要归庞培了。

对于如何反对新的专制者们而列出何种证据，这一点暂且不论，但是当公元前57年的这个提议被提出来讨论的时候，多数元老院成员仍然还处于被恺撒威慑而引起的恐怖之下。而此时由于被流放的经验导致马尔库斯·西塞罗变得谄媚起来，在他的提议之下，元老院也颇为讨好地同意了这个计划的原则。但细节的处理却和原先的计划有本质上的区别，庞培的计划是竹篮打水一场空，国库的自由运用权、海陆军权甚至连取得高于行省总督的权力他都没有如愿。元老院只是象征性地答应给他15名副官以及一大笔钱，同时以在公民许可的情况下得到今后5年内对罗马国内有关谷物供应的监督权。

这些决定简直就与之前的计划背道而驰，但是这种改变是有很多原因的。在高卢行省，将比恺撒所享有权力更高的权限给予恺撒的同事，这种事就算是谁都没有胆子去做。至于庞培的死敌和迫不得已的盟友克拉苏也在暗中作梗，而元老院中的共和派就更反对哪怕只是名义上增加摄政者权力的事情。而最根本的原因其实还是出在庞培本人身上，他态度暧昧，在不得不出场的时候仍然不愿意公开自己的态度，都是由朋友出面，而自己则保持着一贯的所谓著名的谦逊，表示无论得到多么微小的授权，他都会感觉满足。那么就不能怪别人给他那么少的权限了，因为难免会有人故意将他的话当真。

尽管如此，庞培还是找到了一个重要的差事，而他也确实为此感到高兴。最重要的是他有了可以离开首都的正当理由，而且他也保证了首都可以得到丰富而廉价的食物，尽管其他行省对此觉得非常不满。他有权自称是各个行省的地方总督，由于没有属于自己的军队，使这也不过是个空名而已。他不久又要求元老院授予他权力协助被驱逐的埃及王复位；如果必要的话，则应当派兵前往。但是他如此热切地需要元老院的时候，得到的却是元老院的冷漠。更何况很快就有女预言家声称罗马派兵埃及是亵渎神灵之举，于是元老院里那一群虔诚的人们几乎立刻决定不能进行军事干预。而庞培则更加低声下气地说不需要军队也可以。但是他还是没有亲自出面，仍然装腔作势地让朋友出面，自己则表示应当派一位元老前往。这是绝对不可能被同意的提议，因为这简直就是让一位重要的人以身犯险。于是在好多轮的讨论以后，元老院决定根本不要对埃及的事务插手了。

由于庞培在元老院提出的种种请求接连碰壁（更何况他都默默忍受了，没有再提出异议），民众也理所当然地认为这是共和派取得了胜利，而摄政者们已经失败了。因此，拥护共和派的呼声也越来越大。到了公元前56年的换届选举时，许多对摄政者不利的因素就纷纷显现出来了，普布利乌斯·法提尼乌斯和盖约·阿尔菲乌斯在这次选举中落选，取而代之的是热烈拥护政府的盖奈乌斯·林都鲁斯·马塞利努斯和盖奈乌斯·多密提乌斯·卡尔文努斯，他们成了新一届的执政官和次执政官。而在公元前55年的时候，卢西乌斯·多密提乌斯·阿希诺巴尔布斯担任了执政官，因为他在首都具有巨大的影响力并囤积了丰厚的财力，所以很难阻止他当选或是动摇他的地位，而他更是明目张胆地与民主派处处为敌。

出于这样的情况，民众议事集会提出了反对意见，而元老院则积极响应。伊斯特拉坎和几个颇具才智的占卜师提出了一些意见，而元老院对这些意见给予了高度重视。占卜的结果显示，因为上层统治阶级间的种种纷争，国家的财政大权和军事大权会落入一个专制独裁的统治者手中，从此以后，整个国家将会丧失民主和自由（他们所指的应该就是盖约·麦西乌斯提出的建议）。没过多久，共和派就从云端跌落到了谷底。他们宣布，恺撒以执政官的身份颁布的一切法律法规——例如坎帕尼亚的领土问题等，都是无效的。其实早在公元前57年，元老院就提出了这样的看法，他们认为这些法规都不符合规定，所以必须废除。因此，在公元前56年4月6日这一天，时任执政官西塞罗在元老院全体元老们的面前提议，于5月15日进行坎帕尼亚土地分配问题的辩论。

这是一次正式的宣战，因为宣战的人早已是稳操胜券的那群人，所以这次的宣战也变得极为重要。贵族们似乎也已经察觉到了这是一场无法避免的斗争——可是他们却并不是选择站在庞培的一侧，同恺撒作斗争，而是反对所有的摄政者。从他们后来采取的措施中不难看出，多密提乌斯并不想隐藏他的意图，他要以执政官的名义，建议公民将恺撒从高卢召回。贵族寻求复辟的计划正在进行，他们打着进攻坎帕尼亚殖民地的名义，实际上却是向摄政者丢下挑战的手套。

恺撒每天都会通过一份详细的报告对首都发生的事情进行密

切的关注，在军事条件允许的情况下，他还会在不远处进行观察，只不过到目前为止，他都还没有进行过正面的干预。不过现在，贵族们已经向他的同僚们——也包括他——宣战了；他现在已经别无选择，他必须采取措施，而且要做得十分迅猛。碰巧那个时候他就在附近，因为贵族们觉得不能等他越过了阿尔卑斯山以后才宣布破裂。公元前56年4月，克拉苏从首都出发，要去和那个权力更大的同僚商议一些必要的安排。他来到了拉韦纳，在那里找到了恺撒，而后两人一同前往卢卡。在克拉苏离开不久后，庞培借口说要去撒丁岛和埃及搬运粮食，也随即离开了罗马。这3个人又碰面了。其他的一些热烈拥护摄政体制的人，例如西班牙地方总督麦特鲁斯·那波斯、撒丁岛执政官阿庇乌斯·克劳狄乌斯等人也随之参加了这次会议。另有120名侍从以及200名元老也同样参加了会议。这样，与共和派元老院相对立的君主派元老院就在这里形成了。

所有的决策权都集中在了恺撒一人的手里。他在权力平均分配的基础上，对现存的联合统治进行重建和巩固。从军事的角度来说，最重要的职位，除了两个高卢行省的总督以外，就要数两个西班牙省和叙利亚省最为关键了。恺撒派庞培任西班牙省总督一职，叙利亚省的总督则由克拉苏担任。总督的职位是以人民的名义授予的，任期为5年（公元前54至公元前50年），在职期间，总督具有一定的军事权和经济权。除此以外，恺撒还要求将他的统帅权延长至公元前49年（原定于公元前54年任满），并且要求将自己的兵力扩充至10个军团，而他自行招募的那些军队的军饷也要由国库来支出。庞培与克拉苏已经获得了批准——于次年（公元前55年）连任执政官，而恺撒则可以在公元前48年——

他的总督任期结束后——保留他的最高行政统治权。因为到了那个时候，他已经符合了一人任两届行政官时中间要间隔10年的条件。庞培与克拉苏此时正在首都，他们急需军力的支持。恺撒的军队本来是用来支援他们的，可是现在却难以从阿尔卑斯山的北面快速撤回，所以他们需要招募新的军团。这些军团打着支援西班牙与叙利亚的旗号，可是实际上却具有很大的自主权，他们可以在任何自己觉得方便的时候将军队撤离意大利。

如此以来，最尖锐的矛盾已经解决了，其次面临的难题是如何应对首都的反对势力，以及今后候选人的一系列规划等。作为一位善于协调的大师级的人物，他充分地利用了每个人的性格，使那些水火不容的人也能够协调一致、共同工作。因而，在庞培与克拉苏两人之间，他们至少对彼此有了表面上的了解。就连普布利乌斯·克罗狄乌斯也能够听从他的安排，变得安静了，不再与庞培作对——恺撒就像是一个大魔术师一样取得了这一系列惊人的成就。

根据以上的种种情况可以得出，这一次的协调并不是建立在一群相互平等的摄政者的基础之上的，而仅仅是出于恺撒善意的调和。庞培刚刚来到达卢卡的时候还是一个无依无靠的难民，他是来祈求他的对手给予他帮助的。恺撒当时可以不理会他，随即宣布联合统治的解散；也可以收留下他，继续维持联合政府的统治；可是无论他采取哪一种方法，庞培的政治道路都已经走到了尽头。当时，假如他不与恺撒划清界限，那么他就会成为依附恺撒的寄生者；但是如果他同恺撒决裂了——虽然这样的可能性并不是很大——当他投奔贵族的新统治的时候，那他同贵族之间的联盟也是非常危险的，这样的组织并不会给恺撒的统治造成太大的威胁，恺撒甚至可以不予理睬。至于克拉苏,他和恺撒之间的对立就是更加不可能的事情了。

很难理解究竟是出于什么样的原因,使得恺撒放弃了他优越的地位,而主动将第二执政官和军事指挥官这样重要的职位让给了他的对手——就算在公元前60年的时候,当联合统治发展到一个巅峰状态,恺撒都曾拒绝做出这样的让步,更何况庞培在这之后(明显是以武装的手段对抗恺撒的统治)也曾不再接受恺撒的帮助,甚至不再听从恺撒的指挥,擅自采取行动谋取这样的权位。的确,拥有强大军事力量的人不仅仅只是庞培,也包括庞培长期以来的敌人及恺撒的盟友。而之所以让克拉苏占据这样一个举足轻重的地位,原因只有一个,那就是为了对庞培的势力形成制衡。当然,当庞培从一个无足轻重的难民成为一个手握重权的军事指挥官的时候,对恺撒也的确造成了一定的损失。

也许恺撒认为现在的时机还不够成熟,觉得自己还没有完全掌控住自己的部队,贸然采取对抗政府的行动会使他损失惨重,所以他总是担心自己被从高卢召回会引发一场内战。可是在这个时候,内战是否会爆发,主动权完全掌控在首都的贵族手中,而不在庞培的控制范围之内。出于这样的原因,恺撒更加不可能公然和庞培断绝关系,否则贵族们会因为这样的行为大受鼓舞。但是这绝对不会是恺撒做出那样让步的主要原因,真正的原因很可能和他的个人因素有关。也许是恺撒想起他曾经也和庞培现在的境遇一样,若不是当时的庞培退了一步(当然,这只是因为他的犹豫不决而绝非宽宏大度),他无法躲过那一难。又或许是恺撒不忍心让他心爱的女儿伤心——毕竟他心爱的女儿全心全意地爱着她的丈夫——因为恺撒的心里除了装着政治以外，还装着许多别的东西。

可是毫无疑问，最关键的因素一定是高卢。恺撒一直觉得征服高卢，并不是为了帮助他登上金字塔顶峰的一块垫脚石（这一点同那些他的传记作家们的观点完全不同），而是为了他的国家内部的重建和外部的安全——总而言之，这样做都是为了国家的未来。因此，为了能够顺利完成对高卢的征服，不在这一段重要时期被意大利内部的事情缠绕，他毅然决然地放弃了自己优越的位置，给予了庞培巨大的军事权力，让他能够代替自己在元老院和它的拥护者身边周旋。

假如有人说恺撒唯一的目标就是尽快成为一统罗马的皇帝的话，那么他就大错特错了。这个举世无双的人，他的雄心壮志绝对不仅仅局限于成为皇帝。他的雄才伟略要求他同时完成两桩艰巨的事业——在重组意大利内部的同时，为意大利的新文明赢取更辽阔的疆域。当然，在这两样艰巨的任务之间也难免会有一些相互的干扰，特别是他征服高卢这件事情，不仅不会对他取得帝位有所帮助，甚至可以说是一种阻碍。他原本可以在公元前58年就发动意大利革命，可是却因为种种因素推迟到了公元前48年，这样的一个过程让他经历了许多苦痛。恺撒既是一名政治家又是一位军事家，他有着雄才伟略并且果断大胆，他对自己充满了信心，甚至不会将对手放在眼里，因此他总是会使出各种奇险怪异的招式，让人难以捉摸。

如今，贵族们可以大胆地宣战了。然而，世界上最可悲的事情就是懦夫忽然有了做决定的权力，他们的目光是如此的短浅，以至于他们从来没有想过有朝一日，恺撒会在这里做出一番事业，甚至也没有想到过庞培会与克拉苏如此紧密地结为盟友。这发生的一切事情都让人觉得难以置信，可是当我们反观元老院立宪派领袖们的时候，就会明白——这一切并不是毫无原因的。由于伽图依旧没有出席，所以在这一群人之中，最具影响力的莫过于马尔库斯·比布鲁斯了，而这个人一向是主张不抵抗政策的，他是历届执政官当中最顽固而愚蠢的人。贵族们举起了自己的武器，却等到敌人准备好战斗的时候立刻放下了。

仅仅是卢卡会议这一项就足够打消所有的反对想法，使那一群懦弱的人——就是说元老院里的大多数人——心悦诚服地回到自己臣仆的位置上去，虽然在一个偶然的机会里，他们曾经对这样的职位感到不满。而对于朱利安法规是否有效，也再没有必要去制订什么讨论计划了。现在，国库已经开始为恺撒私自招募的军队提供军饷了。并且，元老院于公元前56年5月末否决了要将高卢省从恺撒手中夺回的命令。

元老院就是以这样的方式来表示自己的追悔莫及。而在私下里，这些老爷们更是因为自己前些日子里的无法无天而吓得腿脚发软。他们纷纷赶来求和，誓死追随恺撒——而在这些人当中，最积极的莫过于马尔库斯·西塞罗了，他忏悔说，自己居然这么迟才领悟到自己的忤逆。他用一些"体面"的称呼来形容自己，与其说这是一些奉承的话，可是形容得却是非常符合事实的："我实在是一头大笨驴啊。"而摄政者们当然没有任何理由拒绝这些前来求和的人，他们的求和统统被接受了。从一件事上可以清楚地看出贵族们的态度转变得有多快，那就是西塞罗在卢卡会议结束之后，又发行了一本小册子用来表示自己深深的忏悔之情，而这本小册子和他之前发行的那一本完全不同。

这样一来，摄政者们便能够更加轻松地应对意大利的国事了。这就好比是意大利和它的首都获得了一支没有进行过武装集结的卫戍部队外加一名卫戍司令。克拉苏与庞培为了自己的领地——叙利亚与西班牙而征集的部队，已经开始往东方行进了。但是事实上在两个西班牙行省，庞培命令原先的将军继续统领，他自己和征集来的部队一起留在了意大利。

毫无疑问，民众们非常清楚现在的摄政者们正在一步步地瓦解元老院，并用一种温和的方式逼迫政府采取君主政体，所以他们的呼声越来越大了。元老们面对此种情况也是无计可施，只能选择顺服。但凡那些重要的国事，特别是在军事方面和外交方面的事情，摄政者们都已经完全无视元老院的意见了，他们有的时候会根据人们的意愿做决定，而有的时候完全是根据自己的喜恶来判断。在卢卡会议上达成的高卢军事指挥权协议就是一个最典型的例子，它完全是克拉苏与庞培打着民众的旗号做出的决定，并且护民官盖约·特雷波尼乌斯也私自批准了西班牙和叙利亚的军权，除此以外还有许多重要的职位也都打着人民授予的旗号加以委任了。恺撒早就已经明确表示，摄政者们可以自行扩充部队，没有必要经过任何人的允许，是否借调的权力也在于自己。比如说，恺撒接受了庞培的支援来应对高卢之战，而克拉苏接受了恺撒的帮助，赢得了帕提亚战争。虽然根据现行的条款规定，在波河以北的居民还只能拥有拉丁人的权利，但是在实际的治理过程中，恺撒已经完全将他们当作罗马公民来对待了。

按照规定来说，新占领土地的管理组织是由元老院的委员会来进行处理的，可是对于高卢这一大块辽阔的土地，恺撒却完全按照自己的意愿进行规划。虽然他不曾进一步扩大自己的职权，但是他却设立了诸如新科姆（科莫）这一类的殖民地，殖民者达到了500多人。并且庇索领导的色雷斯之战，加宾尼乌斯领导的埃及之战，以及克拉苏领导的帕提亚之战，都没有征得元老院的同意，他们甚至连一份例行报告都没有。毫无疑问，对于战争取得胜利或者是其他荣誉的颁发也并不会事先告知元老院。

很明显，他们这么做并不是对形式的无视，假如他们是对这样的形式感到不满，那么他们大可以改变这种规定，并且元老院在这样一类事情上一定都不敢提出异议。然而他们之所以不愿意告知元老院，征求他们的意见，是因为他们有意想切断元老院与军事决策及其他高级决策之间的联系，要把它的职权范围缩小到金融问题和内政方面。而元老院也清楚地发现了这种意图，所以他们采取了许多反抗措施，有的时候会以元老院的谕令，有的时候则会提出刑事诉讼。尽管摄政者们对元老院置之不理，但是偶尔也会要他们处理一些较为安全的民众集会，只是需要小心不要让这些贵族老爷们妨碍了国家大事就好。然而，实际上很多时候摄政者连这个做样子的机会都不愿意给他们，许多事情索性直接处理了。

不论现在受尽屈辱的元老院同不同意，他们都只能够默默听从。带领着整个元老院忍气吞声的人物依旧是马尔库斯·西塞罗，他出众的法律才华让他总是可以为任何事情找到理由——更贴切地说是借口。他原本是一位反对摄政者的贵族代表，如今恺撒却让他成了顺服求和的代表，这才是真正具有恺撒特色的讽刺啊。正是因为他现在这种服服帖帖的态度，所以虽然在之前他也有过想要鸡蛋碰石头的做法，但是现在，摄政者们还是原谅了他。他的弟弟格于因为义务参军，调到了高卢担任军官，但是也因此成了人质。庞培又逼迫西塞罗成了他名义上的助理，这样就掌控了随时可以让他离任的权力。毫无疑问，克罗狄乌斯已经受到了指示，不要再去骚扰西塞罗了，可是恺撒绝对不会因为西塞罗就置克罗狄乌斯于不顾的，就好比他也不会因为克罗狄乌斯就放弃西塞罗是一样。这样一来，这位救国救民的大英雄，这位领导解放的伟人，就开始插足内政了，而他的种种行为将会被阿里斯托芬之类的史学家予以批判了。

那根曾经狠狠击打过西塞罗的棍子现在又要落在西塞罗的头上，用黄金铸成的枷锁也将扣在他的身上。在经济上面临窘迫的他多么渴求恺撒无息贷款政策的热烈拥护，况且那些让货币在首都大量流通的建筑都请他来作监工。许多伟大的演说都没有能够付诸实践，因为他很清楚，演说过后不久，恺撒的代理人就会派人送来一张索取他性命的账单。于是，他发誓"今后再也不会去追逐那些荣华富贵，要为了讨好摄政者而努力卖命""要像耳朵一样柔软灵活"。因此，他们就常常利用他的这一点，请他作为他们的辩护人。就这样，他往往奉命为自己恨之入骨的敌人做辩护，这在元老院中表现得尤为突出。他经常在元老院中，起到一个上传下达的作用，宣布一些"也许别人会同意，可是他自己坚决反对"的决议。确实，作为一个手中毫无实权的派别领袖，他在政治上也似乎具有了某些不可或缺的地位。同样，对于政府中可以通过威逼利诱的手段顺服的其他人，摄政者们也会采用同样的手段对待他们；总而言之，会让他们都处在一个被驯服的地位。

当然，在他们当中也会有一部分人是誓死不屈服的，至少在表面上他们表现出顽强的样子，这些人既不能够被征服也不在乎恐吓。摄政者们非常清楚，对待这一类人，必须采取一些特殊的对策——比如说之前处理伽图和西塞罗的事情的时候——一味打压他们对自己是弊大于利，与其将这些共和派的积极抵抗分子变成殉道者，倒不如默默地忍受他们无谓的反抗。于是，在公元前56年的年底他们同意让伽图返回了罗马。从那以后，伽图经常冒着生命危险，在元老院或是广场进行某些反对摄政者的行为；不得不承认，他的这份精神是令人敬佩的，可是他的这种行为却着实可笑。

他对特雷波尼乌斯的几项提议提出了反对意见，并且，他又在广场上把这件事情发展到了大打出手的地步；他还在元老院提出，恺撒应该将地方总督的职位让给乌西彼得斯和坦克德里，因为他是一个对待周边野蛮民族言而无信的人。然而，对种种这样的行为，摄政者们没有追究。在元老院同意恺撒自行招募的部队由国库支付军俸的时候，伽图的桑丘——马尔库斯·法沃尼乌斯竟然跑到了元老院的大门口，向街边的民众宣布这样的做法将对国家造成多大的危害；他也曾经用低俗的语言讽刺过庞培腿上那白色的绷带（由于他的腿疼，所以总是绑着绷带），嘲笑他那是戴错位置的皇冠。执政官林都鲁斯·马塞利努斯在会议上的一片喝彩声中说道：你们现在应该充分发挥表达意见的权力，因为今后可能就没有这样的机会了。而且在克拉苏率兵前往叙利亚的那一天，护民官盖约·阿特侬乌斯·卡皮托用尽了一切呼神唤鬼的方式，召集所有的恶鬼伴随着克拉苏前行。种种行为，摄政者们都一一容忍了。

然而，这也只不过是少数激进分子无谓的挣扎。但是，这一少部分人却也起到了一定的作用，那就是由于他们的存在才使得这种反对的情绪一直存在，没有消亡，有的时候，还会带动元老院里的一些同样具有反抗精神的人，毕竟他们当中的大多数人心中都一直隐藏着对摄政者不满的情绪。这些大多数人的情绪积压久了，也需要找一个发泄的出口，至少也要在一些不重要的人或事情上发泄一下。每当这个时候，摄政者的爪牙们就会变成大家攻击的目标。加宾尼乌斯提出参加感恩庆典的请求被拒绝，庞索也被从他任总督的那个行省召回。而在公元前55年的选举时，护民官盖约·伽图向大家宣布，只要现任的执政官还是属于立宪派，他就会继续反对选举的，由于这样，元老院的元老们甚至穿上了丧服。哪怕是那个对摄政者阿谀奉承的西塞罗也写了一本言语恶毒的小册子，以此来攻击恺撒。

可是，元老院里这样多数的无力反抗行为和少数人没有效果却执着的反抗，只能更加清楚地表明一个现状，那就是国家的权力已经从元老院完完全全地转到了摄政者的手中，亦如当年，权力从公民的手中转到元老院的手中一样。元老院现在不过是君主政府下属的一个小小议会，一个反对君主政体的人们的聚集地罢了。那些依旧支持政府的人表示："除了那三个人之外，没有谁的话是有分量的了。现在国家的一切权力都掌握在摄政者的手中，他们要让所有的人都清楚地认识到这一点。如今元老院已经失去了它存在的作用，它已经变成了专门服务独裁者的机构；并且这种现象在我们的有生之年是不会发生改变的了。"实际上，如今他们生活的国家已经不再是共和制，而变成君主制了。

虽然国家的统治已经完全落入了摄政者的手中，可是在政治领域中仍有一小块地方一直被守护着，没有受到威胁——那就是一般的行政官选举和法庭。很明显，法庭是不会受到政治的影响的，而且还能在一定程度上反映当时社会的时代精神，罗马也不例外。行政官的选举自然是属于政治范畴，但是因为在那个时代是由特别行政官统治的这些普通的行政官甚至没有明确的职称，所以哪怕他是最高行政官，假如他坚决地站在反对君主政体的一边，那么他也不会对国事产生什么影响，所以一般行政官也变得越来越像是当权者的傀儡了。即使是那些强烈反对君主制的人当选了，他们也不过是手上没有实权的假把戏，充其量做做样子，却无法做出一番大的改变。然而，尽管反对派已经完全败下阵来了，可是选举过程中依旧充满了敌意。

即使是在这个无关紧要的领域，摄政者们也会竭尽全力保证选举的获胜。在选举进行之前的卢卡会议上，他们就已经制定出了来年的候选人名单，并且想尽一切办法保证这些人顺利当选。他们不惜花费大量黄金来改变选举的结果。在恺撒与庞培的部队里，每年都会有大量的士兵休假，让他们到罗马参与投票，并且恺撒也会留在意大利，亲自监视选举的过程。

可是目标达成的过程往往非常曲折。在公元前55年，庞培与恺撒的确顺利地当上了执行官，这正符合在卢卡会议上制订的计划，并且作为反对派唯一的候选人——那个誓死抵抗的卢西乌斯·多密提乌斯则落选了。可是这样的结果却是在一番公开的暴力斗争下取得的，伽图还因此受伤，并且还发生了其他一些极为难听的丑闻。因而在后面的选举中，尽管摄政者采取了一系列的阻挠方法，多密提乌斯仍然当选了，而伽图也在次执行官的角逐中取得了胜利；

在公元前55年的选举中，恺撒的手下获得了这个职位，可是也因此闹了一场沸沸扬扬的丑闻。在公元前53年的选举时，反对派拿出了确凿的证据，揭发了摄政者一方的候选人是如何在选举上做出那些无耻的阴谋的，因而脸上蒙羞的摄政者们不得不放弃了那些候选人。

联合执政团在选举的过程中遭到如此沉重的打击，是由多方原因造成的。除了政府机关过于陈旧难以控制，投票过程中难以预料的因素以外，还有中产阶级内心一直以来的不满，以及复杂的个人因素等原因。可是最主要的原因却不在这里，根据当时的社会风气，能够左右选举结果的往往是贵族圈里的人，他们会采取贿赂等方式影响选举的结果。贿赂数目很大，但是过程却非常谨慎。元老院里的那些贵族，也正是操纵着选举结果的那些人。在元老院里，他们虽然非常不甘心，但是却不得不做出让步，可是在选举上就不同了，他们可以尽情展示着他们的力量，因为投票是不记名的，所以他们可以放心大胆地表现自己对摄政者的不满。直到公元前55年，克拉苏才得以在公民的同意下制定了严格的反选举舞弊法，可是贵族们对选举结果的决定作用却丝毫没有因此减弱，至少从以后几年的一些选举中能看出来。

陪审法庭则是让摄政者们感到头疼的另外一个问题。根据当中的基本组成成员可以得知，陪审法庭主要是由中产阶级组成，而元老院是由贵族们组成的，影响力相对较小。公元前55年，庞培提出了陪审员财产标准议案，由此可以看出，反对派的主要力量实际上是在中产阶级，而大资本家们则依旧比较顺服。可是共和派却并没有彻底被隔离在法庭之外，因此他们也从未停止过权力的斗争——

当然，他们是不会和摄政者直接进行斗争的，他们攻击的目标往往是摄政者的爪牙。这一类的控告往往是强有力的，因为按照规定，控告的案件将交由元老院的年轻人办理，可想而知，年轻人的共和思想总是热情而激进的，办起案来也更有效。

因此，从整体上而言，在选举和陪审法庭这两个阵地上，摄政者处于极为不利的形势下。在这两个领域之内存在很多不确定的因素，因此也很难进行威逼利诱。的确，虽然反对派可以在选举上取得成功，但这也只是表面现象，因为摄政派拥有罢免一切行政官的权力，事实上，他们也很好地利用了这一点。但是，由于反对派保留了刑事犯的处决权，这严重地剥夺了摄政者的一些权力。因此，虽然在选举和陪审法庭之上反对派受到了一定的限制，但也基本维持了一些不错的战果。

然而，还有一个领域是摄政者很难控制的，这就是文学。哪怕是法律方面的反对也是具有文学性的，因为许多演讲稿也都是按照政治小册子的形式来发行的，更是一支锋利快速的箭。年轻的贵族，特别是乡镇里的中产阶级青年，他们尤其热衷于发行一些小册子和警示语，并且往往效果显著。这些年轻人包括老乡绅的儿子盖约·里西尼乌斯·卡尔伏斯，他的演说和发行的小册子常常让当权者语塞，而且诗也写得让人赞叹；也包括克里蒙纳的市民马尔库斯·福里乌斯·比巴库鲁斯；还包括维隆纳市的市民昆图斯·法果利乌斯·卡图鲁斯。他们的警句都写得一针见血，像一柄柄利刃，迅速穿梭在整个意大利的天空。

在那个时期内，意大利文学中充满了反对派的言论，他们对"伟大的恺撒"、"无与伦比的将军"进行尖锐的讽刺；他们嘲讽这一对相亲相爱的岳父与女婿毁掉了整个世界，只是为了将自己从凯尔特人那里抢夺来的物品带到罗马的街头大肆炫耀，为了拿出自己从西方的小岛上抢夺来的赃物宴请宾客，为了拿出大笔的金钱将年轻人的情妇买到自己的手中。卡图鲁斯等人的诗，往往包含着个人追求的无望和对政治的绝望之情，与之前的阿里斯托芬和狄莫赞尼斯的作品相类似。

在那3个摄政者当中最聪明的那一个是看得出来的，假如完全忽视这种反对的呼声是不可能的，想要下一条硬性规定来限制这种言论也是不可取的。于是，恺撒就用尽一切方法以个人的名义，同这一群人当中最知名的那一个交好。西塞罗之所以能够受到如此隆重的接待——特别是得到恺撒的青睐——主要就是出于这个原因。就算是和卡图鲁斯，恺撒也愿意费尽周折地和他交好——恺撒在维隆纳认识了卡图鲁斯的父亲，并通过其父亲和他的儿子结交了。这个在前一秒还用尽了各种恶毒的话语攻击讽刺独揽大权的将军的年轻人，在后一秒竟然就受到了恺撒几乎是奉承的隆重招待。实际上，仅仅凭借恺撒的文学天赋就足以让他和这些著名的文学家相遇，以此就可以应对许多的语言攻击，例如他的《高卢记事》，就是以一种很简单而匀称的文体结构来描述他行军的过程。

然而说实话，包括诗在内的一切文学创作都是建立在自由的基础之上的；唯有自由，哪怕是奄奄一息的自由，都能够唤醒创作的热情。追溯历史，无论是哪一个时代，真正优秀的文学都必然是反对专制统治的。如果说为什么恺撒在文学领域没有完全失败，那其中的原因仅仅是因为他的心中依旧怀揣着创建自由共和国的梦想——虽然他的这个梦想既不能够向他的敌人们透露，也不能够向他的依附者们倾诉——事实上，摄政者们并没有完全控制住政治的走向，正如同共和派也没有完全控制文学领域一样。

文学领域的反抗虽然不能够造成直接的影响，但是文学家们却越来越放肆，这一点令摄政者很困扰，对此他们必须采取一些严厉的措施了。摄政者们在公元前54年对加宾尼乌斯进行了定罪以儆效尤。接着，他们又推出一个独裁者——尽管只是临时性的——让他来对选举和陪审法庭制定一些强硬的措施。罗马与意大利的主要统治者庞培，就成了接下这个任务的不二人选。可是，由于他的性格懦弱，做决定的时候总是犹犹豫豫的，因此错过了许多该下命令的时刻，这让许多该完成的事情没有顺利完成。

在公元前54年的年底，元老院的贵族老爷们接到暗示——不过并不是出自于庞培本人——罗马的事务处理需要一个集权者。他们给出的理由是首都近来人员混杂，贿赂和暴力等行为充斥，甚至对选举和陪审法庭造成了一定的影响，让首都的治安陷入了一片混乱的局面。但是我们都非常清楚，这一切不过是摄政者们为了达成自己的目的编造出来的一些说辞。我们也明白，虽然未来的独裁者不敢将他想要的东西公之于众，但是元老们的心里却十分清楚，所以即使是那些最会溜须拍马的人也不敢将这些给他。为了公元前54年的执政官选举，还闹出了一出见不得光的丑事，它引起了前所未有的骚乱，甚至因此导致选举也被耽搁了整整一年。执政官的位置空置了整整7个月，直到公元前53年7月才进行选举。庞培认为这样的状态对他而言正是一个难得的机会，于是他明确地向元老院提出，解决当前问题的最快捷利落的方法就是尽快确立一个独裁者。但是这一次，他并没有使用"指挥"这个词语。假如不是事情发生了转变，可能这两个字还要继续用下去。公元前52年，执政官的候选人名单已经公布出来了，昆图斯·麦特鲁斯·西庇阿和普布利乌斯·普劳提乌斯·希布塞乌斯是代表着摄政者一方的候选人，而自信大胆提图斯·安尼乌斯·米罗也代表共和派参加了此次竞选。

　　米罗可以说是一个智勇双全的人，在借债和出谋划策之上他具有很高的天赋，尤为难得的是他还具有与生俱来的自信心，并且曾经有目的地精心培养过自己的这种自信。他不断地努力，想要成为政治冒险领域中赫赫有名的人物。在他们那一类人之中，他的知名程度仅仅低于克罗狄乌斯，两个人也因为这样的纷争成为对手。而如今，克罗狄乌斯已经被摄政者们拉入了自己的阵营，在摄政者的授意下扮演着民主派的角色，那么米罗当然就会被拉到贵族的阵营之中了！如今共和派就要和这个无所顾忌的人结为联盟了，他们已经承认这个人是他们阵营中的一分子，并且允许他参加一切的暴乱。实际上，共和派所取得的一切胜利都得益于这个骁勇善战的斗士。正因为如此，伽图和他的许多朋友们也反过来支持米罗竞选执政官，就连西塞罗也不由得推荐了这个他的敌人的敌人，他长久以来的保护者；米罗自己则为了这个职位不惜付出一切代价，金钱也好，武力也罢。选举的结果似乎已成定势。

　　可对于摄政者而言，这样的结果并不仅仅意味着是一项难以承受的失败，更隐藏着许多危险的因素，假如米罗成为执政官，那么他一定不会像多密提乌斯等人一样对摄政者们百依百顺。有一件事情完全出自于巧合，这天米罗与克罗狄乌斯在罗马城外不远的阿庇乌斯大道上相遇了，因而他们发生了冲突，克罗狄乌斯受了肩伤，不得已躲到了旁边的屋子里。虽然米罗本来并不想要伤他的性命，可是既然事情已经发展到了这个地步，与其使他受伤留他一条性命，倒不如杀了他更加安全，于是米罗便决定将计就计。因此他命令手下将躲起来的克罗狄乌斯找出来，乱刀砍死了。

摄政者的爪牙们——护民官提图斯·穆纳提乌斯·普兰库斯，昆图斯·庞培·鲁福斯和盖约·萨鲁斯提乌斯·克利斯蒲斯——他们感觉到这是一个阻止米罗成功竞选的难得的好机会，还可以为庞培争取到独裁者的地位。社会上的一些人，特别是刚刚从奴隶的身份被解放出来的自由人以及尚未被解放的奴隶，由于克罗狄乌斯的死让他们失去了保护人或者是未来的解放者，因此他们很容易被利用。于是，当克罗狄乌斯血淋淋的尸体被放在广场上展示起来后，在几个人义愤填膺地发表了一番演讲后，这些人就被煽动了，暴乱就发生了。

那些言而无信的贵族们聚集之地即将成为一大片火葬场。暴民们将尸体带到了元老院，并且一把火烧掉了元老院。接着，他们又冲向了米罗的住宅，直到米罗的手下射箭逼迫他们离开。然后，他们来到了庞培住宅和其他几个候选人的住宅前，大声呼喊希望庞培成为独裁者，其他人成为执政官；最后，他们来到了任临时执政官的马尔库斯·雷必达的住处，希望他担负起执政官选举的任务，当后者因权力所限不能答应的时候，暴民围住了他的住宅五天五夜没有散去。

这些暴民们的行为显然有些过火了。他们的煽动者本来只是想借助这样的机会将米罗剔出候选人名单，并因此取得独裁者的地位，但是要由元老院来授予这样的权力，而不是由这些粗俗鲁莽的暴民。庞培不得不率军平定了首都的这场暴乱，因为暴民的疯狂程度已经绝非任何人可以忍受得了的。与此同时，他还明确地提出了他想要的职权，对此元老院也不敢提出任何异议。庞培采纳了伽图和比布鲁斯的建议，除了保留各行省的总督职位以外，元老院要授予他"独一无二的执政官"，而不是"独裁者"的职位。两者的实质是一样的，这只不过是元老院自我安慰的一种手段罢了。

庞培独揽大权的计划合法化以后，就开始采取一系列的手段来对付共和派了——由于这一派别在政治社团和陪审法庭中都具有不可小觑的力量。于是他重新制定现行的选举法，并用另外的一项法律来进行加强，加大了对违法者的处罚力度。还有一项更重要的规定，那就是总督的职位必须是在执政官或者次执政官任期结束5年以后才能够授予。这项规定必然要在4年之后才能起到它的作用，然而在这之后的4年里，总督的任命就完全由元老院决定了，或者说，是掌控在元老院的领导人的手中。

陪审委员会依旧被保留了下来，但是它的抗辩权受到了很大的约束，尤为典型的是，限制了在法庭上的言论自由；由于到场证人的人数有限制，并且辩护的时间也是有规定的，所以除了事实证人外，不允许有利于被告的性格证人出场了。并且，那个阳奉阴违的元老院还在庞培的授意下进一步颁发谕令：在阿庇乌斯大道上发生的那场争执致死的案件已经威胁到国家的安定了，所以，需要成立一个特别委员会，用来查明一切与之有关的罪行，并且委员会的成员由庞培亲自指定。除此之外，他还打算选举一个监察官，让他彻底清查乱民。

颁布的这一系列措施都是在庞培的逼迫下进行的。接着，元老院便宣称国家已经面临危机了，于是庞培便召集了整个意大利处于兵役年限之内的人，将他们武装起来应对突发事故，并且宣誓。这样，一支可靠的军队就形成了，他们驻守在朱庇特神殿外，反对派如果有任何的风吹草动，庞培都会采取武力的方式进行镇压。在审讯克罗狄乌斯被杀一案中，甚至还前所未有地派遣了卫护部队驻守在法庭上。

设立监察官的计划没有成功，因为虽然元老院的大部分人对摄政者言听计从，可是他们当中却没有一个人有勇气担任监察官的职位。陪审团已经定了米罗的罪（公元前52年4月8日），而伽图竞选第二年执行官的计划也失败了。反对派在文学领域掀起的狂潮也被新制定的法规打压了下去，那令摄政者们感到害怕的合法政治辩论已经被废除了，文学家们也明显感觉到了来自君主制的专政。然而，在大多数人的心目中公务生活中，都是感到不满的，反对派的呼声也并没有完全消失；如果想要彻底消灭反对的声音，那么仅仅凭借限制公共选举、陪审法庭和文学是远远不够的，还需要让它们永远地消失。实际上，在这种过渡时期，庞培的愚蠢和固执反而对共和派非常有利，他们可以在他的独裁统治下依旧频频取得胜利，而他只能够感受到失败的苦恼。

毫无疑问，统治者们总会假借维护公共秩序与和平的名义来强化自己的权力和统治，他们颁布了一系列的法律法规，凡是那些不希望自己的国家陷入无政府状态的人都会被迫默许这些规定。但对于睁眼说瞎话这件事情，庞培做得未免有些过分了；他没有派他的死党去充当清查乱民的特别委员会委员，而是选取了其他派别中受敬重的人，伽图也在这些人的行列之中。同时，他还在法庭上展现他的威慑力，名义上是为了维持秩序，让法庭上不再出现以前那样骚乱的局面，实际上这不但阻止了反对派的言论发表，也堵住了本派人士的嘴。

摄政者这种"大公无私"的态度在法庭上可以清楚地看出。陪审团不敢将米罗无罪释放，但是共和党其余的大部分人都已经被赦免了，然而帮助克罗狄乌斯（实际上是帮助摄政者）的人却被不留情面地定罪了，他们当中还包括恺撒和庞培的左膀右臂——甚至连庞培的执政官候选人希布塞乌斯、护民官普兰库斯与鲁福斯都在治罪的行列之中。他们为了帮助庞培而煽动乱民引起了暴乱。

为了将自己表现得大公无私，庞培并没有阻止法院定他们的罪，这正是他愚蠢的表现之一。另一个表现是他在一些无关紧要的事情上，为了保护那些对自己有利的朋友而主动破坏自己定下的法规。比如，在审讯普兰库斯一案的法庭上，他出面担任性格证人，来保护几个和自己有着密切关系的被告——麦特鲁斯·西庇阿等——让他们不被定罪。这就是最真实的他，他总是做一些自相矛盾的事情，既想成为一个大公无私的独裁者，同时又想成为一个派别的领导人，结果没有一样可以实现。社会上的舆论将他形容成一个暴君，而他的手下却认为他没有能力或者根本不愿意保护他们。

可是，虽然共和派处于一片动荡之中，但是偶尔他们也会取得成功（当然，这几乎都是得益于庞培的愚蠢错误）。摄政者们已经获得了独裁的地位，所以，勒在共和派脖子上的缰绳将会越来越紧；共和派屡屡受到打压，而君主政体却不断地加强。民众们已经开始习惯后者了。当庞培从重病中康复的时候，举国欢庆，这是只有在君主制社会才会出现的现象。这下，摄政者们彻底满意了。公元前52年8月2日，庞培辞去了独裁者的职务，和自己的好友麦特鲁斯·西庇阿共同担任执政官。

第九章 联合统治者的决裂

哪怕是在庞培担任临时政治独裁者之前，由3人组成的联合执政团也变成了只剩两个人的局面了，因为克拉苏在罗马史记载的一次尤为惨痛的战争中牺牲了。在公元前56年的卢卡会议上，克拉苏被任命为叙利亚总督，并且拥有招募军队的权力，以此来治理东部地区。然而当公元前54年年初，他首次抵达叙利亚的时候，却意外发现帕提亚等国家对罗马已经采取了敌对政策，原因之一就是庞培没有能够和帕提亚等国家缔结切实可行的和约。克拉苏当然也满怀雄心壮志，希望成为一个伟大的英雄人物，可他还是很难抵挡小亚细亚的几座富裕的神庙对他的诱惑，他制订了一系列的掠夺敛财计划，并因此将军事行动推迟了好几个月进行，直到公元前53年才率领军队投入了战争。

根据情报，帕提亚军正驻扎在沙漠的边缘准备逃离，于是克拉苏计划带军穿过沙漠来攻打敌军，这个决定是一个致命的错误。然而，又因为帕提亚制定了一项正确的战术，从而使得这个错误毫无挽回的余地了。帕提亚人取消了步兵，全部采用重装备骑兵上阵迎敌。在沙漠中进行了两场厮杀之后——一次是在卡尔亥，另一次在秦纳卡——罗马的4万大军损伤惨重，幸存者和被俘虏的人加在一起不到全军的1/4；而在被杀者的名单中就有克拉苏本人。事实表明，如果有好的领导再加上适当的战场，那么亚洲的军队一样可以战胜传奇的罗马军团，并且可以将它打得支离破碎；从那以后，罗马在东方至高无上的地位就动摇了。可是，由于帕提亚内部的政治分歧，外加罗马在除了沙漠以外的地区取得的胜利，还是使罗马完成了对小亚细亚西方地区的侵略任务，巩固了罗马人在该地区的统治地位。

与此同时，在罗马内部却掀起了一场内战，硝烟弥漫整个国家，以至于罗马国内没有一个兵，甚至没有一分钱用来对抗外敌。人们将民族的利益弃之不顾。更令人感到不解的是，卡尔亥和秦纳卡两次失败战役造成的国难，在政客们的心目中还不如一个月后在阿庇乌斯道上被杀害的党魁克罗狄乌斯更让他们震惊；然而，事情发展到这样的一个地步也是可以想象的，一切都是在情理之中的。人们早就已经预料到了恺撒与庞培注定是要决裂的，现在他们已经以惊人的速度正面对立起来了。就如同那个古老的希腊水手的传说，罗马现在的状况就像是行进在两块巨大的岩石之间的小船，两块岩石相向移动，要不了多久就会撞击在一起，而小船也可能因此被挤得粉碎。水手因为心中的恐惧而吓得腿软了，因为他们被卷进了旋涡里，而且越陷越深了。这时大家的目光都集中在了旋涡上，没有人顾及左右。

由于在卢卡会议上，恺撒对庞培做出了相当大的让步，所以这3个摄政者似乎站到了一个相对平等的位置上，因此，从表面上看来，他们之间的关系似乎是可以长期维持下去的，前提是只要对于权力的划分是长期有效可行的。而这三个摄政者究竟是否打算团结一致，甚至毫无保留地维持这种平等的地位——在目前的一段时期看来——则只是一个次要的问题。恺撒自然是希望能够团结一致的，他也是愿意用平等的态度去对待另外两个摄政者的，他想要得到的不过是征服高卢的时间和精力。可是庞培却打心底就不想同他们合作，他是那种小肚鸡肠的人，觉得慷慨大度就意味着损失和危险。以他低俗、愚蠢的眼光看来，他应该抓住机会去夺取恺撒的同等地位——虽然他自己并不愿意承认这样的地位——只有这样才是最聪明的做法，而他用他特有的卑鄙盼望着有朝一日能够报复当年恺撒的厚待而让他承受的屈辱。

　　虽然，由于庞培迟钝犹豫的性格，他从未承认过恺撒和他拥有同等的地位，可是想要破除联合执政的计划却早已在他的心中萌芽。不管怎样，现在美丽的尤莉亚已经不在了（她于公元前54年秋逝世，去世的时候正值青春年华，没过多久，她唯一的孩子也随她奔赴黄泉），民众们往往比庞培本人更加清楚他的意图，他们都很清楚，如今尤莉亚的父亲和她丈夫之间的关系已经彻底破裂了。尽管后来，恺撒也曾尝试着去修复这种关系。他曾提议将他的大外甥女——这已经是目前和他最亲近的人了——嫁给庞培作妻子，并希望可以娶庞培唯一的女儿为妻。可是庞培却让他的女儿嫁给了卢西乌斯·苏拉的儿子孚士特斯·苏拉，而他本人却娶了昆图斯·麦特鲁斯·西庇阿的女儿。

　　毫无疑问，两人之间的私人关系已经彻底破裂了，率先抽身离开的就是庞培。群众们纷纷猜想过不了多久两人在政治上也会发生决裂；可是两人之间的合作——至少在公共事务上的配合——依旧持续了一段时间。原因有二：其一，恺撒不希望在他完成对高卢的征服之前就公然和庞培决裂；其二，庞培也不希望在政府机构乃至于整个意大利没有完全落入他的独裁掌控之前就表露自己决裂的愿望。于是在这样的情况下这两个摄政者依旧相互扶持着，这虽在意料之外却也在情理之中。公元前54年，恺撒几乎在阿杜亚都卡败给高卢，可是庞培却派他正在休假的意大利军团支援他，而恺撒也默许了庞培对共和派的镇压行动。

然而，在公元前52年年初，庞培获得了独裁者的职位，他在首都的影响力已经超过了恺撒，并且整个意大利手持兵器的人都是以他个人的名义立誓效忠的。这样之后，他便下定决心要与恺撒决裂了。他的这个计划，很快就清晰地表现出来了。在对阿庇乌斯大道事件的审判过程中，恺撒在民主派中的老朋友不少都受到了严厉的惩罚；在他新制订的防止选举作弊的方案中，甚至含沙射影地暗指了恺撒在公元前70年竞选成为执政官时的可疑步骤。这一切，也许只是一些巧合或者处理不周的地方，可是恺撒一方的不少人却觉得一定暗藏着什么计划。

可是随后发生的事情，让群众们想视而不见都不行了。庞培在选择新一届共同执政官的时候，并没有选择自己曾经的岳父及盟友恺撒，而是选择了他现在的岳父西庇阿；可是根据当时的情况而言，他还有很多地方需要和他的前岳父合作，而他现在的岳父则仅仅是一个毫无实权的傀儡。庞培争取到了任期为5年的西班牙两省的总督任职权（即至公元前45年），也为他的军队争取到了来自国库支付的军饷，然而他不仅没有为恺撒争取到高卢总督的连任权力和国库的军饷支付，甚至还想方设法地要把他在任期结束前召回。

毫无疑问，他这些做法的目的只有一个，那就是撼动恺撒的地位，直至将他推翻。现在是一个再好不过的时机了。恺撒当年在卢卡会议之所以会向庞培做出如此大的让步，是因为他非常清楚，如果有一天他和庞培决裂了，那么克拉苏和他叙利亚的军队一定会站在恺撒的身边；自从苏拉时期开始，克拉苏和庞培就已经势不两立了，而也几乎是在那同一时刻，无论是在私人还是在政治上，他都和恺撒相交甚好，他与众不同的性格让他甘愿成为恺撒的银行家，他深受恺撒的信任，并且永远不会与恺撒为敌。因而，在公元前53年6月发生的那一场灾难——克拉苏和他的部队在叙利亚里几乎全部覆没——对恺撒而言是一个重大的损失。然而没过几个月，眼看高卢就要被全面征服了，新的一轮叛变却又重新燃起了，事出突然而战况又极为紧迫，恺撒第一次直面和他旗鼓相当的敌人阿尔维尼国王维辛哲托里克斯。

幸运之神又一次眷顾了庞培。如今，克拉苏已经死了，高卢面临着全面的动乱，而庞培已经成了罗马的独裁者同时掌控着元老院。如果现在庞培不是计划着要和恺撒决裂，而是以民众或者是元老院的名义将恺撒召回国内的话，会是什么样的结果呢？

可是庞培就是这样从来不懂得运用时机的人。他早已经表明了要和恺撒决裂的意图；自从公元前52年以来，他的意图就已经再清楚不过了。而在第二年的春天，他就公开表示了自己坚决与恺撒决裂的意图然而却没有立即采取措施，眼看着好几个月的时间都荒废过去了。

可是不管庞培如何不紧不慢地拖延着，外部的形势已经让决裂的脚步迫在眉睫了。不久之后要爆发的斗争并不是共和派与君主派之间的争夺（这场战争早在数年以前就已经有了定局），而是一场庞培与恺撒之间为了争夺罗马统治王冠而引发的斗争。可是，这两个觊觎王位的人却都不肯坦白自己的意图，因为那样做之后就会把那些依旧渴望共和政体的人推到对方的阵营里。虽然格拉古与德鲁苏斯、秦纳和苏拉的老式战争口号已经十分空洞了，可是用在这两个争夺王位的将军身上还是很恰当的；尽管到目前为止庞培和恺撒都声称自己将站在人民的一侧，可是无疑，今后恺撒打着人民与民主的旗号，而庞培却以贵族与合法政府为主张。

恺撒已经没有其他的选择了。从最开始他就是热忱的民主派的代表。他眼中的君主制和格拉古的人民政府在实质上没有什么差别，不同的只不过是外在形式罢了；况且，他还是一个慷慨而深沉的政治家，他是不会用别的口号来隐藏自己的意图的。他之所以提出这样的对他也没有什么实质性帮助的口号，最重要的就是能够避免让他直接提出对王位的盼望，从而也就避免因为这样令人反感的词语而让他的民众们惊慌。从长远看来，民主的旗号也未必能够产生什么积极的影响，格拉古的理想也早已被克罗狄乌斯弄成一部闹剧了。因而，还会有哪些重要的社团（当然，要排除波河以北的社团）会冲着这个民主的口号加入战争中来呢？

毫无疑问，庞培将以合法政府将军的名义来应对即将到来的战争。然而就算这是大家心知肚明的事情，随着事情的发展他的真实身份也必将会显露出来。他与生俱来的性格已经决定了他将会代表贵族的利益，除非是发生了什么突发事件或者是出于别的什么自私的原因，不然他是绝对不会投奔到民主的阵营中来的。而如今他又开始推行苏拉的传统，这是很不合适的，并且充斥着利益。"民主"这个口号现在已经过时了，而对于保守派的口号而言，倘若他们能够选举出合适的人选，那这个口号一定得更加有力。可能绝大多数的群众——至少那些最优秀的公民——他们依旧是立宪派的；这个派别的人数众多，而且他们的精神力量非常强大，很可能对接下来的王位争夺战起到很大的影响。

现在缺乏的只是具有领导力的人才。立宪派目前的领导人马尔库斯·伽图每天都会冒着生命危险去执行自己领导人的职务（就是他所了解的职务），这却并非没有取得成功的可能。他有着崇高的责任感，但是应该对自己的职位不离不弃的是士兵而不是将军。整个意大利的各个地方都冒出来一堆准备好捍卫政府的组织，可是伽图既没有办法将这些零散的力量组织起来，也无法为他们安排一个适当的行动时间。他从来没有把自己当作是一个军队的领袖，这也可以说有自知之明，可是军力却是一切的关键因素。伽图是一个既不知道该采取什么样的军事措施，也不知道怎么采取政治措施的人。如果能够有一个像庞培这样的人高举着宪政的旗帜，那么整个意大利的群众都会积极响应的，哪怕他们不是为了帮助庞培夺取王位，也一定会阻止恺撒坐上王位。

除此以外，还有一个很重要的原因不得不说，这也是庞培的一个基本特征——哪怕是他已经决定了的事情，他往往都不知道该如何去实施。也许他很清楚要如何去指挥一场战争，可是他却不明白要如何宣战；伽图这一方，虽然他不懂得要如何指挥战争，可是他却能够为即将展开的王位争夺战提供自己的立场，并且他也非常愿意这么做。依照庞培的性格，此时他一定会摆出一副满不在乎的样子，以他惯用的方式表明不久他就要动身前往西班牙了，或者就是要去幼发拉底河接手军事指挥的职务。而在同一时间，合法的政府机构，也就是元老院，却已经明确提出要和恺撒彻底决裂，并向他宣战，将战争的指挥权交到了庞培的手中。这个时候，他就需要代表大多数人的意见，勇敢地挺身向前来保护宪政，和那些试图夺取王位的人作斗争，他还要以一个正义者的身份来坚决地捍卫社会现行的秩序，镇压那些游手好闲的暴民和无政府的党徒。他要以元老院授予的大将军的名义，坚决地对抗那些街头将军，再次拯救国家于危难之中。

这样一来，和保守派联合后的庞培就等于拥有了第二支部队（排除那些他个人的依附者），并且拥有了合适的战争宣言——当然，为了获取这些利益，庞培也付出了高昂的代价，因为他需要和在基本原则上就和他有很大分歧的人合作。在这种合作的无数弊端当中最突出的一个（也是极为严重的一个），那就是庞培丧失了选择和恺撒对立的主动权，而是将这种时机的选择交到了贵族的手中，需要听从贵族的决定。

这样一来，属于反对派的共和分子在多年的战战兢兢之后，终于又因为两个摄政者之间的斗争而重新在政治舞台上占据一席之地了。其成员主要是以伽图为代表的一批人；他们已经决定不管付出什么样的代价，都要坚决抵制民主政治，建立起共和社会，并且希望战争能够尽早地展开。在公元前56年发生的那件事才让他们痛苦地发现，如果仅仅依靠他们自己的力量，那么他们是不可能取得成功的，甚至连发动战争的可能性都微乎其微。其实大家都心知肚明，在元老院中除了极少数的人之外，其他的人都对君主体制深恶痛绝，可是他们只愿意在毫无危险的情况下才会选择支持恢复寡头政府——然而，若想安全，就需要等待时机。

伽图他们一方面要应对摄政者，另一方面还要应付那些但求维护自身利益的元老院大多数贵族们——他们绝对不会贸然做出任何的决定，尤其不会轻易地就和某个摄政者决裂——然而，伽图一方为了顺利重掌职权，就只能够选择摄政者之中较为安全的那个结交。假若庞培能够认可寡头政府，并且为了它的利益与恺撒为敌，那么寡头政府一定会授予他将军的职位，并且与他携手强迫懦弱的元老院宣战。然而，无论是谁都能清楚地看出，庞培是不会认可共和体制的。虽然他做事的时候总是优柔寡断，但是他却看出了恺撒的心思，那就是如果想要顺利地实现君主体制，就必须彻底清除寡头政府的一切残留。但是不管怎样，通过这一次的战争将会产生一支名副其实的共和军，并会产生一批骁勇善战的共和派将军。在战胜了恺撒之后，也许他们摆脱的不仅仅是一个君主，而是整个君主制的制度。寡头政治派如今的处境是这样的无助，和庞培的联合已经成为他们仅剩的道路中最好的选择了。

庞培与伽图派很快就成功缔结联盟了。早在庞培任独裁者的时期，他们之间的关系就已经有了进一步的拉近。米罗一案中他的表现，他狠狠地惩罚了那些给予了他独裁者地位的暴民，对外宣称是由于元老院授予了他这个职位他才担任的；他对所有扰乱国家和平的人或事给予了最严厉的惩罚，特别是在对待那些激进的民主派的时候，然而他对伽图和伽图的支持者的意见却给出了出乎意料的谦让，一再表示自己有意于取悦那些恪守旧秩序的人，而处处为难恺撒。而伽图呢，虽然他表面上义正词严地拒绝授予庞培独裁者的职位，但是在做了一些毫无实质性的修改后，亲手将大权交付给他，让他从自己和比布鲁斯的手中接过了"独一无二的执政官"的职位。

虽然伽图派和庞培之间的关系早在公元前52年的最初就已经一目了然了，可是他们之间真正有效的联盟却一直到公元前51年执政官选举的时候才正式缔结；成功当选成为执政官的人并不是伽图，而是伽图的一个死党——马尔库斯·克劳狄乌斯·马塞鲁斯（他并不是一个非常重要的人物，只是元老院的多数派之一）；马塞鲁斯并不是激进派的分子，更没有什么天分，但他却是得天独厚的贵族派，假如和恺撒之间的战争不可避免的话，那么他一定是那个最适合宣战的人了。不久之前，共和派才刚刚受到过强烈的镇压，然而这次的选举却能够顺利胜出，那一定是得到了罗马摄政者的许可的，最起码也是得到了默许的。庞培的迟钝而愚蠢，使他终究还是将他和恺撒之间的关系逼到了决裂。

然而，对恺撒而言，他可不愿意在这个节骨眼上和庞培决裂。当然他也绝对不可能愿意和别人分享对这块土地的统治权，更何况是和庞培这样的二流人物。毫无疑问，他早已经决定了，在征服了高卢之后就会展开他独揽大权的计划，如果有必要的话，甚至不惜一战。然而，恺撒实际上是一个目光长远的政治家，将军只是他的第二身份；凭借着他的才华，他不可能不知道，通过武力的途径来调整政治机构，一定会扰乱它的秩序，甚至可能彻底地毁灭它。所以，只要还有别的方法，他就会尽可能地避免发动内战，而是使用其他的方法来解决问题。就算内战的爆发已经无法避免了，他也不希望在现在发生——这个时候正处于公元前53年至公元前52年的冬季和公元前52年至公元前51年的冬季这一段时期内，维辛哲托里克斯在高卢进行严重叛乱，恺撒之前夺取的一切都可能在一夜之间化为乌有，况且现在意大利也处在了庞培和立宪派的统治之下。

　　所以，他想方设法地维持着和庞培之间的关系，如果可以的话，通过和平的方式得到卢卡会议协议给予他的到公元前48年的执政官职位。假如在解决了凯尔特人的问题之后，他能够成功地当选为国家的元首，那么他可以凭借着在政治和军事方面远远胜出的优势（特别是在政治方面尤为明显），一定可以不费多大的力气就能在元老院和广场上战胜庞培。到那时候，也许他可以为他这个愚蠢、迟钝而又犹豫的对手安排一个既光荣又重要的职位，让他渐渐石沉大海。恺撒曾经一度想用婚姻的方式来维系他和庞培之间的关系，也许就是为了他的这一条计划铺垫，双方曾经的争执都会被那些流淌着双方血液的后代们淡化掉。等到那个时候，共和派没有了领导人，也就失去了争斗的资本，和平也自然就会来临了。

　　假如和平的方法不能够解决问题，必须通过武力（这也并非毫无可能的），那么如果恺撒能够以执政官的名义出战，那么他就可以处置元老院中懦弱的大多数人。那样的话，他就有机会摧毁庞培和共和派之间的联盟，甚至将它击败；并且，打着执政官的旗号，总要比他以高卢总督的名义领军攻打元老院及其委派的将军更为合理。然而，他的这个计划是否能够成功就要取决于庞培能否为他保留他在公元前48年被授予的执政官的职位了。不过就算到时候庞培没有为他保留这个职位，那也只能说明他已经再三忍让了，决裂之事错在庞培——这一点对他而言也是至关重要的——这样一来他就可以博取元老院中的大多数人以及一些商业团体的同情，就连他对自己的将士们都可以有一个很好的理由了，这场战争将师出有名；除此以外，更重要的是，他需要这一段宝贵的时间来平定高卢的叛乱。

恺撒现在就根据自己的这一决定来采取行动。在公元前52年到公元前51年之间的冬季征集了一批新兵，并且庞培还借调给他一个军团，所以到目前恺撒已经拥有11个军团了。与此同时，他公开地赞颂在庞培担任独裁者期间国内有了很大改善，首都井然有序，而对那些献殷勤的朋友的警告却被当作是毁谤，并加以拒绝而斥责；只要能够将正面冲突延迟一天，对他来说就是取得了一点成功，所有能不放在心上的东西他都尽量不去想，能忍受的东西他都尽量忍受。他只剩下一个决定性的要求了：在公元前49年的年末，就是他的总督职位年满卸任的时候，他能获得第二任执政官的职位，而这是符合法律的相关规定的，并且也是庞培亲口答应的。

然而这个要求却变成了外交战最初的战场。假如恺撒迫于无奈于公元前49年12月的最后一天卸任了他总督的职位，或者首都这边将他担任执政官的时间拖到了次年1月1日之后，那么在他担任总督的职位和执政官的职位之间就存在了间隔，那么他就有很大的可能受到刑事的弹劾，而按照法律规定，是不可以向在职人员提出弹劾的。如果这样，那么大众就很可能预料他的命运将和当年的米罗一样，况且长久以来伽图一直蓄意弹劾他，而庞培自然会鼎力相助。

为了能够实现这个目的，恺撒的敌人们做出了简洁的安排。按照选举法的规定，下一届执政官的候选人在选举开始之前，需要亲自来到现任执政官的面前把自己的名字写在候选人的名单之上——

这就意味着，在当选前的半年左右，他需要回来一趟。然而在卢卡会议上时，恺撒能够省略这项过程，因为这毕竟只是一个形式，而且在以前也曾被免除过。然而到目前为止，免除的指令都还没有颁布，因为，目前政府机关是由庞培掌控的，那么恺撒需不需要回来，就在于庞培的旨意了。

　　令人百思不解的是，庞培竟然没有好好利用这个对他十分有利的机会。他居然同意了在他担任独裁者的时期内，恺撒因为护民官法规的缘故可以免除其亲自返回罗马的义务。可是，没过多久，新的选举法颁布了，规定候选人必须在选举前亲自回到首都，这一次连例外的附加条件都没有了。确切地说，原本给予恺撒免除回国的特权在这新的选举法中又被抹消了。恺撒对此十分不满，尽管后来他想要添加的条款又被补充上去了，可是却没有经过人民的肯定，因而在法律上并不能生效。显而易见，庞培应该早就打算通过法律来压制恺撒，可是他又做了一个表面的退让，接着又取消了，这简直就是最言而无信、厚颜无耻的方法。

　　如果说这是一个间接缩短恺撒担任总督的方式的话，那总督任期法规就是一个直接的方法了。庞培和克拉苏共同提出的这一项法律规定，恺撒担任总督的时间按照常规是由公元前59年3月1日直到公元前49年2月最后一天结束。可是，按照往常的惯例，总督或副总督的职位应该在他们辞去执政官或次执政官的职位之后立即到任。正因如此，接掌恺撒职位的那个人不应该在公元前50年离任的城市行政官当中挑选，而是应该在公元前49年离任的那些城市行政官当中选择，可是这样的话，他就不能够在公元前48年1月1日之前接任执政官。所以，在公元前49年，恺撒还有最后

10个月的时间可以执掌兵权，这并不是根据庞培—里西尼乌斯法则，而是根据老规则的约定：原有的指挥官在任期结束而新任指挥官没有到位之前需要继续留任到继任者上任为止。可是根据公元前52年制定的新规定，总督的位置不应该传给新卸任的执政官或者次执政官，而是应该传给5年前卸任的那些人。这样的规定使得所有的总督在卸任之后就能够立刻有人来接任。所以，高卢省的总督在公元前49年3月1日就能够马上完成交接，没必要一直推迟到公元前48年1月1日。

为了顺利地处理好这一切计划，庞培将他的虚伪和犹豫同共和派奸诈狡猾的立法手段进行了完美的融合。他们花费了好几年的时间才制订了这些详密的法律计划，逼迫恺撒在他的任期结束之日就得交出总督的职位，因为那个时候接任他的人就会抵达；如果恺撒拒绝离任，那么元老院就可以宣布投给他的一切选举票都是无效的。因为恺撒此时身处首都之外，他没有任何方法来阻止这场阴谋的发展，只能眼睁睁地任其发展。

法律的规则渐渐地表现出来了。根据法律的规定，假如公元前49年的总督是由之前离任的执政官担任的话，元老院就需要在公元前51年的初期对总督的职位做好打算，而假如是由前任的次执政官接掌这个职位的话，那么元老院就得在公元前50年的初期做好打算了。在公元前51年初期的打算就让元老院有了讨论高卢两省新上任总督提名的机会，那么庞培所支持的立宪派和支持恺撒的元老之间就会首次发生冲突。执政官马尔库斯·马塞鲁斯提出建议，于公元前49年3月1日完成对高卢两省总督的交接，由两位准备接任的前任执政官去交接。

水闸打开的一刹那，积怨已久的愤怒就一股脑地喷涌出来。伽图一派现在就是处于这样的状态，他们一直鼓捣着反对恺撒的一切计划现在都开始了公开的讨论。而在他们看来现在已经是板上钉钉的事了，那就是由于恺撒没有在选举前亲自回到首都，根据法律赋予他一个"缺席"的执政官候选人的身份，已经以人民的名义取消了，同时，未经同意的保留条款也被视为无效的。在他们看来，现在恺撒已经完成了对高卢的征服，那么元老院需要下令让这个行政官，将他的部队中已经超过服役年龄的士兵全部遣散。而由恺撒在意大利北部颁布的公民权以及所设立的殖民地，都被视为是不符合法律规定的。为了强化这个观念，马塞鲁斯还下令，对恺撒派遣在孔莫殖民地里的一位备受敬重的元老执行鞭笞的处罚——然而根据罗马的法律，这样的处罚只能够处罚那些非罗马公民，然而对于这位元老，就算他现在所处的城市只能具有拉丁权，并不能拥有罗马的公民权，可是他自己却是拥有罗马的公民权的。显然，这样的做法就是为了说明恺撒赋予意大利北部人民的公民权是不合法规的。

　　那些支持恺撒的人（其中最典型的代表就是盖约·维比乌斯·蓬萨，他原本是恺撒麾下的军官，现在担任护民官一职）在元老院指出，不管根据平等的原则还是根据高卢地区现在的实际情况而言，恺撒现在不仅不应该被立即召回，而且还应该兼任执政官和高卢两省总督。他们还指出了一条有力的依据，那就是庞培本人曾经也是同时担任执政官和西班牙省总督的职位，更何况他现在不仅担任着监督首都粮食供应的责任，实际上也是意大利和西班牙两地的最高统治者；并且，整个意大利手持兵器的男子都要以他个人的名义宣誓效忠，一直到现在都没有改变。

以一种非常缓慢的速度，步骤开始渐渐地被采取。元老院里的大多数懦弱者，因为害怕即将到来的破裂，所以他们并没有发出任何的谕令。就这样好几个月过去了，并且因为庞培那惯有的庄重的迟钝，又过去了好几个月。后来，庞培终于无法忍受了，他再次用他特有的犹豫迟钝但又十分坦白的方式，站到了立宪派的这一边。他开始对这个昔日的盟友进行无情的打击。他断然拒绝了恺撒派要求恺撒同时担任执政官和总督之职的提议，并且用他粗鄙的语言说道，这样的行为无异于建议儿子鞭挞父亲。他甚至从根本上支持马塞鲁斯的建议，因为他公开宣布不允许恺撒从总督的职位直接成为执政官。

　　尽管如此，他也曾经默许（虽然他并没有在什么实质性的言论上公开承认这一点）恺撒可以参加公元前49年的选举，并且他可以不需要在选举之前亲自回到首都报名，与此同时，他的高卢总督的任期可以延长至公元前49年11月13日。可是，这个无可救药的迟钝者居然还答应了恺撒派提出的另外一个要求，就是将继任者候选人延迟到公元前50年2月最后一天；他们提出的这个要求是建立在庞培—里西尼乌斯法中一个条款的基础之上的，这样元老院就不能够在行政官任期结束的最后一年开始前讨论继任者的问题了。

　　为此，元老院于公元前51年9月29日颁发诏令：高卢两个省份的两名总督上任时间定于公元前50年3月1日。然而，元老院已经开始削弱其军事力量，就像曾经通过人民之令夺去卢库鲁斯的兵权那样。他们的方法是规劝恺撒的老兵向元老院提出退伍请求。支持恺撒的人们用他们护民官的否决权尽力扫除此类律令。可是，庞培明确宣布，行政官对元老院一定要绝对服从，而且不能干涉那些代为请求及已经具有法律效力的官方文件。

这样，由庞培自愿作为传话机器的贵族派，在胜利之后重新修订宪法，剥夺所有人民自由的目的便暴露了出来。实际上，进攻恺撒的时候完全没有经过公民议事集会的原因就在于此。庞培和立宪派的同盟关系在此明确彰显出来，而对恺撒做出的判决早已确定，只是宣布时间拖后罢了。恺撒在第二年的选举中将处于非常不利的地位。

在反对派准备对恺撒发动进攻的这段时间，恺撒平定了高卢各地的暴乱，使那里重归平静。早在公元前51年夏天，他以捍卫国界为理由，将一支军团调遣到意大利北部，实际上这是由于高卢已经用不着这么多军团了。就算他没有提前看到，如今也应该清楚自己不得不与同胞们大动干戈。可是，因为在刚平定下来的高卢境内，仍需要部队再留守一些时日，所以他想方设法拖延内战的时间；另外，因为他清楚元老院的多数成员都爱好和平，所以他还是寄希望于元老院能够顶住庞培的压力，让他知道分寸，从而避免发动战争。

恺撒为了暂时不和最高权力机构公开对抗，做出了巨大让步。公元前50年春天，为了迫在眉睫的帕提亚之战，元老院依照庞培的提议，要求恺撒和庞培各自派遣一支军团。凭借这项决议，庞培要回了多年前借给恺撒的一支军团，用来遣入叙利亚。恺撒对此全盘接受，这是由于元老院的决议具有它的合理性，庞培提出的要求亦有其无法驳斥的道理，而且，对恺撒来说，遵守法律、忠于国家比拥有庞大的军团更为重要。于是，两支军团应召回到意大利，听从政府调遣。可是，他们并未被派遣到幼发拉底河流域，而是停驻于卡普亚，等待庞培的调遣。所以，民众再次拥有了一个将恺撒和庞培两人的态度进行对比的机会，他们看到，恺撒为了避免战争步步退让，而庞培却背信弃义，准备发动战争。

恺撒为了能够和元老院进行磋商，收买了当年的一名执政官卢西乌斯·埃米利乌斯·鲍拉斯，并且收买了护民官盖约·库里奥，这个人可以说是当时那个时代的弄潮儿中极为特别的一个。他温文尔雅、巧言善辩、智谋过人、才华横溢，悠闲的时候更是精神焕发。他的放荡亦是独一无二的，并且颇有借钱的天赋，据说外债达到6 000万赛特尔茨，而且他于品德和政事方面没什么立场。他曾经主动要求恺撒收买自己，却被恺撒拒绝了。可是后来他对恺撒发动攻击时表现出来的能力令恺撒决定对其进行收买，然而价格不菲，但物有所值。

库里奥在担任护民官初期，充当着独立的共和派角色，对恺撒和庞培发动了猛烈的进攻。公元前50年3月，为了第二年的高卢总督一职，元老院重开会议的时候，他就可以借助这样的公正形象。他对元老院的这个决议表示赞同，却提出该决议亦应适用于庞培及其特别的军事指挥官地位。他说，作为一个法治国家，对待所有事务都不能存在特例，而单凭元老院授予总督职务的庞培，对法治国家根本准则的违背不能更甚于恺撒；在这两个将领之间，免除其中一个的职务，会使宪法制度存在更大的风险。他的此类观点让浅薄的政客们俯首帖耳，并得到了民众的赞同。库里奥更是宣称，他会凭借宪法赋予他的否决权制止一切仅对恺撒不利的决议。这在元老院内外均赢得了不少掌声。

恺撒马上对库里奥的观点表示赞成，只要和庞培同进同退，他随时愿意辞掉军事指挥官及总督的职务（他不必担心，因为假如庞培没有了西班牙及意大利的军事指挥权便不再可怕）。也正因为如此，庞培必然不会接受。他说，一定要恺撒先行辞职，他将紧随其后。然而这样的答案是无法让人们满意的，这是由于他并没有确定具体的辞职时间。决议又被搁置了几个月，由于庞培及伽图派感觉到元老院多数成员的态度无法预测，而没有胆量把库里奥的提案交付表决。恺撒利用这个夏天来巩固他所征服的区域，并在谢尔德河畔对自己的军团进行检阅，在对自己忠心耿耿的意大利北部进行军事演习。到了秋天，他已经抵达拉韦纳，即他管辖省份南边界线上的一座城池。

库里奥的提案终于无法继续拖延下去，表决中庞培和伽图派以20票比370票败北，元老院做出决议令高卢总督与西班牙总督同时辞退职务；库里奥的这个成果使罗马公民万分高兴。这样，庞培和恺撒同样被命令辞退职务，然而恺撒决定服从命令，庞培却断然拒绝。马尔库斯·马塞鲁斯的表哥——首席执政官盖约·马塞鲁斯，他们同属于伽图派，向多数没有骨气的元老院成员进行了一次措辞严厉的演讲；但是在自己的地盘被打败，而且是被一帮胆小鬼打败，的确令人愤怒不堪！可是，有一个如此的领导者又怎能不败？——这个领导者没有干脆直接向元老们发号施令，却拖着一大把岁数去学习辩论，来和才思敏捷的年轻人一较高下，岂能取胜？

如此大败，在元老院的联盟，境遇十分尴尬。鼓动分裂并企图引领元老院的伽图派，如今发觉他们的船舶在忽视公众的浅水处搁浅不前，异常愤怒。伽图派的领导者只好忍受庞培的严厉斥责。他理直气壮地强势指出，如今外表上的和平是多么危险；可他的同盟者们虽明白只有依靠他才能够速战速决，却无法在这一点上依靠他，他们一定要信守承诺，让事态发展到无可挽回的局面。在公民与护民官的宪法权利已被宪法及元老政府的勇士们宣告丧失实际意义后，如今根据形势的需要，他们必须用相同的方式对付元老院的合法决定，而合法政府既然不同意以自己的意愿进行救赎，那就只能用违背合法政府意志的方式来拯救了。这没什么可奇怪的，苏拉和卢库鲁斯二人都曾经无视政府所做的决定，而是通过高压手段恣意妄为；如今伽图派的所作所为也就是这样而已。其实，宪法制度已经毫无意义，如今的元老院也如几个世纪以来的公民议事集会一般，成了又破又旧的轮胎，总是滑出轨道。

公元前50年10月传出谣言，说恺撒已经把4支军团由位于阿尔卑斯山北部的高卢省派遣到南部的高卢，驻扎在普拉森齐亚。这样的军事调遣并没有超过总督的权力范围；而且，库里奥亦向元老院证明谣言并不属实；执政官盖约·马塞鲁斯向元老院提出建议，让庞培进攻恺撒，却被元老院否决。可是，马塞鲁斯和两个同属伽图派、于公元前49年当选的执政官，用他们执政官的权势让庞培担任卡普亚两支军团的总司令，且在意大利任意招兵买马。如此随意地利用权势发动内战，是不可思议的，然而民众却无暇顾及这样无关紧要的事情，而庞培亦对此表示接受。战争已经进入准备阶段，庞培在公元前50年12月从首都出发，亲自前往安排战事。

恺撒此时已经达到了将引发战争的责任全部推到对方身上的目的。他自身处于合法地位，而强迫庞培挑起战争，可庞培的宣战命令只是出自元老院中个别叛逆者的将领，而非合法政府的代表，只不过这些个别压倒了多数。虽然民众都非常清楚引起战争的绝非毫无实际意义的法律问题，但这个后果还是非常重要的。如今，既然对方已经宣战，对恺撒来说，速战速决是最为明智的选择。庞培刚刚着手预备工作，还没有在首都驻扎军团。虽然罗马城在10~12天之内就能够调遣10~12倍于北意大利恺撒部队的人数，可是，用极快的速度先下手为强，来攻击没有守卫军团的首都，到冬天掌控意大利全境并不是不可能的。

　　热情聪明的库里奥在辞掉护民官的职务之后，马上来到恺撒所在的拉韦纳，将目前的局势有声有色地做了汇报，而恺撒也应该很清楚拖延下去对他没有任何好处。可是，为了免遭对方控诉，恺撒并没有把部队带到拉韦纳。

　　所以，如今他除了命令所有军团迅速向南推进之外，没有其他办法；他只有等到驻扎在意大利北部的一支军团抵达拉韦纳才能够开始行动。与此同时，他差人给罗马送信，用十足的隐忍来降低对手在民众心里的地位，甚而想要通过他的犹豫不决让对方的准备工作有所停顿。

　　恺撒在信中表示，他不再要求与庞培共同进退，同意独自于元老院规定的期限之内辞掉阿尔卑斯山北高卢省总督的职务，且把自己的10支军团遣散8支。他对元老院的要求很简单，就是将阿尔卑斯山南高卢省和伊利里亚的总督职务及一支军团交给他，或者只交给他阿尔卑斯山南高卢省的总督职务及两支军团，卸任时间也不是在他开始担任执政官的时候，而是在举行于公元前48年的执政官选举进行过后。所以，他事实上接受了元老院会议之初的一些提议，而这些提议正中庞培下怀；恺撒同意于执政官选举之后到上任之前的这段时间作为无官职人员。

恺撒真的打算如此退让吗？他对做出如此退让之后还能够征服庞培真的成竹在胸了吗？他真的认为对方只能在这些退让之中看到自己的失利，却无法发现别的含义吗？如今，这些问题我们都无法通过考证得到答案。也许恺撒并不是故意做出虚假承诺，而是大胆一搏。假设元老院接受他的提案，他很可能会如实履行。

　　库里奥又一次冒着生命危险深入虎穴。他用了3天时间由拉韦纳赶到罗马。库里奥在公元前49年1月1日新上任的执政官卢西乌斯·林都鲁斯和小盖约·马塞鲁斯召开第一次元老院会议之际，将恺撒的信交给全部元老院成员。恺撒在库里奥离开罗马时，就让护民官马尔库斯·安东尼乌斯，即马可·安东尼，担任他在罗马的领导者。这个人在人们闲聊的时候被说成是库里奥的朋友，所有愚蠢行动的同伙，但也曾经与庞培的前任财政官昆图斯·卡西乌斯同为埃及战役和高卢战役当中杰出的骑兵将领。这两个人提出马上对恺撒的信件进行宣读。恺撒在信中口气沉稳，用词得当，用无法抵御的说服力提及了内战的迫在眉睫，民众期待和平的愿望，庞培的骄傲和他本人的退让；他拟定的提案当中，那些为了和平解决问题所做出的退让，连他的盟友们都感到惊讶；他郑重宣布自己为和平所做的妥协不会再有下一次——这一切都令人印象深刻。

　　实际上，当时庞培的军团已经抵达首都，引起了民众的惶恐，可是，恺撒的信却打动了多数元老院成员；所以，执政官唯恐让这些情感寻找到宣泄口。对于恺撒提出的他和庞培都要在同一时间辞掉司令职务的事情，对于他在信里表达的各种和平解决的提议，对于马尔库斯·西利乌斯·鲁福斯与马尔库斯·卡利狄乌斯提出的应该催促庞培马上动身前往西班牙的事情，执政官都没有胆量交付表决。马尔库斯·马塞鲁斯虽然派性很强，但不像他的同盟者们一般完全忽视军情，所以他提议要等待意大利的招兵工作完成之后，在能够保全首都的时候再宣布战争的决定。庞培通过他的传话机器昆图斯·西庇阿宣布，他已经做出决定，要么现在就为元老院效劳，要么就永远不再有任何关系。执政官林都鲁斯明确表示，就算无法掌控元老院的决定，就算元老院继续保持他们的软弱，他本人和他强大的盟友们也将采取起码的行动。

这样，元老院被迫下达委派给它的指令。恺撒要于具体的时间马上把阿尔卑斯山北高卢省总督的职位让给卢西乌斯·多密提乌斯·阿希诺巴尔布斯，把阿尔卑斯山南高卢省总督的职位让给马尔库斯·塞维利乌斯·诺尼阿努斯，不然就按叛国罪论处。恺撒派的护民官们利用他们的否决权对这项指令进行反对的时候，不但元老院受到了来自庞培的武力威胁，起码他们是这么说的，并且为了求生，他们只能伪装成奴隶逃到城外；受到胁迫的元老院也将他们的合法干预看成反动行为，从而宣布国家遇到危难，号令全民武装起来，而所有对宪法忠诚、担任过执政官的人都应该担当军团领袖的职务。

这就够了。逃走的护民官向恺撒汇报了他的提案在首都遭受的对待之后，恺撒把刚由特吉斯特河（即特里斯特）一带的军营抵达拉韦纳的第十三军团召集起来，向他们讲述了当前的形势。这已经不仅仅是一位能够洞察人心的天才在他自己和国家面对危难之际所展现的雄辩之才，亦不只是雄才大略的杰出将领对他亲自招募，且通过与日俱增的热情和信任跟随了8年的士兵进行的演讲。进行这次演讲的是一位充满热情且言行一致的政治家，在之前的29年中，他不顾个人安危，为了民众的自由英勇奋战，他以大无畏的精神面对过无数次的暗杀、贵族迫害和日耳曼人的武力攻击，在狂风大浪之中，从来不曾有过一丝动摇；他曾经摧毁了苏拉体系，击倒了元老院统辖，用阿尔卑斯山北面的奋战护卫着毫无抵抗之力的民众。如今他演讲的对象并非那些对共和毫无热情的罗马公民，而是依然能够受到民众自由这个理想所号召的意大利北部的年轻人；他们依然能够为了理想而将生死置之度外；他们为了自己的祖国，通过武力跟随恺撒，争取罗马政府不愿意授予他们的公民权利；对他们而言，如果恺撒被击垮，他们的生活就会重新回到束棒底下，而且他们已经见证过这样的事实，知道独裁政府会怎样用束棒对待波河北部的区域。

如此的演讲家面对如此的观众发表演讲。他告诉他们，贵族们会用什么样的方式来答谢他和他的官兵们平服高卢的功劳；贵族们是怎样轻蔑地将公民议事集会扔在一边；元老院怎样畏缩于某些专权者的淫威之下；500年前祖先们怎样用刀剑在贵族那里取得了护民官一职，他们曾经是怎样为后代起誓，就算战斗到最后一滴血，也要护卫护民官。可是现在，在用光了所有和平解决的办法之后，在退让到极限之后，人民派的领导者和将领要求他的官兵追随他，加入到这场最终的、无可避免的、具有决定意义的战争中来，从而对那些既可恶又卑鄙，既不守信又无能，实际上是荒唐的不可救药的贵族进行反抗，这是任何将士都会接受的。颁布了进军令之后，恺撒冲锋在前，穿越了那条宪法不准高卢总督渡过的狭窄河流。他再次踏上了离开9年的国土，亦走上了革命的道路。"骰子已经扔了出去！"

第十章　内战：勃隆度辛、伊利尔塔、法萨鲁斯和塔普苏斯

　　共同对罗马实施统治的两个人现在已经到了让战争来裁决谁将成为第一个独自进行统治的人的时候了。我们这就来看一看恺撒和庞培各方的力量。

　　恺撒在他的派别中无与伦比的权威就是他最主要的力量。如果说民主意识和君主意识在这个权威当中融为一体，那么这种融合也不是偶然的，所以也不能够用偶然来进行解释。其实，那个时代的民主意识还不存在代表性的体系，所以，根据其本质的作用，必然要让民主和君主在一个恺撒这样的人身上找到其终极体现。不管在政治方面抑或军事方面，所有的决定权均属于恺撒。不管他怎样推许那些充当"工具"的能力超群之人，他们也仅仅是"工具"罢了。在恺撒的派别当中，没有同盟者，只有下属；他们也出自于军队，而士兵接受的训练从来都是绝对服从。正因为如此，战争刚刚开始的时候，恺撒的将士当中只有一个人拒绝服从，而这个人正是其中职位最高的。通过这个事件就可以说明，恺撒和他的属下之间

具有多么坚固的关系。

　　提图斯·拉宾努斯在卡提林最为艰难的时刻及高卢战役最为光辉的时刻都和恺撒并肩战斗。他总是单独指挥，经常统领一半以上的军团。因为他是恺撒属下当中时间最早、能力最强亦最为忠心的一个，所以他的职位和荣耀自然也是最显赫的。一直到公元前50年，恺撒依然把阿尔卑斯山南高卢的最高指挥权放在他手里。其中一方面的缘故是为了把这块心腹要地放在可以信赖的人手中，另一方面也是为以后拉宾努斯竞选执政官打下基础。然而他却正是在这块地方和对手产生了联系。在公元前49年刚开始敌对的时候，他就转而投奔庞培，于之后的全部战役当中均成为他的旧友及故主最为冷酷的仇敌。

　　关于拉宾努斯的秉性及他背叛行为的原因，我们并未掌握什么有力的材料。可是，通过他的这件事情更加证明了一个道理，那就是对于军事领导者来说，最值得信任的并非其将领，而是下属的士兵。从各个角度整体来看，拉宾努斯属于那种军事能力出众，却毫无政治才能的人。假如这种人很不凑巧地或者迫于种种原因而选择从政，便会如拿破仑的下属将领们一般感到眩晕。他可能认为自己足以和恺撒平起平坐，担当民主派的第二个领导者，却遭到拒绝，于是投靠了敌军。他的这件事情第一次表现出了恺撒对自己的下属所持的态度存在重要弊端，那就是他一直将下属的将领看成帮手，禁止适合单独进行统治的人升职，然而在马上就要爆发的战争当中他又非常需要这样的人物；可是，恺撒这样做的优势还是大于弊端，这是由于该做法可以使指挥权集中统一，而这正是取胜的首要因素，但是却必然会产生上述情形的损失。

通过战争中最为重要的工具——军团的作用，这种统一的指挥权得到了足够的能量。恺撒还拥有9个步兵军团，总共不超过5 0000人。可是，他们全部富有战斗经验，甚至有2/3都经历了对凯尔特人的全部战斗。骑兵则是由日耳曼和阿尔卑斯山东部的雇佣兵组成的，他们在和维辛哲托里克斯的战役中证实了自己的忠诚。和凯尔特人（凯尔特人虽然于军事上比意大利人稍逊一筹，但也非常英勇）历经8年的各种战役，让恺撒能够按照仅有他自己才清楚的方式来组建他的军团。

要让军团起到应有的作用，士兵的体力是大前提。恺撒最为重视的就是士兵的体力和行动能力，然后才是经济实力和品德。其实军团和机器一样，要让其发挥作用，行动的灵活和迅速最为重要；而恺撒的军团，行军速度之快实为罕见。自然，毫不畏惧的气概在其他一切之上。恺撒鼓舞士气的方法可以说是一种无与伦比的艺术，所以，就连能力比较差的士兵也想要成为最英勇的战士。他消除士兵恐惧心理的一种常用方法，就是不让士兵知道战争就在眼前，而让他们在毫无防备的状态之下参加战斗。

然而，勇猛和服从缺一不可。他对士兵的要求，即执行命令不问理由。他为了训练士兵的盲从性，设置了许多看似目标并不明确的训练项目。他的军法严明而不繁杂。在对敌的时候，军法如山；而在平时，特别是取胜以后，则比较松弛。一个骁勇善战的士兵，只要不延误军情，就算沉迷酒色，或者将好看的武器当作装饰物，甚至有严重违反规定的行为，都能够不予追究，如果受害百姓向将领告发，将领也会充耳不闻。然而，如果发生叛乱，那么不光始作俑者绝不宽恕，就连参加的人也全部处死。

骁勇善战且绝对服从，是一个真正的士兵必须具备的品质；唯有杰出的军事家才能够开动那些有生命的机器，给予他们希望和典范，尤其是让他们觉得遇到了伯乐，觉得自己才尽其用，所以他们才心甘情愿地以死效命。一名将领要想让士兵富有勇气，自己首先一定要勇敢；而恺撒即便作为最高军事统帅，也能够找到拔剑的机会，并且舞动得如最优秀的战士一样。而且，他对自己在行动和吃苦耐劳方面的要求，远远超过了对士兵的要求。

　　虽然胜利的果实主要属于统帅，然而恺撒清楚一定要让士兵一样地饱含希望，让他们也能够从胜利当中得到好处。如前所述，他清楚怎样去唤起让士兵为民主而战的热情，而这次战争的一个目的就是让波河北面地区——也就是他的多数士兵的故乡——拥有和意大利本土在政治上一样的平等。自然，物质奖励是少不了的，只要集团或者个人建立了战功，都能够得到特殊的奖赏。将领和士兵均将取得自己的那一份，且胜利的奖赏是非常丰厚的。

　　总而言之，恺撒是一个真正的领导者，他明白怎样让一部庞大的机器当中每一个零件，不论大小，都能够物尽其用。普通人必然为有才能的人效劳，只要让他感觉到主人的指引，他便甘心效力。无论何时何地，那个统帅锐利的目光如同鹰眼一般，放在全军之上，赏善罚恶，引导着每一名士兵，让他们都以整体利益作为自己的行动准则。就算是地位最低的小卒，也会让他们得到相应的报酬，然而也就因为这样，在必要的时候，他们要绝对尽忠，甚至付出生命。

　　恺撒并不会让他的士兵看到总体的行动规划，只让他们了解基本的政治和军事关系，让他们相信他们的统帅在军事和政治方面都非常杰出。他并不认为他的士兵和自己是平等的，但是他认为他们有了解事实真相的权力，而且具备接受现实的素质，让他们坚信他们统帅说出的每一句话，而无须害怕统帅会欺骗自己，亦无须受谣言的干扰；他将他们看作同盟者，这么多年的同生共死，基本上所有士兵的名字他都知道，而在一场又一场的战斗当中，每位士兵都多多少少和统帅进行过亲密的交流；他将他们看作朋友，和他们聊天，以他独有的旺盛生命力与他们所有人真心相对；他将他们看作下属，要求他们效命，但假如他们遭受不公平的待遇或者为了他失去生命，他将报仇雪恨看作崇高的责任。

　　没有任何一支军队能像恺撒的军队那样完美，无可比拟。它是一部拥有实力且忠心耿耿的机器，而且牢牢地操控在主人的手里，而主人同时把自身旺盛的生命力输入了这支军队。恺撒的士兵可以以一当十，而且他们自己也很清楚这一点。在这里，我们要特别指出一点，那就是罗马的作战方式主要为血刃战，所以训练有素的罗马士兵与新兵相比所具有的优势要远远高于我们当今社会的老兵和新兵。

　　可是恺撒的士兵最为主要的优点并非在战场上的勇猛，而是他们对统帅无比的忠实；恺撒的对手最害怕的也正是这一点。在统帅号令他的将士们跟随他加入战争的时候，居然只有拉宾努斯一个人背叛，这或许是历史上不曾有过的。他的敌人们渴望他的将士背叛他，结果却和之前试图瓦解他的军队一样，彻底失败。拉宾努斯投奔庞培的时候，只带领了一支由凯尔特人和日耳曼人组成的骑兵，而步兵却一个也没有。其实，恺撒的士兵几乎觉得此次战争不光是他们统帅的事情，亦是他们自己的事情，而且私底下做出了战时放弃报酬的决定，然而在开战之际，恺撒却承诺报酬翻番，而且用公共财物来帮助经济条件比较差的官兵。另外，每一名下级将领都要自掏腰包供养一名士兵。

这样，恺撒的确拥有一些优越条件，即强大的军事和政治权威，随时可以投入战斗的忠实军队。可是，他的军事力量所及地域却非常有限，他的主要军事基地就是意大利北部的省份。而这个地区不只人口数量位居意大利第一，而且对民主立场忠心耿耿。通过一个例子就能够看到这个区域的普遍精神：战争在伊利里亚流域开始后，来自奥皮特吉乌姆的一支新兵队伍被敌人包围在一艘又破又旧的船舶之上，不断受到攻击，却不曾投降，而是在夜里全部选择了自杀。这样的事情发生在这样的人民身上，是能够想到的。因为他们向恺撒承诺，会为他提供比现有部队多出一倍的物资，所以开战之后便涌来了为数众多的应征者。

可是，在意大利本土，恺撒的权威却无法和他的敌人相提并论。虽然他通过一些手段让伽图派失利，又可以让元老院中想要保持中立的成员，亦即多数成员，找到理由，或者使一些人，比如波河北面的民众和他的士兵倾向于他。然而，大多数民众显然并不想接受他的引导。在高卢司令率兵攻打罗马的时候，他们将伽图派和庞培看作合法共和政府的守护者，将恺撒看作夺权篡位的民主派，却不管恺撒拥有什么样的合法理由。而且，多数民众都认为这个马利乌斯的侄儿，秦纳的女婿，卡提林的盟友将再次实行马利乌斯与卡提林的恐怖统治，使卡提林无政府的混乱社会重现。没错，正是这些想法让某些人投奔于恺撒，那些政治难民全部投靠于他，那些已经失去前程的人们则把他看成救命稻草，当他出兵的消息传开之后，最下层的乌合之众亦踊跃起来。然而，这样的盟友比对手更可怕。

恺撒在附属国和行省的权威，比意大利本土还要小。从阿尔卑斯山北高卢到莱茵河与英吉利海峡，全部是他的属地，那波和高卢的殖民也为他效命。然而，立宪派在那波省拥有众多支持者，甚至刚收服的一些区域，在眼前的战争当中，对恺撒来说也是弊大于利。实际上，于本次内战当中，他根本没有让凯尔特步兵参战，仅调遣了很少的凯尔特骑兵。为了寻求更多的支持，恺撒对周边的附属国和其他行省的王公贵族曾慷慨解囊，在很多城邦大兴土木，承诺给予军事和经济上的帮助。可他得到的回报微乎其微，而与莱茵河和多瑙河沿岸的日耳曼和凯尔特各王侯的关系，特别是东阿尔卑斯王渥克西奥的关系，这里是骑兵的主要募集地，也许是唯一重要的。

这样，在即将开战之际，恺撒仅为高卢总督，仅仅拥有一支可靠的军队、一些能干的帮手及一个忠实的省份，而庞培却是整个罗马帝国实际上的领袖，他拥有帝国合法政府的所有资源。可是，虽然他的军事和政治地位都远远超过恺撒，但他的稳固性却与恺撒相差甚远。恺撒的地位和统领权的单一性是相统一的，而联盟的性质则不然。作为一名资深老兵，庞培很清楚这个问题的重要意义，所以，他强迫元老院将他任命为海陆两军唯一的绝对的总司令。即使这样，元老院在政治方面还是无法被架空，在军事方面偶尔也会产生影响，这对军事管理是极其有害的。而且，庞培和立宪派历时20年的恶战还深深地刻在人们的记忆当中。他们都发现：取胜的后果一定伴随着双方关系的破裂；他们有理由互相看不起；贵族当中既有权威又受尊重的人很少，而参与这次战争的多数人基本上都存在智慧和品德方面的缺陷。以上因素加在一起，使恺撒的对手自身缺乏行动力且内部极不协调，和恺撒一派的融洽协作相差甚远。

虽然恺撒的敌人存在诸多不利因素，然而其力量还是可畏的。其单独管辖海洋，一切战船和码头都在他的控制之下，所有武装舰队的物资也都被他独占。庞培力量的源泉是西班牙的两个省份，就像恺撒力量的源泉为高卢的两个省份一样，是忠实可靠的。在那里是既有能力又信得过的人代庞培进行管理。其余的各个省份，不包括高卢，都交由近期委派的总督管理，而这些人都受到庞培和元老院少数成员的影响。一切附属国都坚定地支持庞培，与恺撒为敌，主要的国王和城邦都由于庞培的某些行为而和他私交甚密。

前面已经提到过，意大利本土的绝大部分民众对恺撒持反对态度，特别是所有的贵族和他们的众多拥护者；大资产家也全部对恺撒持反对态度，这是由于共和国的完全革新不会再允许他们继续压榨民众及控制陪审法庭，小资产家、地主及一切害怕损及自身利益的人也是一样。当然，这些人最为关心的仍然是下一期的赋税、耕作和收益。

庞培的部队主要来自西班牙，那里有7支能征善战且绝对可以信赖的军团。另外，叙利亚、亚细亚、马其顿、非洲、西西里等地区也散布着一些实力较差的军团可供差遣。战争刚爆发的时候，庞培在意大利只有两支军团，是近期才从恺撒手里接收过来的，至多7 000人。他们的可信程度值得怀疑，这是由于这些士兵都招募于阿尔卑斯山南高卢，而且跟随恺撒多年。庞培使用卑劣手段令他们易主，使他极其愤慨，他们非常想念自己的统帅，在他们离开的时候，他们的统帅按照承诺给予每一位将士丰厚的报酬。庞培在西班牙的军团将在第二年春天，通过海路或者经高卢陆路进发至意大利；另外，公元前55年招募的3支军团还没有解散，公元前52年招募的军团则可以提前结束假期，奉命参战。所以，对庞培来说，意大利的有效军事力量，除了西班牙的7支军团及其他各个省份的零星几支军团之外，共有10支军团，大概6万人。

所以，庞培说只要自己跺几下脚就能够使意大利遍布士兵的说法并没有夸大。不过，整合这些军团，让他们能够派上用场，的确需要时间，而在元老院的号令之下，各个地方都已经行动起来。公元前49年1月7日，元老院下达了具有决定意义的命令，马上，在冬天过后，那些最为杰出的贵族便离开罗马，前往各地招募士兵，准备战斗。骑兵是最为紧缺的，这是由于罗马习惯于在各个省份当中招募骑兵，特别是凯尔特人。为了抢占先机，卡普亚剑术学校原来归属于恺撒的300名斗剑士被招募，并配备了战马。然而，这一举动遭到了猛烈的言论攻击，使庞培不得不放弃这些斗剑士，另外从阿普利亚的奴隶骑兵当中挑选了300人来代替他们。

这时候，国库仍然空虚，所以只能通过各地方的库存进行添补，甚至动用了地方的宗教库存。

战争就在这样的情形之下，于公元前49年1月初爆发。能够用来作战的军队，恺撒这边在拉韦纳至多只有一支军团，包括5 000步兵和300骑兵，通过公路进发，与罗马相距240英里。庞培目前只有两支战斗力较差的军团，包括7 000步兵和一小队骑兵，由阿庇乌斯·克劳狄乌斯统领，在卢赛利亚驻军，和罗马之间的公路距离基本与恺撒相等。恺撒的其余军团，一半驻扎在索恩河和卢瓦尔河畔，一半驻扎在比利时，而庞培的预备军已经由全国各地抵达军营。不等恺撒位于阿尔卑斯山北的第一支军队到达意大利，庞培便能够组织起强大数倍的军队进行迎击。

如今恺撒的军团数量与当年卡提林的那几支差不多，而且眼下又没有可用的预备军，便马上向本来就已经处于优越地位、并由骁勇善战的将领率领、且不断强大的对手发起进攻，看起来好像并不明智，可以说是汉尼拔式的愚蠢行为。假如等到春天再开战，庞培的西班牙军队将进攻阿尔卑斯山北面地区，意大利军队则进攻阿尔卑斯山南面地区；而在战略方面和恺撒旗鼓相当，且经验更加丰富的庞培，在如此严阵以待的战斗当中，会变得更加可怕。如今，因为庞培行动缓慢，且相信自己必定可以在战前召集大军，所以在他毫无防备的情况下进行突然袭击，一定会让他来不及招架。面对这突然而又艰辛的冬季战争，对在高卢久经考验的恺撒第十三军团来说不足挂齿，可由恺撒的老兵及没有训练过的新兵组建的庞培军队却存在着解散的可能性。

这样，恺撒便挥军向意大利前进。从罗马人居住的地方往南，有两条大道：一条是埃米利乌斯—卡西乌斯大道，它起始于波诺尼亚穿过亚平宁山，到达阿雷提乌姆和罗马；另一条是波庇利乌斯—弗拉米尼乌斯大道，它起始于拉韦纳经亚德里亚海边到法努姆，然后由法努姆分两个方向延伸，一为西向，途经福尔罗到罗马，一为南向，到安科纳，然后从这里到阿普利亚。马尔库斯·安东尼乌斯率领一路大军顺着前一条路线行进，直接抵达阿雷提乌姆，恺撒则率领另一路大军顺着第二条路线行进。他们一路上没有遇到任何抵抗：负责募集兵员的贵族根本不懂军事，他们才招募到的新兵也完全算不上战士；而民众则只盼望着不要遭遇围城的苦难。当库里奥率领1 500名士兵靠近伊古维翁时，翁布里亚的2 000名新兵已经闻风丧胆，全部逃跑。

当恺撒的骑兵抵达距离罗马仅有130英里的阿雷提乌姆之际，他必须对攻击罗马或者卢赛利亚的敌人做出选择。他决定进攻后者，这使他的对手深感恐惧。庞培得到的消息是恺撒正率军向罗马进发；他最初看似要守卫首都，可当他听说恺撒已经攻入匹塞浓地区，且首战告捷时，他命令罗马进行疏散。这引起了贵族阶层的极大恐慌，特别是有谣言说恺撒的骑兵已经抵达罗马城下。元老院下达命令，所有留在首都的人，全部按恺撒的同谋治罪；因此人们争先涌出城门。执政官彻底慌了手脚，居然连国库物资都不曾携带。由于时间非常充裕，因此庞培让他们一起回去取，可他们却说，假如庞培占据匹塞浓，国库自然不成问题。

一切都处于混乱状态。最后，庞培、拉宾努斯和两名执政官等人于西狄西尼亚的特阿农召开会议。恺撒再次提出议和，仍然宣布愿意解散他的军团，将高卢的两个省份交出，依照合法规定作为候选执政官，但是要求意大利解除武装，庞培赴西班牙上任。恺撒收到了这样的回应，他必须马上回到他自己管辖的省份，这样，他们才能够想办法在首都敦促元老院做出决议，让意大利解除武装，让庞培赴西班牙上任。

也许这个回应并不是明目张胆的诓骗，确实包括接受的意思；可现实却截然相反。恺撒提出要和庞培本人面谈，却被庞培拒绝，这是由于他担心通过这次会晤会加深元老院对他的疑心，因为元老院极怕这两个军事统帅再次联手。在军事安排方面，特阿农会议通过了庞培统领卢赛利亚驻军的决定；虽然卢赛利亚的军队并不可靠，可目前这是他们仅有的一支可以参战的军队，会议做出决定让庞培率领这支军队前往匹塞浓，也就是庞培和拉宾努斯的故乡；会议还做出决定，让庞培用他自己的名义在那里招募士兵，就像他35年前所做的那样，从而统领可信的匹塞浓官兵和曾经属于恺撒的老兵对恺撒进行抵抗。

所以，一切就看庞培到达匹塞浓以前，那里是否能够守住。然而，恺撒的军队已通过安科纳顺着海岸路进入该地区。而这个地区的备战工作却远未完成。普布利乌斯·阿提乌斯·鲁福斯已在匹塞浓最北部的城邦奥克西姆募集了很多新兵。可是，鲁福斯于恺撒抵达以前就已经根据市民的要求撤离了那里；恺撒仅用了一支小分队，就击败了敌人在奥克西姆城前面不远处驻守的军队，这也是这次内战的首次接触战。没过多久，盖约·卢西利乌斯·希鲁斯也率领3 000官兵从卡美里浓撤离，而普布利乌斯·林都鲁斯·斯宾特则率5 000官兵由阿斯库隆撤离。他们都是庞培的忠实追随者，宁愿背井离乡，也要跟随庞培穿越边境线。可是，当庞培派往该地区的将领卢西乌斯·维布利乌斯·鲁福斯（他并非一名优雅的元老，而是一位久经沙场的老将）抵达时，这个地区已被攻陷。他只好从无能的招兵官那里接收了六七千新兵，撤退到最近的聚集地。

科菲尼乌姆是阿尔巴尼、马尔西和培利尼等地区的指定聚集地，而这里集中的新兵已经达到1.5万人，他们全部征自意大利战斗力最强且最可信赖的地区，是立宪派能够征集到的士兵当中最为出色的地区。维布利乌斯先于恺撒数日到达科菲尼乌姆，所以他能够马上按照庞培的指令，将从匹塞浓营救出来的新兵和聚集于科菲尼乌姆的新兵全部汇入阿普利亚的主力军。然而，作为科菲尼乌姆司令的卢西乌斯·多密提乌斯，是元老院指定的阿尔卑斯山北高卢恺撒的后继者，是罗马贵族当中最为狭隘且极其顽固的人之一。他不但不听从庞培的指挥，甚至不允许维布利乌斯将匹塞浓的新兵带走。他认定庞培的迟到是因为他的固执，而最后一定会急速支援，所以他并没有认真做好战斗准备，甚至不曾把从周边地区募集到的新兵集中到科菲尼乌姆。

可是，庞培并不曾出面。虽然他能够使用两支并不可信的军团作为新兵的预备军，但却不可能单凭他们与恺撒抗衡。数日之后，也就是2月14日，恺撒抵达，这时，他已经在匹塞浓和他的第十二军团会师，在科菲尼乌姆附近和他的第八军团会师，这两支军团全部来自阿尔卑斯山以北。另外，还有3支军团已经组建完成，这些士兵有的是庞培军中的战俘，有的是自愿加入者，还有的是随时随地招募而来的新兵。这样，恺撒在到达科菲尼乌姆之前，就已经拥有了一支4万人的军队，当中有一半都参加过战争。

在多密提乌斯依然觉得庞培会赶来支援他的时候，他还进行了一些战争的准备工作。然而，当他最终被庞培的书信欺骗时，他就下定决心不再孤立无援地死守阵地了，而事实上，假如他能够守住该地区，对他的派别将大有好处，然而他亦没有选择投降，而是采用了其他的方法：他告诉士兵，援军马上就到，自己却偕同贵族军官在第二天晚上逃跑。可惜的是即便这样的一个小把戏他也没有成功，这是由于他的慌乱显露了破绽。有些人试图发动叛乱，马尔西的新兵想要对付这些叛军，这是因为他们并不认为他们的统帅会干出如此丢人的事情。然而，最终他们只有接受现实。这样一来，全军一起抓捕了所有指挥部成员，和这座城邦一起在2月20日亲手交予恺撒。阿尔巴的3 000名官兵和集中在塔拉西那的1 500名新兵，一看到恺撒的巡逻骑兵便投降了；而驻扎在苏尔莫的3 500名官兵的第三分遣队在此之前就已经被迫放下了武器。

当恺撒占据了匹塞浓，庞培便不得不放弃意大利。他试图尽量拖延上船的时间，用来拯救他的其余军队。所以，他向勃隆度辛西岸，也就是距离最近的码头，行进得非常缓慢。聚集到此地的包括卢赛利亚的两支军团，庞培在已撤出的阿普利亚短期内募集的新兵，以及执政官与特任官在坎帕尼亚招募的军队。另外还包括一些政治难民，其中有一些威望最高的元老和他们的眷属。船舶开始运输，可是却无法一次性运送大约2.5万需要撤离的人员。于是只能将军队分两次进行运输，先在3月4日将多数人送走，剩下的大约1万人和庞培一起留在勃隆度辛，等待船舶返航；由于该河岸非常适合登上陆地进行反攻，却不能抵抗恺撒太长时间。

与此同时，恺撒开始了围攻。恺撒本来打算利用浮桥和堤道阻止船队返航，可是庞培将商船武装起来，使浮桥和堤道无法合口，一直到船队到来。就在恺撒猛烈地围攻和民众强烈的敌视之下，庞培还是颇具技巧性地让所有人都登上了船舶，开往希腊，没有丝毫损失。恺撒却由于船舶不够而一无所获。

就这样，在两个月的时间里，在没有任何重大战役的情况下，恺撒已经打垮了对方10支军团，其中不到一半的人渡过大海逃跑。包括首都和国库在内的整个意大利都落入了胜者手中，失败者有理由为那个"怪物"的机智、勇敢和速度而哀叫。

然而，征服意大利这件事，对恺撒而言到底是好是坏，还很难说。从军事的角度看，他占有了大量战争所需要的资源，令他的对手失去这些。公元前49年春天的时候，因四处募集士兵，他在本身的9支军团以外，又拥有了几支新的军团。可是，如今他除了需要庞大的护卫军队，还要解决对手封锁海上运输的策略；对手一旦封锁了海上运输，首都众多人口便存在严重缺粮的危险。所以，恺撒本身面临的复杂军事任务变得更加复杂了。

从经济角度看，能够夺取国库对恺撒来说自然是好事。可主要的税收来源，特别是东部地区，还控制在对方手里；军需物资的日益增长，首都面临挨饿的众多人口的供给，马上就会把国库耗光。恺撒很快就只能向私人进行借贷，可这种方式不可能长久，所以大规模地没收充公是意料之内的事情。

征服意大利在政治上引起的问题更加艰难。有产阶级一般都害怕无政府主义的革命，不管是敌是友，都将恺撒看作第二个卡提林，而庞培则认为，或者假装认为，恺撒挑起内战的原因是缺乏偿还债务的能力。虽然这种说法实属荒谬，可恺撒的前辈们的确是这样，尤其让人担心的是他身边那些地位较高的随同人员。名声最差的，包括昆图斯·霍特西乌斯、盖约·库里奥和马尔库斯·安东尼乌斯（卡提林手下林都鲁斯的继子，且被西塞罗判处死刑），都是身居要职的随同人员，都是一些早就失去偿还能力的人，他们不只养妓女，且公然带妓女露面，在恺撒这里却居于高级职位。所以，即使是在政治方面最稳重、最没有偏见的人都难免会预想到大赦罪犯、免除债务、大肆没收、取消公民权利、杀戮，甚至整个罗马城被高卢士兵洗劫！

可是，那只"怪物"在这个方面的行为却出人意料。在恺撒攻占意大利首座城镇阿里米努姆的时候，他不允许一般士兵带武器进城，而村镇则不管是敌是友，均予以保护，不受一丝侵害。在反叛的护卫军队晚间围困科菲尼乌姆的时候，恺撒抛开所有的军事战略，将进城的时间推后到第二天早晨，以此避免他怒火中烧的士兵扰民。恺撒将所有和政治无关的战俘都接收到自己的军团当中；将领不但被赦免，且不收取押金便予以释放，只要他们指出是属于自己的财物，都不经过认真审核便马上归还。卢西乌斯·多密提乌斯自己就有此经历，甚至拉宾努斯留下的钱财物品也被专人送到敌方阵营。

即使恺撒经济非常拮据，他也完全没有侵犯对手们规模庞大的田地庄园。恺撒宁愿跟朋友借钱，也不征收这种事实上早就存在，哪怕是形式上合理的田税。作为一个胜者，恺撒认为他的取胜仅解决了一小部分难题，他认为必须不附带任何条件地原谅被征服的人，才能够巩固胜利。所以，从拉韦纳到勃隆度辛途中，他一再努力要亲自和庞培进行谈判，从而达成容忍限度之内的协议。

原来贵族们不接受议和，可是如今，他们的失败让他们原来的恼怒变成了歇斯底里；胜者的谦恭平和和败者的疯狂气势形成了怪异的比较。这些失败者给意大利各地的朋友写信，其中写满了没收、取消公民权利、扫除元老院和整个国家等恐怖的猜想，与此相比，苏拉的复辟只是个玩笑；即使是他们一派当中比较温婉的人，看了这些话都深感恐惧。

无用之辈的疯狂与实力派的温婉之间的比较，终于引发了后果。看重物质利益甚于政治的人，完全投靠了恺撒。村镇把胜者的"公平正义、温婉聪明"予以偶像化，连他的对手都认可民众的这种崇拜是源自真心的。资本家、包税商和陪审员，在立宪派的大船沉没于意大利之后，并不急着将自己的运气再次交到同样的船员手中。资本又从其藏身之处走了出来，"有钱人又开始了他们的日常工作——记账"。

就连元老院中的多数成员，由于其中比较高贵又有威信的人很少，因此这只是从数字来看，都不曾履行庞培和执政官的指令，而是留在了意大利，他们对恺撒的统治予以默许。恺撒这种看起来有些出格的温婉态度，实际上都是出自周详的考虑；这种温婉的态度消除了有产者的疑虑，所以对其本来意图是有利的。显然这对将来的稳固，对无政府状态的预防，都大有益处，尤其有益于共和国的重建。

然而就短期来看，这种温婉和秦纳与卡提林的恼怒相比将更加不利于恺撒；有时候它不但没有把敌人变成朋友，反而把朋友变成了敌人。那些像卡提林一样的追随者，因为恺撒不许他们烧杀抢掠而心存不满，那些极富才能而又胆大妄为的亡命徒则想要展示他们离经叛道的才华。共和派的人则既不曾因恺撒的宽宏大量而有所转变，也不曾因此而被束缚，所以按照迦图派的指令，对他们所说的祖国承担责任是第一位的，就算是性命和自由全都受到恺撒恩典的人，都有责任对他进行武装反抗，至少也要用计反抗。而那些没有立场的立宪派显然乐于受到新统治者的守护。可是，在他们的内心深处依然没有放弃对君主和君主制的咒骂。

政体的变化越来越明显，多数民众的共和观念也越来越强，这一点在首都和村镇都是一样的。罗马那些立宪派的朋友，告诉他们逃亡在外的兄弟，故乡的一切阶级和一切人民都赞扬庞培。

此言非虚：贵族对低贱而不冷不热的民众所产生的干扰越发让这些人感到不快，高贵者将由于留在意大利而责备自己，一般的人则由于没有逃往海外而感到自己站在平民当中，就算置身于恺撒那帮小角色组建的元老院当中也还是难免自怨自艾。恺撒极度的宽容越发让这种默然的反抗具有与日俱增的政治上的重大意义。因为恺撒始终不愿意实施恐怖统治，他隐秘的对手就可以在安全的前提下宣泄他们的不快。

就这样，恺撒很快就在元老院得到了比较好的对待。在内战之初他就是为了解除不敢作声的元老院的束缚，如今，这一点已经做到了。他期待元老院对他此举表示赞成，且授予他继续战斗的全部权力。以此为目的，追随他的护民官在4月1日召集元老院会议。参加会议的人很多，可是在意大利的元老当中依然最有名望的人，如马尔库斯·西塞罗，他是那些奴颜婢膝的多数人以前的领导者，却没有列席。卢西乌斯·庇索，作为恺撒的岳父，居然也没有列席。

更为糟糕的是，与会者对恺撒的提案也非常冷漠。在恺撒提出希望得到继续进行战争的全部权力时，参加会议的两个执政官之一塞维乌斯·苏尔皮西乌斯·鲁福斯，一个毫无胆量的人，他只盼望着能够平安地在自己的床上断气，说假如恺撒不打算将战争延至希腊及西班牙，就是天大的功劳！于是恺撒提出，起码将他和解的意思传达给庞培。没人反对这项提议，可是逃亡者对中立者产生的重大威迫，让他们当中没人有胆量担当这个和平使者。

因为元老院一贯的倦息，前不久，庞培试图得到内战司令的职位而没能成功；如今，恺撒也在一样的问题上失败。别的阻碍亦接踵而至。恺撒想要被委任为独裁者，从而让自己具有合法地位，可他却没有如愿以偿，这是由于根据宪法的规定，此类行政官必须由执政官委派。恺撒试图用金钱笼络执政官林都鲁斯（此人经济情况很不稳定，所以很有可能就范），然而却没有得逞。

护民官卢西乌斯·麦特鲁斯更是反对恺撒的所有提议，并声称假如恺撒的随员试图花光国库，他会以个人的名义起兵护卫。恺撒只好把这个不可冒犯的人温和地放到一边。他尽量不去使用激烈的方式。就像立宪派前不久所做的那样，恺撒也向元老院表示，他想要通过最高机构进行合法的统治，可是因为遭拒，他愿意放弃这种方式。

所以，他把元老院与合法形式都抛到一边，而命令第二执政官马尔库斯·埃米利乌斯·雷必达作为防守首都的将领，并对归顺于他的各个省份进行了整顿。就算在这样的混战当中，就算恺撒做出了各种宽宏大量的承诺，首都的民众看见独裁君主在他们自由的罗马施展着君主的权力，看见他率领他的士兵进入国库的时候，心里也倍感凄凉。可是，民众感情主导国家大事的年代已经结束了。国家的决断权属于军团，感情上的伤害已无关紧要了。

由于恺撒不愿失去让他取得胜利的先下手为强的优势，因此急于重新开始战争。他的敌人现在则处于非常不利的境地。庞培本打算从意大利和西班牙对高卢进行夹击，却由于恺撒速战速决的战略而失败，此后他意欲赶赴西班牙。他在西班牙的地位极为稳固，那里有7支军团的步兵，而且很多都是庞培的老兵，而卢西塔尼亚山区多年不断的战斗使这些将士拥有丰富的作战经验。其中的一名将领马尔库斯·法罗是有名的学者，忠实的党员；另一位卢西乌斯·阿夫拉尼乌斯则不管在东方还是在阿尔卑斯山的战场上，都建立过卓越的功勋。还有一位马尔库斯·佩特雷伊乌斯曾征服卡提林，他能干且无所畏惧。因为恺撒曾经在远西班牙省做过总督，所以还有一些支持者，然而，在更加重要的埃布罗省，则出于对庞培的敬重和感激而与之关系甚密，早在20年前的塞托里乌斯战役中，庞培曾经担任司令，战争结束之后又把这个省进行了重新整顿。

惨败于意大利之后，率领剩下的军队赶赴西班牙，然后统领全部西班牙大军反击恺撒是庞培目前最好的办法。可是很不凑巧，因为拯救科菲尼乌姆，他在阿普利亚耽误了太多时间，因此没能依照原计划于坎帕尼亚的码头上船，而改在阿普利亚附近的勃隆度辛。这个大海和西西里的主人为何没有重新启用原来的计划，目前已经无法进行考证。可能是那些目光短浅且疑心极重的贵族没有胆量将自己的身家性命全部交到西班牙军民的手里。先不管原因是什么，实际上庞培始终在东方逗留，而恺撒则拥有两条作战路线可以选择：他既能够进攻在希腊集结且由庞培自己率领的部队，也能够进攻庞培的副官所率领的西班牙军队。恺撒决定进攻后者。于意大利战争之后，他马上募集罗讷河下游他最为优秀的9支军团，6 000骑兵，这些将士有的是恺撒亲自在凯尔特地区选拔出来的，有的是日耳曼雇佣兵，还有很多伊比利亚和利古里亚的弓箭手。

可他的敌人也在努力准备战斗。卢西乌斯·多密提乌斯在被恺撒放走后，马上偕同跟随人员和卢西乌斯·维布利乌斯·鲁福斯前往马西利亚（即马赛），致使这座城邦表示支持庞培，且不允许恺撒的军队通行。另一方面，西班牙军将最不可靠的两支军团命法罗统领，驻扎在远西班牙省，而阿夫拉尼乌斯和佩特雷伊乌斯则统帅5支最优秀的军团，由来自西班牙的5 000骑兵和4万步兵加强，一路向北前进。按照维布利乌斯传出的庞培的指令，他们的目的是封闭比利牛斯山，从而阻击敌军。

与此同时，恺撒已经抵达高卢，因为马西利亚的围困对他的进军有所妨碍，他即刻下令命他在罗讷河的6支军团，另外还有一些骑兵，顺大路经过那波（即纳博纳）前往罗得斯，从而领先到达比利牛斯山。这次他取得了成功。在阿夫拉尼乌斯和佩特雷伊乌斯抵达关隘的时候，看到那里已经全部被恺撒的军队占领。因此，他们在伊利尔塔（即莱里达）布下阵势，该镇地处比利牛斯山和埃布罗河之间，距离埃布罗河有20英里，在它的支流西格里斯（即塞格雷）河的右侧，仅在伊利尔塔附近有一座可以通过的大桥。伊利尔塔以南全部是山区，绵长的山脉从埃布罗河右侧一直伸展到该镇的郊外；以北则处于西格里斯河两侧的平原之中，平原上有一座小山，而伊利尔塔镇就建在这座山上。

对一支将被围攻的军队来说，这个位置非常好。可是，只要比利牛斯山失陷，西班牙的保卫战就只能退至埃布罗河后方才可以充分进行；因为伊利尔塔和埃布罗之间的安全途径还没有建立起来，而埃布罗河又没有桥，所以从这个临时的防守地点到真正的防守地点之间不存在安全的撤退路线。恺撒的军队在伊利尔塔上游，西格里斯河和辛加河之间的三角洲上安营扎寨，而这两条河在下游的伊利尔塔那里汇集。然而，在6月23日恺撒抵达之后，攻势才积极展开。两支军队数次决战于伊利尔塔城边，都有所胜败。可是，恺撒计划进入敌方军队和该镇之间，从而夺取石桥的目的却一直没有成功。所以，他们和高卢之间只能依靠在西格里斯河上游18或者20英里的地方临时建起的两座桥梁进行联系，这是由于伊利尔塔附近水势太猛，不能搭桥。

山上融化的雪水冲毁了这两座桥梁。因水势猛涨，不能行船，而桥梁又暂时无法修复，恺撒的军队便困在了辛加和西格里斯之间一块狭小的地方；他们和高卢及意大利的陆上通道基本上没有丝毫遮掩地暴露在庞培军队的进攻范围之内，而庞培军可以依靠镇上的桥梁过河，或者通过卢西塔尼亚人的办法，在漂浮的树皮上游过去。这时正是秋收之前，陈粮已经吃完，新粮还没有收集，在两条河之间的狭小地段，粮食马上就短缺了。其实，兵营里已经发生了饥荒，且可怕的病情也蔓延起来。在河的左侧却积累了大量的物资和士兵，包括从高卢前来支援的骑兵和弓箭手，假期结束归来的将士，征集粮食归来的军队，总计6 000人。庞培用实力极强的军队驱赶这支军队进山，导致了很大的牺牲，可河右侧的主力军队却只有怒视着这场实力悬殊的战斗。

这样，部队的通道控制在了庞培一方手里。而在意大利，忽然失去了西班牙这边的报告，于是传闻四起，而且和真相相差不多。假如庞培的军队能够把握住这个好机会，必然可以将左侧的恺撒军全部打垮，起码也能把他们赶回高卢，从而将这一侧整个控制起来，让另一侧的恺撒军队没有机会偷偷过河。可是，这两个方面都没有做到。孤立无援的军队既没有被打垮，也没有全部被赶回去，而阻止过河的任务则全部交由河流本身来施行。

所以恺撒制订了他的计划。他下达命令在兵营里使用重量较轻的木架、柳枝和皮条制造木筏，就像最早的不列颠人和之后的撒克逊人在英伦海峡所做的那样，做好之后，使用车子运到原来搭建桥梁的地方。就凭借这些并不结实的木筏，一些士兵没有遇到任何抵抗就抵达了河对面；也没遇到多少困难就再次把桥梁搭建起来，与此相连的通道立刻清理完毕，急需的物资运到了兵营。恺撒的奇思妙想就这样把全部军队从生死边缘拯救了出来。然后，恺撒那实力远远强于敌军的骑兵便开始在西格里斯河左侧的乡村田野之间徘徊。而且，在比利牛斯山和埃布罗河之间，那些最为主要的西班牙社团，甚至在埃布罗河南侧还有几个，都转而支持归附恺撒。

庞培军队中的军需员，由于附近社团的背叛和恺撒军队的粮草征集而迅速减少。他们选择了退回到埃布罗河后方，因此，匆忙在西格里斯河的河口之下用船舶建起横跨埃布罗河的浮桥。恺撒想要斩断敌人在埃布罗河的后退之路，把他们困在伊利尔塔，可是，因为敌人占有伊利尔塔桥，所以他既无法向该河流两侧派兵，也不能进攻伊利尔塔。所以，他的军队日以继夜地开掘沟渠，计划疏导河水让河流变浅，从而让步兵能够通过。可是，庞培军队的预备任务先于恺撒完成。在庞培的军队已经顺着西格里斯左侧向埃布罗河进发的时候，恺撒那边开掘工作的进展程度还无法让步兵渡过。所以，只好命令骑兵强行渡河从后方追击敌人。

然而，在恺撒的军队在灰白的晨光下看到从夜间就开始撤离的敌方军队时，老兵的本能马上让他们看到了战术方面的重要意义，因为敌军如此撤离势必会让恺撒的军队不得不深入敌方阵营当中。在士兵的主动请命之下，恺撒身先士卒，率领步兵渡河，虽然水能够没到肩膀，幸而没有发生事故。时间刚刚好，假如伊利尔塔镇和环绕埃布罗河山峰之间窄小的平原被庞培的部队穿过，那么他们行军到埃布罗河的行为就无法阻挡。在恺撒骑兵的不断打击之下，庞培军队还是已经抵达了山区5英里以内，可不幸的是，他们从夜间开始出发，到这里已经非常疲劳，所以只好改变在一天之内赶到目的地的计划，而于半路安营扎寨。到了晚上，恺撒的步兵追了上来，也在这里扎下营寨。庞培军原计划夜间出发，可是由于害怕敌人的骑兵发动攻击而取消。次日，双方都没有采取行动，而只是在邻近的乡村田野进行侦察。

到了第三日清晨，恺撒的步兵穿过道路旁边的山区，从而断绝敌方军队退到埃布罗河的道路。此次进军途径看上去迂回曲折，好像要重新返回伊利尔塔前的营地，所以没有被庞培军中的将领马上发现。在他们发现敌军的目的时，已经损失了营地和行装，他们只能顺着道路强行行军，希望能够赶在恺撒军队以前抵达山脊，可惜已经太晚了，在他们抵达的时候，敌方部队已经于道路之上摆好了阵势等待着他们。庞培军又想翻山前往埃布罗河，却被恺撒的骑兵击败，负责这个任务的卢西塔尼亚人军队彻底被打垮。

假如恺撒军队和庞培军队在这时爆发战斗，那么其后果一定是庞培全军覆没。在被步兵和骑兵前后夹击的情况之下，庞培军队的战斗意志已经非常低落，而战斗的时机也频频自动显现，可是恺撒却不曾加以利用，而是尽可能地安抚他那跃跃欲试的士兵。不管怎样，庞培军在战略方面已经输了，恺撒好像不打算再让自己的部队受到损伤，也不想徒劳地增加双方军队的怨恨。在他斩断庞培军撤退到埃布罗河的路线之后第二天，双方军队中的士兵便有了友好的交往，对投降一事进行谈判。其实，庞培方面提出的条件，特别是免除将领的罪责，已经得到了恺撒的同意。可是就在这个时候，佩特雷伊乌斯却率领由西班牙人和奴隶组成的卫队来到谈判地点，把所有前来的恺撒下属全部杀掉。但是到恺撒营地来的庞培下属却依然被毫发无损地送了回去；恺撒还是坚定地要求和解。

庞培军在伊利尔塔还留着守卫军队及大量的军需物资；如今，他们试图回到那里；可是，前面是敌人的军队，后面是西格里斯河，所以不能靠近目标。他们的骑兵已经非常恐慌，因此步兵只好将他们围在中间，担任后方守卫。征收食物和水的工作日益困难，只能将没有草料饲养的牲畜杀掉。最终，这支像无头苍蝇一样的军队被彻底围困在敌军和西格里斯河之间，敌军更是在外围建起土堤，挖出壕沟。他们试图过河，但恺撒的日耳曼骑兵和轻步兵已经抢在前面渡过河流，将对岸占领。

不管多么忠实和英勇，投降的时间都不可能继续拖下去了，因此，他们只好于公元前49年8月2日正式投降。恺撒不仅给了将士们性命、自由和依然留存的财物，还将于他们手里缴获的战利品全部奉还，而对自己的将士们则承诺将来以个人财物予以补偿。恺撒迫使在意大利俘获的新兵参加自己的军队，可是对庞培的老兵则没有迫使任何一个人违心地为自己效力。他对他们的唯一要求就是扔掉军械回家。这样，庞培军的1/3被遣散，西班牙本土人即刻遣散，意大利人在阿尔卑斯山南高卢和阿尔卑斯山北高卢之间遣散。

庞培军瓦解后，近西班牙落到恺撒手中。庞培在远西班牙的军队由马尔库斯·法罗统帅，在他听说伊利尔塔的惨败后，觉得退到岛城加得斯之内是最好的办法，他将从神庙和富裕的恺撒派家族那里没收的财物运到加得斯，且统领着他募集的充足的舰队和交付给他的两支军团。可是，当恺撒抵达的消息刚刚传来，这个省份中最为主要的一些本身就偏向于恺撒的城邦，比如科尔杜巴、卡尔莫和加得斯，要么将庞培的守卫军队驱逐出去，要么教唆他们背叛。法罗的两支军团之一早也已经自作主张向希斯帕利斯进发，和这座城镇一块归顺于恺撒。最终，在意大利也抗拒法罗时，他才下定决心纳降。马西利亚也相约一起投降。

恺撒在公元前49年，另取得两次胜利，失败一次。昆图斯·法雷利乌斯夺取萨丁尼亚，盖约·库里奥夺取西西里，粉碎了庞培用海军封闭意大利，使其饥饿困乏的安排。可是，库里奥深入非洲的征讨却仅取得了最初的胜利，很快便被庞培的同盟者努米底亚的尤巴围歼，包括库里奥本人在内全军覆没。

发生在公元前49年的这些战事，使庞培的总体作战安排受到多大的干扰，在彻底失去意大利后，他又交给了西班牙军队多么紧要的任务，目前我们都只有靠猜想了。庞培从非洲和毛里塔尼亚赶赴西班牙，支援他在那里的军队是根本不现实的痴心妄想，这显然只是伊利尔塔营地传播的一些谣言罢了。但是，他依然没有放弃最初的安排，就算在完全失去意大利之后，他也能够从阿尔卑斯山南北高卢对恺撒进行夹击，且想要从西班牙和马其顿联合进攻意大利的可能性更大。他本来也许想让西班牙的军队驻扎在比利牛斯山等马其顿的军队整顿完毕，这样，两支军队一同进发，在罗讷河或者波河会合，而舰队或许担任着夺取意大利本土的任务。

恺撒就通过这样的推算来预测意大利的军事行动。在意大利本部，他最能干的将领之一——马尔库斯·安东尼乌斯——率领预备军队准备战斗，推断东南码头西普斯、勃隆度辛、塔伦特也许会有敌方军队登岸，所以派了3支军团准备战斗。另外，昆图斯·霍特西乌斯，这个人豪放不羁——他的父亲是有名的演说家——募集了一支舰队，驻扎在第勒尼安海；普布利乌斯·多拉培拉率领第二支舰队驻扎在亚德里亚海，他的一个目的是支援意大利的防守准备，一个是以后运送远征军到希腊。假如庞培的军队攻打意大利，那么马尔库斯·里西尼乌斯·克拉苏，他的父亲是恺撒的老盟友，负责阿尔卑斯山南高卢的防守，马尔库斯·安东尼乌斯的弟弟则对伊利里亚的防守负责。

可是，猜想中的攻击却久久不曾发生。到公元前49年的仲夏，战争才在伊利里亚爆发。恺撒的副将盖约率领两支军团防守库里克塔岛（即克万尼亚湾的克尔克），恺撒的舰队司令普布利乌斯·多拉培拉则率领40艘战舰在该岛和陆地之间狭长的海域中徘徊巡逻。庞培在亚德里亚海的两位舰队司令，马尔库斯·屋大维率领希腊舰队，卢西乌斯·斯克利波尼乌斯·里波率领伊利里亚舰队，攻打多拉培拉的军队，将之全部歼灭，因此把安东尼乌斯围困在库里克塔岛。为此，巴西鲁斯和萨鲁提乌斯的军队从意大利赶来救援，霍特西乌斯的战舰中队也从第勒尼安海赶来。可是二者在敌人优越的海军面前都无法实施援救。

安东尼乌斯的队伍已经开始出现骚动和叛逃现象，由于军需物质缺乏，他的两个军团不得不听天由命。除去用木筏运到陆地的几支队伍，其余部队全被庞培俘虏整编，被俘虏整编的部队包括15个步兵分队，每支队伍大概有300—600人。屋大维继续留下，负责在没有反抗能力的伊利里亚海岸沿线地区的受降工作。庞培接受了这一地区最强大的几个部族达尔马西亚人、岛城伊萨（里萨）和附近城镇的投诚。可是萨罗那（斯帕拉托）与里索斯（阿勒斯欧）却是恺撒的忠实拥护者，他们一直坚守不降。萨罗那还在极度艰苦的情况下不仅守护城池，更是发动了一次强烈的反攻，迫使屋大维不得不暂时撤兵，把军队开赴至提尔哈基翁过冬。

在伊利里亚的战斗中，庞培舰队的战果非常可观，可是，就总个战局而言，对于内陆地区的局势并无多大影响。相比于他庞大的海陆军队的总体力量和规模，这点战绩就显得微不足道了。整个公元前49年，战火纷飞，庞培舰队的战功却只有这可怜的一点点。而在东方，由元帅和元老院统领坐镇的地区，资源丰富，经济发展迅速，兵源充足，拥有强大的陆军军队和主力舰队。但是他们却迟迟没有发动对西方的决定性战争，这一切都让人琢磨不透。庞培坚持"非优势军力坚决不出动"的原则，加上东方帝国兵力过于分散，而他的部队行军调度也相当迟缓。造成陆军蛰伏不动这一状况的主要原因很可能是他与元老院的联盟存在分歧。而且，纵横地中海的无敌舰队在整个战役之中也是几乎寸功未立，它既没有协助西班牙和马西利亚，也没有协助防御撒丁尼亚、西西里和非洲，不仅没有夺回意大利本土，也没有成功阻挡敌人军需物资的运输。从这其中，我们不难看出庞培体系阵营的混乱和利益扭曲。

战争的最后结果大家也可以预料，恺撒取得了这一年战争的决定性胜利。虽然恺撒输掉了伊利里亚和非洲的战争，但是，他成功地完成了对西班牙的攻击，就连西西里和非洲的战争，他也小有斩获。恺撒成功夺取西西里，粉碎了庞培对意大利的围城攻击。西班牙军队的溃败也致使庞培阵营的整体作战计划完全打乱，而恺撒所布防的意大利也只是受到了一点点不大的考验。

虽然恺撒军团在西方的征战没有受到庞培在东方的任何实质性阻挠，但是，在这段耻辱时期，庞培联盟在这一地区的政治和军事却得到了极大的巩固。在他们的大本营马其顿聚集了庞培元帅本人和从勃隆度辛乘船过来的元老院移民，以及由西方涌过来的难民——马尔库斯·伽图自西西里而来，卢西乌斯·多密提乌斯则来自于马西利亚。还有数目众多的由阿夫拉尼乌斯和法罗这两位将领率领的西班牙溃败官兵。

在意大利，移民不再只是贵族的一种荣誉，更是形成了一种时尚。特别是恺撒在伊利里亚战败的消息传到意大利后，那些政治墙头草早就已经偏离转向，就连马尔库斯·西塞罗也最后让自己相信，只是写一些安抚民众的论文，没有很好地尽到公民义务。元老移民在特萨洛尼卡这个临时落脚点已经有接近200人聚集，当中有很多德高望重的老人，当年的执政官阶层的人基本都在。

他们现在是实实在在的移民，这一点确实没错。这些罗马的考布兰兹们的确像一些非常会装模作样而毫无成就的街头混混一样，他们还沉浸在已经过时的元老院的回忆之中，坚持陈旧的政治理念及经济的尴尬。在这腐朽而即将坍塌的建筑面前，他们守护着最后的残砖烂瓦和那些锈渣，可是这些已经没有丝毫作用了。这些元老们还在做着那些荒唐事，把自己的审议会称之为"元老院"，还装模作样地取名叫"三百人团"，仔仔细细、一遍又一遍地去审查那些在罗马城外他们议定的"元老院"法规是否合法，真是够荒唐的。

更加糟糕的是怀柔派的冷漠和极端派的偏激。怀柔派对任何事情是既不愿意行动也不愿意闭嘴，如果要他们去从事某一项公众服务，他们就会认为这是针对他们的阴谋诡计。对于命令采用冷漠不理的态度，就算不得不去行动，也是千般的不情愿。但是当事情发生以后，他们又会跳出来，指责一切，说他们早就预料到了这种结果。政令实施时也会百般阻止，说那样不可能取得任何成效。他们平日的工作就是指责、讥讽、嘲笑，对任何事物不管大小总是唉声叹气，心怀不满，这种人就是典型的无能弱者。

另一方面，极端派的行为则表现得相当过激，他们主张战斗到底，强硬地表示：只有砍下恺撒的头颅战争才会结束。他们拒绝恺撒的一切和谈试探，甚至极端到斩杀恺撒派过来的和谈使者。那些公开支持恺撒的人，几乎都会被剥夺财产和生命。至于那些中立者，也基本上不会有好下场。科菲尼乌姆的逃将卢西乌斯·多密提乌斯曾在会议上提出：庞培元帅和元老院的长老们必须做出决议，对于那些中立派和未参军的移民究竟该如何处置，是免罪，是罚款，还是剥夺生命财产？而有一个极端分子，他以卢西乌斯·阿夫拉尼乌斯防御西班牙失败为由，指控他的腐败与叛国。

这些无可救药的共和派，他们完全把不符合实际的政治理论当作神圣教条。因此，他们讨厌庞培，讨厌他的一切拥护者，讨厌那些怀柔派的政治主张，对他们的讨厌程度甚至超过了公开的敌人。可以这样说，他们有着教神学家那些固有的沉闷、顽固的恨意，到处煽风点火。移民者军队与元老院的矛盾冲突中全部有他们的身影。最糟糕的是，他们并不只是说说而已。马尔库斯·比布鲁斯、提图斯·拉宾努斯伙同这一派的一些极端分子把恺撒麾下的官兵俘虏集体处死，用以实现他们的理论。这种做法非但没有影响打击恺撒军团的士气，他的部队战斗反而更加凶猛无畏。为什么说恺撒在意大利没有掀起反革命浪潮，他们这一派的解释则是：担忧共和派复辟，因为那样，共和派将会进行清算报复。

对于这些残暴行为，庞培阵营中那些理智的有识之人极度厌恶。庞培也是一个勇敢的战士，他极力宽恕所有的俘虏，俘而不杀。但是他的性格缺陷就是过于优柔寡断，面对逼迫一退再退，使自己陷入左右为难的境地。他的元帅身份形同虚设，根本就不能阻止这些狂暴之徒的施暴行为。只有马尔库斯·伽图坚定地认为战争也必须包含人性道德，极力阻止这些暴行的发生。是他促使元老会颁布法令，禁止烧杀抢掠城镇，禁止非战时损害公民利益和杀害公民。能干的马尔库斯·马塞鲁斯也积极支持这些法令措施。没有人比伽图和马塞鲁斯心里更清楚，极端主战派绝对会采取一切威胁、恐怖手段来实行他们的理论，甚至会对元老会的命令弃之不顾。假如现在不能想方设法限制住这种极端恐怖思想，那么战后他们必将掀起新一轮的残暴统治。这种统治政策，即使昔日的暴君马利乌斯与苏拉也会觉得遍体生寒，恐惧不已。对此我们就能够理解为什么伽图会公开说：我们派别的胜利会比失败更令人担忧。

　　总司令庞培一手掌握着马其顿阵营的军事力量，可是他的处境却非常尴尬。在经历了公元前49年的战争失利后，他的处境就更加尴尬了。在他们派系内人士看来，一切责任都应该由他承担。但是对他的这些责难从各方面来看都是不公正的。他们阵营的失败应该归咎于他的副官卢西乌斯·多密提乌斯与执政官林都鲁斯，他们对于他的命令阳奉阴违，从中作梗，各种政令实施也是百般阻挠。虽然庞培与恺撒的军事天才相比，存在一定的差距，但是在历次战斗中庞培总能把军队的损失降到最低，因此保存了大部分的军事力量。这些大家都清清楚楚，所以就此责难于他明显有失公允。可是，人们一般只会看到最后的结果，把这作为衡量的唯一标准。立宪派因为支持庞培上位，与恺撒彻底站在了对立面。现在局势极度危险，随时面临失败，他们除了责难庞培外，别无他法。现在他们也不可能撤换最高统帅，因为其他将领更加无能。可是，现在所有人对庞培都已经失去了信心。

移民的到来加大了战争失败的苦果。聚集起来的难民中不乏能征善战之人，这其中有大量西班牙战败过来的军将，但他们却大部分没有加入战斗。但是那些自称为总督、大将甚至名位可以与庞培不相上下的贵族却更多，他们是不情愿服军役的，他们这群人住着精美的帐篷，帐篷的地面上还铺着漂亮的新皮革，壁上挂着长春藤作为装饰，满桌都是银器，就算是白天，他们照常纵情享乐，纸醉金迷。恺撒军队中那些蛮子跟他们相比天差地别，他们啃着黑面包，装备破旧，甚至黑面包也没得吃，就开始啃树皮，但是他的军队团结严谨，宁愿啃树皮，也绝无叛逃者。

更糟糕的是，庞培的所有行动命令都必须跟元老会商议，而且元老们私下里对他也并不满意。后来，元老会移民们把住所搬到了庞培司令部的隔壁，这时候他的处境变得更加尴尬难堪，元老移民们随时把所有罪责直接宣泄到他头上。发展到最后，再也没有人能阻止这群害群之马的错误行为了。庞培本人的智慧处于二流水平，而且性格优柔寡断，处事笨拙保守，太过于守成。其实马尔库斯·伽图道德高尚，威信权威也足够，绝对会是他最好的助手。但是庞培妒贤嫉能，把他边缘化，而不重用他。就比如舰队司令员这一职务，他委任给了毫无能力的庸才马尔库斯·比布鲁斯。

庞培在政治能力方面确实有很大欠缺，他固执己见让自己本来就尴尬的处境变得越加难堪。可是就军事管理来说，他还是取得了一些成效，这点是值得嘉奖的。他费尽心力把自己数量可观的军队重新集中进行整编加以训练。他以自己从意大利带来的精锐军队为核心，整编伊利里亚的战俘，加上定居希腊的罗马人，组建了5个军团。另外还有3个军团——来自于东部的克拉苏残部整编成两支军团，以及把西里西亚两支比较弱小的军团整编成一支。

召回这些占领军没有遇到任何困难。这有两个原因：一是庞培和帕提亚人和谈达成和解，假如不是因为帕提亚人提出把帝国的叙利亚行省割让给帕提亚这个要求太过分，遭到庞培严词拒绝，他们甚至会达成联盟。二是恺撒的策反计划失败。他派遣两个军团开赴叙利亚，以亚里斯多布鲁斯被俘因于罗马为借口煽动犹太人再度叛变。但是恺撒这一计划完全失败，一个原因是亚里斯多布鲁斯过早逝世，以及其他一些意外状况；另外一个原因就是，那时的庞培已经组建起了新的军团。一支由原来的克里特和马其顿的老兵驻军组成，另外两支则由小亚细亚的罗马人组建。再加上来自西班牙的精锐部队和附庸国军队组成的2 000人志愿军，来自罗马行省和保护国的军队人员组成的7 000人骑兵团（这支骑兵队伍除了贵族卫队以外，并没有太大的军事价值，他们的成员由罗马行省贵族青年和庞培亲自配备的阿普利亚奴隶组成）。

另外，庞培的舰队数量也非常可观。包含有从勃隆度辛撤回的，后面新建造的，来自埃及王的、科尔基斯诸王的，来自西里西亚王塔孔狄摩托斯的，还有来自提罗、罗得斯、雅典、克基拉诸城的，亚细亚和希腊各个海洋国度的。舰船总数量在500艘左右，其中罗马舰船占到1/5。而且，庞培在提尔哈基翁储备有大量的军事物资，军备武器充足。在这里，庞培派系掌控着税收财政，这些附属国所有的元老、商会，以及他们掌控之下的所有罗马人、非罗马人都是他们的税收财力来源。庞培派系动员了一切力量，这些力量包括合法政权名誉能影响或掌控范围内的所有力量，受庞培庇护的非洲、埃及、马其顿、希腊、西亚和叙利亚的力量，还有关心罗马存亡忠于罗马共和国的力量。在军营里，庞培被尊称为"万王之王"，意大利有传言说庞培已经在武装基提人、科尔基斯人和亚美尼亚人反抗罗马，这些都不能说仅仅是夸张之说。

庞培统帅的所有兵力统计如下，总计有骑兵7 000人，陆军军团11个（是的，这其中至多包含5支精锐军团），舰船500艘。庞培十分注重军需物资的储备供应，对士兵薪资毫无拖欠十分用心，并且制定了丰厚的战争犒赏抚恤制度，这些都极大地激励了士气，几支精锐军团更是士气如虹、战斗力可观。但也存在缺陷，因为部队中新兵过多，虽然不断进行强度训练，可是训练时间还是显得太紧。总的来说，军队数量庞大可观，但是比较混乱。

庞培总司令制订的计划是于公元前49年至公元前48年之间的冬天，陆军军团和海军舰队必须在海岸和埃壁鲁斯水域完成战斗动员。海军舰队司令比布鲁斯已经率领舰队合计110艘舰船到达克基拉新指挥部集结完成。陆军兵团行进稍显缓慢，夏季指挥部原来位于哈利亚克蒙的贝尔呼阿，现在正缓慢地沿着沿海公路，从特萨洛尼卡向西海岸线进发，最后抵达未来的总部提尔哈基翁。麦特鲁斯·西庇阿从叙利亚带过来的两支军团将在亚细亚的本都斯过冬，然后在开春时才能到达欧洲。实际上，他们军团的整体行动都显得比较缓慢。因此埃壁鲁斯的各大港口除了舰队驻扎之外，只有当地的一些民兵团和新征士兵在执行防卫任务。

所以，就算恺撒正在进攻西班牙，他也极可能对马其顿发动进攻，恺撒可不是一个行动指挥迟缓没有远见的人。在很久以前，他就下达了征集战舰、运输船只到勃隆度辛的命令。而且他在取得了西班牙和马西利亚的胜利后，就迅速把麾下的大部分精锐开赴到此地。由于此次恺撒的极端要求，他的军队折损率比战时更大，这也导致了他麾下最早的4支军团中的一支——第九军团，行军到达普拉森齐亚时发生兵变，从这可以看出士气的危险性。最终恺撒凭借其临危不乱的个人魅力和军事威望完成了对军队的全局制衡统筹，最终这一战区的登船出征未受到任何阻碍。

可是恺撒遇到了跟公元前49年3月无法追击庞培一样的原因——舰船缺乏，这对他此次远征同样是一个巨大的威胁。恺撒勒令高卢、西西里与意大利各大港口赶工建造的舰船还没有建好，就算建好了也不能马上投入使用。一年前，他的亚德里亚海舰船中队在库里克塔全军覆没，他此时在勃隆度辛的舰船数量不超过12艘，运输舰队一次只能运输原拟定运往希腊的兵力12个军团1万骑兵的1/3。而且敌人驻兵于亚德里亚海的舰队力量相当强大，特别是东海岸上的陆地和所有岛屿上的港口。

面对这种形势，恺撒为何不从陆地直接进军？这样部队就可以从伊利里亚直接穿越过去。这是个值得关注的问题，因为采用这条捷径的话，既能避免敌人海上舰队的威胁，也能使其行军更加迅速。因为他的军队基本上都来自于高卢，从勃隆度辛出发军队行军速度会变得缓慢。虽然伊利里亚当地土地贫瘠、民众困苦，但是没过多久也有部分军队从此穿过，并没有遇到任何问题，况且这些困难并不能阻挡高卢征服者的脚步。也许他担心自己的军队从伊利里亚艰难穿越过来之时，庞培早就命令他的军队主力渡过亚德里亚海到达意大利了，这样他们就调换了现在的攻防位置。虽然这种行军速度，他的缓慢的对手是不可能达到的。也可能是恺撒错误估计了自己的舰队数量，当他从西班牙了解到亚德里亚海的形势时，这时再改变计划为时已晚。也许是由于他果断的性格决定，这种情况可能性最大。根据目前形势，他判断埃壁鲁斯海岸并没有防备，而敌人数日之内必将集结，因此他准备破坏敌人的整体计划，再次先发制人。

无论是何种原因，最终，恺撒在公元前48年1月4日登上了战舰。他此次统领着6个军团以及600骑兵，可是由于行军途中的困苦及疾病，兵员大大减少。虽然这一次他比较幸运，但也能够跟他远征不列颠之时的愚蠢相比了。他们在人烟稀少的阿克罗克劳努（奇玛拉）悬崖的中部帕雷阿萨抛锚登陆，最后到达埃壁鲁斯。从拥有18艘军舰的奥利孔港和舰队指挥部克基拉，都可以清楚地看到恺撒兵力的运输登陆，但是港口舰队却不敢进攻，指挥部这边则进攻已经来不及，他们只能眼睁睁地看着恺撒军队登陆。恺撒的舰队即刻回航运第二批士兵，他本人率领军队于当晚登上了阿克罗克劳努群山。他的军队行动的成功与敌人的措手不及形成鲜明对比。埃壁鲁斯的民兵没有做任何抵抗，重要港口奥利孔与阿波罗尼亚以及一些小镇被恺撒成功占领。此时庞培的补给基地提尔哈基翁由于守卫力量薄弱，已经危在旦夕。

此次战役，恺撒除了最开始取得辉煌战绩以外，此后遭受了极大的挫败。比布鲁斯为弥补之前的疏忽过错，极力阻击恺撒的军队。他不但严厉打击了恺撒的运输舰队，连掠带烧损毁缴获战舰接近30艘，而且对其防卫内的全部海岸线进行了严密布控。他克服了恶劣的气候环境，不顾从克基拉运输补给的困难，运来了水和木头。事实上，其继任指挥里波（他由于不习惯这种艰苦劳累，很快就倒下了）将勃隆度辛封锁了很长一段时间，到最后由于补给不足及淡水严重缺乏，他们才不得不从占领的小岛撤退。最后，恺撒的后续部队无法及时运达支援，恺撒也没能占领提尔哈基翁。庞培最终从恺撒的和平使者那里得到了恺撒即将进犯埃壁鲁斯海岸的情报，急忙命令军队急行军赶赴提尔哈基翁进行防卫。

现在，恺撒的处境变得极度危险。虽然他极力拉长了埃壁鲁斯的战线，但是他也面临军力薄弱、难以维系战线的窘境。敌军则拥有对海洋的全面制衡，其军需库提尔哈基翁的补给也极其充足。这时恺撒的兵力不超过2万，庞培却至少有4万军队。军力对比如此悬殊，他根本不敢向庞培发起进攻。幸好此刻庞培并未逼他与之决战，而是稳稳当当地驻扎于阿普索斯河右岸（恺撒在河的左岸），在提尔哈基翁和阿波罗尼亚之间安营扎寨度过冬季，等待他的东方兵团在春季到此集结，到时就可以以绝对优势一举击溃恺撒的军队。

就这样，几个月过去了。假如气候好转以后，恺撒的军队仍旧驻扎在埃壁鲁斯的荒石野地之中，面临西边的海军舰队和东边的优势陆军围困，那么他必败无疑。他现在唯一的希望还是运输舰队。可是运输舰队要想突破封锁线或者与封锁舰队进行对抗，也几乎不可能。可是，既然他已经展开了第一步愚蠢计划，那么第二步他也不得不实施了。恺撒的狂妄自负和危险处境从一件事中可以看出：当时运输舰队迟迟不能抵达，他竟然提出独自乘渔船横渡亚德里亚海，率领运输舰队前来的计划。最终，这个计划由于找不到水手冒险而不得不放弃。

　　幸好他忠心耿耿的副手并不需要他现身才会采取行动。此时马尔库斯·安东尼乌斯为了救援自己的主人，亲率运输舰队——由4个兵团和800骑兵组成，从勃隆度辛出发向埃壁鲁斯挺进。运输舰队很幸运，一股强大的南风让他们直接冲破了里波的封锁。可是这股风虽然帮助了他们，却也使他们直接越过了恺撒和庞培的军营，把他们带到了提尔哈基翁北面的里索斯，很巧合的是这座城镇还是支持恺撒的。当时情况很危急，他们从提尔哈基翁经过时，庞培的舰队向他们追逐而来。安东尼乌斯率领的运输舰队才抵达里索斯，庞培的舰队就追了过来。此时幸运之神再次站在了恺撒舰队这一边，风向突然回转，庞培舰队被完全打乱，一部分吹向大海，一部分吹向海岸。因此，这惊人的幸运巧合竟然使恺撒完成了第二次兵力运输。

　　安东尼乌斯距离恺撒有着4天的行军路程，中间还隔着提尔哈基翁和整个庞培军团。安东尼乌斯冒险行军，很幸运他绕过了提尔哈基翁，与迎面而来的恺撒军队在阿普索斯河右岸相遇。庞培原计划是阻止两军会合，以逼迫安东尼乌斯单兵作战。可惜计划不成，于是他在基努萨斯（乌施科莫宾）河岸布下军阵（此河位于阿普索斯河跟提尔哈基翁之间，与阿普索斯河并行），军队蛰伏不动。此时恺撒认为可以开战了，庞培却避而不战。恺撒故技重施像在伊利尔塔一样骗过了敌人，他命令步兵军团急行军，直插庞培军营和基地提尔哈基翁中间。

　　巴尔干山脉自东向西延伸，在提尔哈基翁的狭长地带停止，同时朝东南方向延伸出侧脉，距离提尔哈基翁大概14英里，这条侧脉环绕成一个半月弯形态向海岸伸出，最终与主山脉合围成一块平原，背靠海边，一块陡峭的岩石置于其中。此时庞培元帅驻兵在此处，虽然恺撒的陆地军团阻断了他跟提尔哈基翁的道路，但是他却并没有为军需补给担忧，因为他的舰队可以不停地在他与提尔哈基翁之间往返。而恺撒此时军需补给不容乐观，虽然他的军队可以向后方城镇征粮，恺撒此时也在尽全力建设运输线路以便补给军需物资，但是小麦面包却缺乏严重，他们不得不以肉食、大麦甚至树根来代替。

天性慢吞吞的庞培仍旧没有任何行动，于是恺撒开始制订占领庞培军营周边高地的行动计划。计划一旦成功，那么恺撒退则可守，也方便阻击庞培强大的骑兵团，制衡提尔哈基翁；进则可攻，迫使庞培决战或者逼他登舰撤退而去。恺撒将多达半数的军事力量开赴内陆地区，剩余部分则用来包围两倍于己的敌人军队。这是一种疯狂的堂·吉诃德式的自杀举动，况且敌人优势兵力集中一处，并且有海洋和庞大的舰队作为依托。可是恺撒的军队最终顽强地抢夺了连绵16英里的封锁据点，形成一条包围内线。然后在外围布置了一条防线，用以防御来自提尔哈基翁的攻击。因为提尔哈基翁的敌人有舰队作为后盾支撑，能够轻易地围住恺撒的军团形成反包围圈，最终实现战略逆转。

庞培对敌人的战壕发动一次次试探性攻击，以打乱敌人的战线布防，但是他并不愿意发动正面进攻来打开敌人的包围圈。他另外挖了一条战壕，这条战壕位于他的军营与敌军战壕之间，首尾相连。对阵双方竭力把各自战壕向前方推进，但是由于双方小规模的战斗冲突不断，战壕挖掘工作相当迟缓。同一时刻，恺撒的部分军队正与提尔哈基翁的守军发生小规模的战斗。恺撒计划与部分守军串通夺取该要塞，但是被对方海军舰队阻挡。各个据点之间战斗冲突不断，有时候甚至在同一天6个据点同时发生战斗，恺撒的部队将士骁勇善战，每次都能占据优势。比如：有一次恺撒的一个步兵队在战壕里成功阻挡敌人4个军团数个小时，直到援军前来救援。战斗的双方都没有取得可观的战果，可是庞培军团面临着全面包围的压力正渐渐加大。恺撒截断了自高地流下的溪流，致使庞培军团只能靠劣质的井水来补充日常所需。更严重的问题是，庞培海军舰队无法解决骑兵战马的饲料供应问题，战马损失、死亡很多。就算把战马直接运往提尔哈基翁也不能解决饲料缺乏的问题，因为在提尔哈基翁同样缺乏饲料。

庞培必须立即摆脱这种不利的处境。凯尔特的逃军传来密信，恺撒军队海滩沿线的两条战壕距离600英尺，这段距离没有任何围墙阻挡。庞培以此制订突围战斗计划，同时夹击恺撒的内外两条战线，一边用陆军兵团猛烈攻击内线，一边用舰队轻装部队进行外线攻击，同时把第三支军队开到了内外线战场中间。靠近大海的战壕被庞培攻占，守军失败溃退。马尔库斯·安东尼乌斯是另一段战壕的指挥官，他指挥军队坚持作战顽强阻击，终于挡住了庞培军队的前进步伐。除了造成军队双方的人员伤亡以外，海岸线附近的战壕全部被庞培军团占领，恺撒的包围线被攻破。

不久之后，庞培军团有一支军队不幸落单，被恺撒军团猛烈攻击，但是此支庞培军队作战英勇，再加上战场上土墩密布战壕纵横，导致恺撒军团的右翼和骑兵军团迷失方向。恺撒这部分军队原计划是支援左翼进攻庞培军队，可是他们步入了一条从废弃兵营通往河边的狭窄战壕。庞培亲率5个军团急忙驰援而来，他发现敌人军队分散，两翼统筹失和，其中一部分处于废弃营房位置。恺撒军团见庞培正面进攻，惊恐万分，纷纷溃逃。最终战斗以恺撒损失1 000精锐士兵告终。如果不是地形复杂同样不利于庞培军团作战，如果不是庞培疑心太重害怕中计而停止进攻，恺撒的损失将更大。

就算是这样，恺撒在这几天的战况同样很悲惨。他不但失去了历时4个月才艰辛完成的战壕，而且又迫使他重新回到了起始位置。庞培的长子盖奈乌斯在此次战争中战功显著，他袭击了敌军的奥利孔港，直接捣毁了恺撒数量本就不多的舰船，舰船一部分被烧掉，一部分被俘获掳用，此后不久他又烧毁了位于里索斯的运输舰队。为此，从勃隆度辛对恺撒进行增援是绝无可能了，而且曾经被恺撒封锁的庞培骑兵军团此时也重新纵横四野，这样让恺撒军团本来就困难重重的粮草征集，变得雪上加霜。因为恺撒没有舰队，所以他针对敌人强大的海军舰队制订的大胆攻击方案已经完全失效。从目前的战争形势来看，他只能采取守势，已经不能再对提尔哈基翁和敌军发起有效进攻了。此时只有庞培能够选择有利进攻时机了，而他的敌人此时正为军需供给伤透了脑筋。

战争进入了转折点。在这之前，庞培从来没有制订任何主动出击的作战计划，每一次他都是被动防守。这本就无可厚非，他可以拖延下去，广征士兵，调动更多的后备军力，充分利用他的优势海军亚德里亚舰队。恺撒的战略和战术都已经失败了。不过虽已将他打败，但庞培也没有取得意料之中的战果。恺撒手下身经百战的老兵，凭借顽强的作风扛住了饥寒交迫和哗变的压力，所以并未完全溃不成军。现在庞培仍然占据主动权，能否取得战争的最后胜利，全在他的操控之间。

庞培必须主动出击，他也下定了主动进攻的决心。他有3种方式可以赢得胜利：一是最简单地主动攻击敌人，若敌人退避，坚持乘势追击；二是迫使恺撒所率领的主力精锐留在希腊，自己亲率主力开赴意大利——他早有此计划——在那里，共和观念深入人心，况且恺撒和其精锐都被拖在了希腊，已经无法对大局造成影响；三是进军内陆，与麦特鲁斯·西庇阿的各军团合兵一处，将恺撒留在内地的驻军——他们在从意大利开赴过来的第二支护航编队到达后，立刻派出特遣队，前往埃托利亚与特萨利亚寻求军事援助，同时下令盖奈乌斯·多密提乌斯·卡尔文努斯统属的两个军团，沿着艾格纳提乌斯大道向马其顿推进，以期阻击从特萨洛尼卡沿同一条线路前进的西庇阿军队——围而歼之。

卡尔文努斯与西庇阿距离数英里之时，西庇阿的军队突然转向南方。接着，迅速横渡哈利亚克蒙河——伊季山脚得卡苏拉河，把这个负担丢给了马尔库斯·法沃尼乌斯，西庇阿亲率精锐直入特萨利亚，朝卢西乌斯·卡西乌斯·隆基乌斯所率的恺撒新兵部队发动进攻，意图攻占此地区。但是隆基尼乌斯穿越山地撤退到了安布拉奇亚，和恺撒派往埃托利亚的盖奈乌斯·卡尔维希乌斯·萨宾努斯军队胜利会合。西庇阿只能派遣色雷斯骑兵军团进行追击，因为他的预备队伍留在了哈利亚克蒙河，此时正面临被卡尔文努斯吞没的危险。最后，卡尔文努斯与西庇阿便在哈利亚克蒙河畔安营扎寨，对峙了很长一段时间。

庞培有很多计划可供选择，但恺撒却没有任何选择的机会。自从德利丘姆失利以后，他被迫撤退到了阿波罗尼亚，庞培在其后紧追不舍。从提尔哈基翁到阿波罗尼亚，道路艰险行军不便，中间河流纵横，切断道路，这种地形极不利于败军撤退，更何况后面追兵紧追不舍。可是，庞培亲率精兵追击4天之后不得不选择放弃，因为恺撒军团士气未泄，兵将统帅调度也极其合理。现在他不得不面临远征与深入内陆的抉择，看起来选择远征利益会更大，而且大部分的人都赞成远征。可是庞培不愿意舍弃西庇阿的军队，更何况他计划此次能够将卡尔文努斯的军队一网打尽。

此刻，卡尔文努斯的军队正行进在艾格纳提乌斯的路上，处于庞培跟西庇阿之间的赫拉克里亚亚旁边的埃格纳提乌斯公路上，距离恺撒的军队甚远，离庞培的大军较近。再说，他应该不知道提尔哈基翁的战败跟自己的危险处境，原因是恺撒战败以后，所有乡野地区全部倒向了庞培，恺撒的情报人员大部分被追杀或遭到逮捕。直到距离敌人军队只有几个小时的行军路程时，卡尔文努斯才通过斥候得知军情。于是他急转往南，向特萨利亚行进，这才避免了全军覆没的危险，最终庞培只能救援西庇阿，此外再无其他战果。

此时，恺撒也丝毫未损地到达了阿波罗尼亚。自从尝到了提尔哈基翁的败果之后，他计划将军队开赴内陆，以避开敌人的海军舰队优势，他最终遭遇失败就是因为敌人的舰队优势作用太大。他之所以将军队开赴阿波罗尼亚，一是为了安置受伤的将士，二是为了下发军饷，他的军需补给站就建在此处。随后，他命令军队开赴特萨利亚，并在阿波罗尼亚、奥利孔与里索斯留下驻守防御的卫队。卡尔文努斯也统率属下向特萨利亚行进，因为特萨利亚有利于恺撒与自意大利而来的昆图斯·科尼菲西乌斯所属的两个军团会合。此次，科尼菲西乌斯统领的军团是从伊利里亚通过陆路行军而来的。

恺撒艰苦地穿越了阿沃斯山谷，穿过横跨于埃壁鲁斯与特萨利亚的山脉，抵达佩内伊欧斯河畔。卡尔文努斯也到达了此处，两军经由距离最近、最为隐蔽的路线，在佩内伊欧斯河源头不远的埃奇尼翁胜利会师。两军会师后，遭到了第一座特萨利亚城镇的顽强抵抗，但是经过猛烈攻击，攻取了城镇。此城镇惨遭灭城掠夺，其他特萨利亚城镇全部闻风投降。就这样，经过一系列的进攻，再加上新占领地区的军需物资供给逐渐补充其所需，前一段时间的战败遭遇渐渐被遗忘。

因此，庞培虽然取得了提尔哈基翁的胜利，但战果并未扩大。他行动指挥不灵的步兵和数量极多的骑兵，竟然无法追击歼灭逃入山区的弱小敌军。恺撒和卡尔文努斯两军得以顺利脱险，并且在特萨利亚胜利会师。眼下，如果庞培军团直接开赴意大利可能会更好，因为在意大利他必定会取得成功。最后，他竟然只派遣了一支分舰队前往西西里和意大利。此时的联盟军营之中，已经将提尔哈基翁战役认为是一场完全的胜利，一致认为，接下来只需要做好搜捕残余敌人的工作。以前他们过于小心谨慎，现在则开始疏忽狂妄自大。他们毫无察觉，他们真正意义上的追击是失败的，他们必将在特萨利亚遭遇整装一新的恺撒军团。远离海岸线，放弃舰队支撑的优势，追逐敌人并且到达敌人选择的战场，无疑风险极大，可是，庞培不顾一切、迫不及待地要与恺撒决战，以便尽快将其打败俘虏。伽图负责指挥提尔哈基翁的18支步兵团和来自克基拉的300艘舰船。庞培则跟西庇阿经由不同行军路线，赶赴佩内伊欧斯河下游，在拉里萨会合。

拉里萨的南边是一片平原，佩内伊欧斯河的支流埃尼佩乌斯河从平原上横切而过。恺撒把部队驻扎在支流的左岸，临近法萨鲁斯镇。庞培则在右岸的小坡上与其遥遥相对。庞培的军队已经汇集完毕了，但恺撒还有将近4个军团的兵力尚未抵达，这4个军团包括从希腊出发由昆图斯·福菲乌斯·卡雷努斯统率的接近两个军团的军力，以及由科尼菲西乌斯率领的从意大利伊利里亚赶来的两个军团。庞培军队包含11支军团（共计4.7万人）和7 000人骑兵团，步兵是恺撒军力的2倍，骑兵则是7倍。恺撒军团此时正处于人困马乏的处境，总共8个军团，能够参与作战的人数不超过2.2万人，是其军队数量的一半。庞培军团此时士气高昂，马匹数以万计，军备充足，而恺撒则勉强能维持军队作战能力，现在唯有等待秋收的到来。此时庞培军队由于上次战役刚刚取胜，正处于士气高昂的时期，军队信心十足。

各个方面都有利于庞培速战速决，原因是在他们与恺撒在特萨利亚对峙期间，贵族军官们久居国外水土不服，他们在军事会议上极力催促战争应该速战速决。这些贵族大人们认为已经胜利在握了，他们现在已经开始讨论恺撒的任期事务，也已经把信函发回罗马，准备在广场附近租住房屋用来筹备下次选举。此时群情激昂，因为庞培正为渡过溪流之事犹豫不决。这条溪流横隔在两军之间，恺撒是军力太弱才不敢渡过溪流。有传言说，庞培之所以犹豫拖延，是因为要更久地享受阿伽门农这一角色，享受统领众多执政官级别人物的乐趣。

庞培最终退让了，他准备发起进攻，让本来认为暂时不会有战事的恺撒不得不严阵以待，此时的恺撒正在准备计划进攻敌人侧翼，以此向斯科图萨前进。

因此，法萨鲁斯之战于公元前48年8月9日正式爆发，战场几乎就位于150年前罗马击败马其顿的地方，那一场战争为罗马对东方的统治奠定了基础。庞培将军队右翼布置在埃尼佩乌斯河岸边，而恺撒的军队左翼被布置在河岸的起伏之地。其余两翼被布置在平原荒野，一方是以骑兵掩护突击，另一方则是依靠轻武装步兵。庞培的计划是用步兵作为防卫依托，用骑兵团击溃敌人的弱势骑兵和轻甲步兵的混编队伍，再在背后攻击恺撒左翼。庞培的步兵队伍在交战之初勇猛异常，支撑着开局。拉宾努斯的骑兵团遭到了恺撒骑兵的顽强抵抗，但抵抗时间很短暂，随即溃逃。他将骑兵团向左边进发，准备向步兵团发起进攻。

然而，恺撒早就料到了骑兵团的败局，他在其后布置了2 000最精锐的步兵待敌。敌人骑兵正追击恺撒溃逃的骑兵，突然遭到恺撒精锐步兵的猛烈攻击，顿时骑兵团阵势大乱，不得不全速逃离战场。恺撒的步兵乘胜追击，趁势击溃了敌人毫无防卫的弓箭手，然后朝庞培左翼进攻。此时，恺撒的预备部队也展开了全面进攻。庞培的精锐部队遭遇惨败后，不仅让敌人士气大振，而且也造成了本方军心涣散，将军们的表现尤为明显。庞培一直对自己的步兵军团不抱信心，此时发现自己的骑兵团惨遭溃败，不等恺撒全面进军的交战结果就弃军返回军营。随后整个军团军心开始动摇，不久后就败退渡河，返回营地。此次撤退中，庞培军团损失惨重。

就此，庞培军团此日大败而回，造成许多兵士将领伤亡，但是并没有损伤其军队根基，他此时的处境，相比于当初恺撒在提尔哈基翁的战败要安全很多。恺撒明白运气不会一直站在自己这一边，但是只要自己努力坚持，运气就一定会重新回来。可是庞培不一样，他认为运气是永恒的，如果失去就不会再回来，于是他陷入了绝望之中。恺撒身处逆境之中会顽强拼搏，越战越勇；但庞培面临逆境之时却会不战而降，最终信心彻底丧失。塞托里乌斯一役，庞培就曾有过面临优势敌军准备弃职而逃的劣迹。此次，庞培看到自己的军队渡河溃逃同样是这样的心理，他弃统帅职位不顾，用最快速度骑马冲向海岸营地。

他的部队因为失去领袖而遭到严重失败。虽然庞培承认，西庇阿和他一样拥有军队最高指挥权，但实质只是徒有其名而已。他的目的是躲到营区后方，寻求庇佑罢了，可是恺撒没有给他喘息的机会。虽然罗马跟色雷斯的军队作战顽强，但不久后仍然被击溃了，他们不得不撤退到营地后面的山坡高地上。他们计划越过小山脉撤退到拉里萨，可是恺撒军队不顾人困马乏，也不顾收缴战利品，而用最快速度控制了平原地区，截断了败退敌军的退路。实际上，庞培败军在当晚停下来休整后，后面的追兵犹有余力，竟然挖掘了一条战壕布置下了防线，截断了庞培军队附近的唯一水域。

到此，法萨鲁斯这一天的战役宣告结束。恺撒的军团以损失200士兵的代价，不但击退了敌军，更取得了此次战役的胜利。庞培军队在此处战场伤亡接近1.5万人。第二天早晨，聚集在一起接近2万人的庞培军向恺撒军队投降。只剩下几支小队伍（没错，这里面还有很多著名的军官）逃进了山区，11支庞培军，有9支落入恺撒之手。恺撒没有像比布鲁斯和拉宾努斯那样去对待俘虏。他告诫自己手下军队：虽然是敌对双方，但同样也是同胞兄弟。但是恺撒现在觉得必须采取一些极端措施：他下令把底层士兵全部编入军队，级别略高的处以罚款或没收其财产，那些被俘虏的贵族军官和长老除少数外，全部处死。现在已经过了宽恕时期，内战时间越长，越是翻脸不认人。

公元前48年8月9日的战争结果，过一段时间自然能辨识清楚。以前那些因为庞培军力强大而在法萨鲁斯一战中倒向庞培的人，如今全部开始支持恺撒。庞培算是彻底失败了，那些不愿承担战败责任和被迫卷入战争的人，全部倒向了胜利者一方。以前属于庞培附庸的各个城镇、国王和部族，如今把派遣出去的海陆军队全部撤回，并拒绝庇佑战败者。迈加拉小镇很可能是唯一的例外，此镇一直承受着恺撒军团的攻击。而曾经战胜过库里奥的努米底亚尤巴国王，则决心与战败军同生共死，因为他坚信他的土地必将被恺撒吞并。

受到保护的各个属国自然都会倒向法萨鲁斯的胜利者，立宪派的残余分子则以一种敷衍的心态加入到了其中，而像马尔库斯·西塞罗这一类，过去曾像巫师围绕布鲁肯山那样围着贵族政体大献谄媚者，也都全部向新的君主妥协效忠了。而新的君主非常不屑地宽恕了他们，很有礼节地接受了他们的请求。可是战败军中的精英分子并没有屈尊投降。贵族的政权体制已经摧毁了，但是贵族永远不会成为君主政权体制的拥护者。人类的最高启示同样会烟消云散：曾经神圣的宗教可以沦为欺骗的谎言，曾经崇高的政权体系，如今成为罪恶诅咒之源。但就算如此，最后的垂死挣扎也同样能找到其虔诚的坚信者。虽然这种信仰不会再有太大的能量，但是它也会有始有终，最终会随着时光流逝，这些教义信仰会跟其信仰者一起被黄土埋葬。新的一代，必将挣脱前者的死亡阴影，重新君临天下，统治这个焕发的新世界。

罗马就是这样。虽然贵族统治已经沉沦到了深渊的最底层，但它曾经是辉煌伟大的政权体制。那很久以前征服意大利，消灭汉尼拔的熊熊圣焰，一直在罗马贵族的心中持续燃烧，只要贵族不灭，这火焰也会一直燃烧下去。这也导致旧政体跟新政体的人不会真正至诚至信地交流。立宪派们大多只是表面臣服而已，他们认同君主政权，只是为了讨好恺撒，得到他的原谅和保护。自然，他们也会抱有重新得势的一线希望。那些碌碌无为的立宪分子大多都是这种做法，然而，那个以前跟恺撒决裂的马尔库斯·马塞鲁斯则选择自我放逐于雷斯博斯岛。但是，总而言之，在那些真正的贵族中，冲动者要多于反省者。毫无疑问，这是一种自我欺骗的心理在作祟。他们不敢去面对自己的灰暗前途，而且还担忧胜利者对其进行报复。

　　恐怕没有人比马尔库斯·伽图将这种形势判断得更加清楚明白了，他既不对其恐惧也不对其抱有太多希望。自经过伊利尔塔和法萨鲁斯之役以后，他觉得君主政权体制已经是不可避免的趋势，但是伽图拥有足够的勇气面对这一切，并能够做出良好的应对。他现在已经开始犹豫立宪派是否应该继续作战，他知道，这场注定会失败的战争还会牺牲更多不明白为何而战的无辜之人。他决心继续反对君主政权体制，但并不是为了胜利而是寻求最光荣快速的灭亡。凡是愿意接受君主政权体制出现而不愿随着共和政体一起灭亡的人，他都不会把他们卷入战争旋涡。他坚信，假如共和政体仅仅只是受到威胁，那么就有强迫那些怀柔派加入战争的权力。但是现在，他发现强迫别人与共和体制共存亡是件极其无理而又残酷的事。他遣返了所有愿意回到意大利的人，不但如此，当共和狂热分子小盖奈乌斯·庞培要处死这些人——特别是西塞罗时，伽图凭借自己的道德威望阻止了这一切的发生。

庞培也没有想过和平共处。假如他是一个真正配得上他所处地位的人，那么他就能明白，一个拥有王者之心的人是不会再去做一个平常人的，如果一个人抱着这个希望的话，那么就将再无退路。庞培假如能够请求恺撒手下留情，那么恺撒很可能会大度地放过他，可是庞培没有这样做。与其说这是因为庞培的灵魂品质高贵，还不如说是因为他的灵魂太过卑微。可能是他不敢相信恺撒的胸襟，也可能是在遭遇了法萨鲁斯的惨败后，他那稀里糊涂的大脑产生了新的得胜希望，他决定继续拖延战争，开辟新的战场。

就这样，虽然恺撒平复了民怨，压制了反对者，但是战争还在继续。法萨鲁斯之战所有重要的人物均参与了，虽然除了卢西乌斯·多密提乌斯·阿希诺巴尔布斯被杀外，无人受到伤害，但内部也变得四分五裂，再也不能参加战斗会议。这些大人物大部分通过陆路来到了马尔库斯·伽图率领的预备军队驻扎的克基拉，还有一些是穿过马其顿草原并翻越伊利里亚山脉，剩余的则是通过舰队抵达。

伽图在克基拉主持召开了一次军事会议，与会者包括麦特鲁斯·西庇阿、提图斯·拉宾努斯、卢西乌斯·阿夫拉尼乌斯、小盖奈乌斯·庞培等人。但是由于主帅缺席，而且其下落不明，再加上派内意见分歧太多，最终没有达成任何协议。最后的结果是，各自从维护自身利益出发，选取自认为有利于共同利益的行事方针，各行其是。因为水面上漂浮有太多的浮萍，谁也不能保证哪一根可以漂浮最久而不会沉没。

因为法萨鲁斯之战，他们失去了马其顿和希腊。没错，伽图（他在知晓法萨鲁斯战败的消息后，立即退出了提尔哈基翁）仍然占据着克基拉，伯罗奔尼撒也被鲁提利乌斯·卢普斯掌控在手中。目前来看，庞培军队依然可以在伯罗奔尼撒的帕特雷稳住阵脚，可是传来卡雷努斯军队推进的消息后，他们出于畏惧不得不从这里撤退。他们也没有死守克基拉的意思。自从取得提尔哈基翁的战役胜利后，被派遣到意大利和西西里海岸的庞培舰队取得了不小的胜利，他们攻占了勃隆度辛、墨西拿和维博港，毁掉了恺撒在墨西拿赶工打造的整支舰队。但是那些来自小亚细亚和叙利亚各国的加入庞培军队的战船，因为法萨鲁斯之战失败后被各国召回，至此远征舰队的战果被完全抵消。

此刻，小亚细亚和叙利亚均无双方军队。只剩下法那西斯的博斯普鲁斯部，用恺撒的名义占领了敌人的大部分地区。此时，加宾尼乌斯的罗马军部队人数颇多，他们召集了意大利的大量流浪汉，征召了叙利亚和西西里的盗匪加入军队。可是不久之后，埃及舰队被召回。因为亚历山大里亚宫廷不愿再支持战败方，他们不愿意将自己的军队给战败者使用的意图很明显。

而西方的形势要好很多。西班牙人民非常同情和支持庞培，最后致使恺撒不得不放弃攻占非洲的计划。现在西班牙半岛只要出现一位略有能力的领导者，动乱将不可避免。而庞培在非洲地区的唯一同盟——努米底亚王尤巴，他是此地区的实际统治者，自从公元前49年完成备战后，他没有受到任何军事滋扰。

据此，虽然东方因为法萨鲁斯之战而地盘全失，但是在西班牙地区仍然可以继续作战，而非洲地区则有能够取得辉煌胜利的机会。原因是，努米底亚身为罗马属国，他们去抵抗叛乱的罗马人不能算是叛国者。可是据此为依据的话，也终究是一个奇耻大辱。在这次战争中失去希望信仰的人放弃了所有的权利和荣誉，他们不再顾及法律道德，像墙头草一般，态度随时跟随风向转变。他们时而跟随在独立的邻邦联盟之后，时而利诱以前的公敌加入战争。到最后，他们口头上臣服于君主政权体制，背地里却时刻想着利用暗杀的手段来恢复实现共和制。

战争失败者溃退的同时谴责辱骂君主政权体制，这是一种身处绝境的自然体现。山脉和大海自古就是最佳庇护所，所有的罪犯，一切遭遇不幸的人，受到压迫不得不反抗的人，他们全都栖息在这些地方。庞培及其共和派从山脉、大海出动，向恺撒的君主政权体制发起抵抗攻击也就自然而然了。更具优势的是，他们拥有庞大的组织，并且目标明确，能够进行大规模的海上军事掠夺行动。虽然东方各国召回船队后，他们损失惨重，但是他们的海军舰队实力依旧庞大，而此时恺撒的舰队则名存实亡。他们跟为了自身利益而与恺撒对抗的达尔马西亚人结成联盟，再加上他们管制防御着大部分海域和港口，这些有利条件足以使他们发动一次海战。苏拉为了寻找民主派，曾经一手策划了塞托里乌斯之战，这场战争由海盗最先发动，后来波及内陆，最终演变成一场大战。所以，假如伽图所属的贵族派或者庞培的拥护者能够展现马利乌斯民主派的精神和火暴斗志，假如在他们之中能够诞生一个真正的海上君王，那么他们极有可能建立一个独立于恺撒君主政权体制外的不可征服的海上共和国。

更加可耻的是他们为了完成反革命，竟然想把独立的邻国拖入罗马内战的泥潭。法律审判和良心谴责对叛国者的处罚比对盗匪更加严苛，假如盗匪作为胜利者回归本国则很容易被接受，但如果是人民公敌回国那就不会被人民所容忍。再者，假如想凭借此途径进行共和复辟基本毫无希望。能够帮助共和派的国家只有帕提亚，但是该国是否赞成共和政权体制本身就是个大问题，它为了共和派而跟恺撒开战则更是希望渺茫。

很明显，共和派夺权时机未到。

此时战败者正被命运驱赶着，那些下定决心继续抗争奋战的人也不知从何下手。行动果决的恺撒决心放下一切追剿庞培。原因是，庞培作为他唯一看作是将才的对手，只要能够追捕到他，就能促使一半对手（也许这是最危险的一半）瘫痪，从而失去作战能力。他率领部分士兵越过赫勒斯蓬特海峡——达达内尔海峡。在此处他遭遇了前往黑海的敌军舰队，舰队因为法萨鲁斯传来的消息军心涣散，全部缴械投降。他做好必要的准备工作后，赶往东方继续追捕庞培。

庞培从法萨鲁斯战场上撤退后到达雷斯博斯，在此处，他带上了妻子和次子赛克斯图斯，然后乘船绕过小亚细亚途径西里西亚，到达塞浦路斯。他原本可以在克基拉或者非洲与他的本部会合，但是他讨厌并拒绝见到那些贵族同盟，想到自己在法萨鲁斯遭遇惨败并弃军逃跑，现在将会遭受何等的接待嘲讽，他宁愿直接去见帕提亚王也不愿跟伽图照面。他正在塞浦路斯向罗马裔的农民商人收钱，准备装备新征召的2 000名奴隶之时，听到了安齐奥基亚公开支持恺撒的消息。为此他打消了前往帕提亚的念头，转航前往埃及。埃及军有许多是他的老部属，这里的形势和丰富的资源为他提供了重新开战的时间和机会。

此时的埃及，托勒密·奥勒特斯已经过世，他的孩子，16岁的克娄巴特拉和10岁的托勒密·狄奥尼索斯遵照遗嘱一同登基。随后不久，弟弟或者说是弟弟的监护人波泰努斯把姐姐赶出了埃及。她不得不在叙利亚寻求庇护，同时做好回国准备。正当庞培在卡西乌斯岬角抛锚下水获取登陆许可之时，托勒密和波泰努斯为了保卫东方沿线，防范克娄巴特拉，正率埃及全军驻守在佩鲁西翁。埃及王朝早就已经知晓了庞培的惨败，他们原本准备拒绝庞培，此时国王的教师特奥多图斯指出，假如这样做，庞培可能会利用其在埃及军中的影响力唆使他们叛乱，不如借此良机除掉庞培，这样既安全，又利于向恺撒示好。对于希腊世界的政治家而言，这种政治推论相当有说服力。

于是国王军将领和庞培昔日的几名部下乘船到达庞培军舰之上，邀请他前往岸上与国王会晤。他们借口水浅，请他乘坐他们的小船。庞培刚登上陆地，护卫官卢西乌斯·塞普提密乌斯直窜而出，从背后刺死了他。庞培的妻子和儿子在舰船之上只能看着这一切发生，无法拯救，无法报复。就这样，公元前48年8月28日，庞培走完了他的一生，而就在10年前的这一天，那是他战胜米特拉达梯，豪情万丈地踏入首都的日子。他是一个可以堪称"伟大"的人，统治罗马多年，最终死在了不好客的卡西乌斯海边他的老部下手里。

一个好的将领，但是其心智和胸怀终究有限，短暂的30年，命运以极其相似的方式频频给他递出桂枝，他因为解决了一连串不难解决的问题而显得光芒万丈。命运允许他采摘所有别人的成果，使他拥有了至高无上的权力——但这最终的结果，只是为了告诫大家，一切伟大和不朽都有可能是虚幻的。人生可叹可感，最可感慨的是人们眼中的你比实际的你要优秀很多很多，因为真正的盖世君王，1 000年也不一定会出现一个。假如庞培不是如此外强中干，那么，我们可以说庞培是罗马众多君王中的第一个。

正当恺撒追击庞培抵达亚历山大里亚的抛锚地之时，一切都结束了。当谋杀者将他昔日的女婿、多年同事、战友的首级带上他的舰船之时，恺撒激动地扭过头去。他追到埃及，只是为了活捉庞培。莽撞的暗杀者替恺撒解决了他应该如何对待俘虏庞培的问题。恺撒拥有一个强大的灵魂，在他的胸中除了雄心豪情之外，还有一丝同情怜悯。这些同情怜悯足以使他宽恕自己以前的朋友。除此之外，从利益角度出发，他也不会处死庞培，只会通过其他手段剪除他的力量。整整20年时间，庞培已经成为罗马根深蒂固的实际统治者，就算他死了，也不能完全消除他的影响力。庞培的死并没有让庞培派系解体，只是标志他的儿子作为新生力量取代了老一辈的领袖地位。他的两个儿子年轻有为，活力十足，特别是他的次子赛克斯图斯更是行事果决、能力卓越。所以，那才成立不久的君主世袭政体就被谋位世袭政体顶替了，就像寄生的绦虫一样。因此，对于恺撒而言，庞培之死是福是祸暂时还很难判定。

事实上，恺撒已经没有留在埃及的必要了，埃及的所有人都认为他会立即担负胜利后的重任，准备开始征服非洲。但是恺撒有一个习惯，他会就地处理好所有事务。因为他坚信罗马的防卫部队和埃及王朝不会反抗他，再加上目前刚好财政困难，于是他抽调了两个混编军团——3 200步兵、800名凯尔特和日耳曼骑兵——把埃及皇宫作为指挥部，准备筹集军需资金，同时处理埃及的王位继承事宜——丝毫不顾波泰努斯的激烈顶撞。恺撒是不会为了些许小事，耽误自己大事的。

可是风暴已经在秘密酝酿了。亚历山大里亚是跟罗马一样的大型城市，不仅人口众多，而且商业、手工制造业、科技、艺术比罗马更加繁华昌盛。它的公民深深以自己的国家地位为荣。虽然他们政治情感不足，但是也会有一种不安的精神，促使他们能像如今的巴黎人那样热衷于街头暴动。所以，在他们看到自己国家的皇宫被罗马将军占据，国王的继承由罗马将军定夺时，心中的愤怒可想而知。波泰努斯和年幼的国王对恺撒为了自身利益不断武装威胁掠夺不满，也对他干涉国政不满（那绝对是对克娄巴特拉有利的），对他为了满足罗马铸币场的需要大肆搜刮神殿的宝物、金器不满。埃及人虔诚到了一种迷信的程度，他们为自己拥有世界著名的豪华宫廷感到深深的骄傲和自豪，他们认为这是他们自己的私有宝物。当他们看到神殿的墙壁被掏空，皇宫的器皿换成了木制的，愤慨的怒火再也无法压制了。

罗马军队长期盘踞在埃及，许多罗马将士已经跟埃及妇女通婚了，几乎是被埃及给同化了，再加上军队中许多庞培以前的老部下、逃走的意大利罪犯和奴隶，他们同样仇恨恺撒，是恺撒阻止搁置了他们在叙利亚前线的行动计划。他们仇恨他手下那一群傲慢无礼的将士军官。在罗马人持械进入埃及皇宫的时候，引发了埃及人的强烈骚动，罗马士兵在城内不断遭到暗杀。这些状况，无不提醒恺撒及其手下将士，现在的处境极度危险。可是，这时节西北风盛行，要在此时航海离开几乎不可能，况且，此时率军登上舰船极可能发生军事叛变。再说，事情未处理完就离开，与恺撒的本性不符。

因此，他立即下令从亚洲增派援军，与此同时，他表现得极度自信。在亚历山大，他的军队度过了一段美好的时光；克娄巴特拉美丽聪慧，对待恺撒极度谄媚热情，恺撒也明确表示，在一切战果中一向最令他满意的便是美女。这是一场战争灾难降临之前的狂欢。阿基拉斯统帅罗马占领军（后来证实，他是接到了埃及国王和他的监护大臣的密令）意外出现在亚历山大里亚，并向恺撒发动进攻。埃及公民看到后，也跟随着参与军事进攻。

恺撒并未慌乱，他立即召集士兵，逮捕了埃及国王和列位大臣，占据了宫廷和剧场。剧场前面港口中的舰船因为来不及救援，被他下令烧毁。然后，他便搭乘小船占领了法罗斯灯塔小岛。这样他不仅能保证有效的防御范围，而且也能保持军需供应和援兵抵达的道路畅通。同时，恺撒向小亚细亚司令及最近的属国叙利亚人、那巴提安人、克里特人与罗得斯人下达赶赴埃及救援的军事命令。

同一时间，公主阿星纳和心腹加尼墨得斯率领叛军，扫荡全国，其中首都战况最激烈。首都的街道充斥着大大小小的战斗，恺撒计划占据更大的活动空间，打算攻占主城后面的马雷阿湖，以获取淡水资源和劫掠粮草物资，最终计划全部失败。但亚历山大里亚人也无法彻底断绝被围困者的饮用淡水，虽然他们把海水倒灌进了恺撒占领地区的尼罗河河道，但是幸运的恺撒军队在海边打井，成功地掘出了可供饮用的淡水。

因为陆战无法战胜恺撒，于是攻击者烧毁了他的舰船，意图切断他的海上补给线。灯塔岛靠防御海堤与陆地相连，岛和海堤把整个港口分割开，然后在海堤上开有两个闸口保证港口两边连通。恺撒盘踞在港口东边和灯塔岛上，而埃及民众则占据了海堤和西边港口。恺撒的船只仍旧可以在港口自由出入，而亚历山大里亚的舰船全部被捣毁了。亚历山大里亚人意图纵火攻击，由西边港口攻进东边，未果。于是他们用军备库剩余的军事物资组建了一支小舰队，意图阻挡由小亚细亚过来的一支装载着一个军团兵力的舰队，因为恺撒的罗得斯人海战经验丰富且航海技术精良，亚历山大里亚人的行动失败了。

但是，不久之后，灯塔岛即被攻克。这个地方靠近停泊大型舰船的东边岩石港口，迫使恺撒的舰队不得不漂浮在东边港口外的海面上，此时，海洋跟他的联系越来越薄弱了。在浅水下锚地，恺撒的舰队遭到敌人优势海军的连番袭击，他们既不能退避回到港口——灯塔岛被攻占，内港被敌人控制——也不能撤退，因为如果丢失浅水下锚地，恺撒就彻底断掉了与海洋的通道。罗得斯的海军和水手们作战勇猛，舰船驾驶技术娴熟，恺撒以此打退了敌人一次次的攻击。但是，亚历山大里亚人的援军源源不断，攻击一刻都未停止。恺撒的舰队只能死死防守，任由其不断发动进攻，只要战败一次，恺撒就可能被困死在港口内，甚至被一网打尽。

必须重新夺回灯塔岛。于是恺撒从两面同时发动攻击，一面是由小船攻击港口，一面则是用舰船发动海上攻击，重新夺取灯塔岛占领海堤的前半部分。恺撒在攻克了第二个海堤出口后，下达了停止战斗的命令。他在此处修筑围墙，隔绝城市。但是在围墙周围，两军发生了激烈交战。罗马军队因为没有对灯塔岛附近的海堤防御进行增援，被一支埃及舰队突袭得手。他们从后面对聚集在围墙四周的罗马士兵和水手发起攻击，将其全部驱赶到了大海里。大约有400名士兵和多于此数的水手惨遭溺亡，只有极少数人被罗马舰船救援上来，就连恺撒也不得不躲入船中，但该船因为严重超载而即将沉没，恺撒只能逃到另一艘船上。虽然最终伤亡惨重，但是，恺撒攻下了灯塔岛，把海堤到第一出口的地段完全掌握在了自己手上。

增援部队终于到达了。为首的是本都斯的米特拉达梯率领的一支由黎巴嫩首领下的伊都利亚人、伊阿布里修斯下的贝督因人、安提帕特罗斯下的犹太人以及西里西亚与叙利亚的团体所提供的军队混合编成的联军。米特拉达梯在抵达当天，就顺利地攻克了佩鲁西翁，经此从大道向孟菲斯进军，他计划在尼罗河尚未分歧改道的三角洲处渡河。在这行军途中，他得到了居住在此的犹太人源源不断的资助。

埃及人在小国王托勒密的统率下（恺撒为了平复叛乱，释放了他，但终归无益），派出了一支队伍，计划在尼罗河岸阻击米特拉达梯。还未到孟菲斯，两军便在所谓的犹太营地发生了遭遇战。最终，接受过罗马战术训练的米特拉达梯成功地在孟菲斯渡河。恺撒在得到援军到达的消息后，命令舰船运输部分军队到达亚历山大里亚西端的马雷阿湖，部队沿尼罗河逆流而上，最终与顺流而下的米特拉达梯会合。

两军顺利会师。恺撒开始沿河追击撤退的埃及国王，直入三角洲，尽管埃及国王前锋军拼命抵抗，但不久就被击溃摧毁，军营也被攻破。他们的军营驻扎在尼罗河与沼泽地之间的高处，与河水仅隔着一条小径，但沼泽地却无法涉足。恺撒下令同时从正面和侧面对尼罗河小道进行攻击，同时派遣第三小队深入军营后面的高地。最终，大获全胜。埃及军营被攻占，国王的士兵溃逃。那些逃往尼罗河中的士兵，多由于舰船超载沉没而溺亡，连他们的国王也死在这里面。

此战结束，恺撒亲率骑兵团出击被埃及人占据的首都地区。敌人身穿丧服，手捧神像前来迎接他，向他投降。那些留守的军团士兵见他胜利回归，欣喜无比。这座胆敢阻碍他征服世界、差点将他毁灭的城市，如今又重新回到他的手里。不过，恺撒是一个真正的君王，他并未采取极端的复仇措施，反而，用当初对待马西利亚人的方式去对待亚历山大里亚人。他站在埃及人民面前，指着那座因为战火而失去了大谷仓、图书馆和其他一些重要公共建筑的城市，劝勉他们要专心去爱那些和平的艺术，并鼓励大家重拾信心，早些忘掉战争的伤害。

另外，他让犹太人在亚历山大里亚获得了与希腊居民同等的权利。罗马占领军被正式的防卫部队替换，这支防卫部队以当初遭受围攻的两支军队作为主力，再加上随后从叙利亚调过来的一支军团，恺撒亲自选择任命鲁菲奥为军队指挥。鲁菲奥作战勇猛，他的父亲是一个由奴隶获释的自由人，因为这个原因，他必定不会辜负恺撒对他的重用。在恺撒的庇护下，克娄巴特拉和她的弟弟获得了埃及的王权。阿星纳被遣返回意大利，避免成为埃及人再度叛乱的借口。埃及人有着典型的东方惯性思维，他们忠心于王朝统治，却对国王其人态度漠然，塞浦路斯被划入罗马行省西里西亚的版图。

与罗马国内震惊世界的大事件相比，亚历山大里亚的动乱固然显得微不足道，却影响甚远，恺撒为它放下了本职工作，在公元前48年10月到公元前47年3月之间，以身涉险地跟犹太人和贝督因人一起制止了这座城市的暴动。与此同时的国内，一切都已经向他臣服，独裁统治已经开始了，君主政权体制已经形成，但是君王却还未归位。所以，在这段时期里，社会显得动乱不堪，跟庞培派系一样，恺撒派系也缺乏一个领头人。所有事务，全部依赖那些相对精明的军官处理决定，但是真正有益的决定大多只是运气使然。

没错，从内战开始，立宪派在埃及占据绝对统治地位，这里的形势非常严重。一直到法萨鲁斯之战，尤巴王等都是埃及的"实际"统治者。他灭掉了库里奥，他的军队主力是轻骑兵和数量众多的弓箭手。庞培委派到此的总督根本毫无作为，就连库里奥军败被俘的罗马将士也只能交给尤巴王处置，眼巴巴看着他们被处死或发配内陆。

形势在法萨鲁斯之战后开始转变。除了庞培之外，战败领袖没有一个想要向帕提亚逃离。他们很少考虑要通过力量联合来统治海洋。伊利里亚海域的马尔库斯·屋大维孤立无援，不能获取有效战绩。共和派跟庞培派系大量流亡到达非洲，原因是，只有在这里才能找到对篡位者发动战争的合法理由。法萨鲁斯战役的残存军队，提尔哈基翁、克基拉与伯罗奔尼撒的防卫部队以及伊利里亚舰队的残余海军，经过一段时间后，渐渐纠集到了一起。副总司令麦特鲁斯·西庇阿，庞培的两个儿子盖奈乌斯和赛克斯图斯，共和派政治领袖马尔库斯·伽图，优秀军官拉宾努斯、阿夫拉尼乌斯、佩特雷伊乌斯和屋大维，也在此处会合了。

与其说移民者的能量变小了，不如说他们的狂热信仰增强了。

在停战协议的伪装掩护下，他们持续地杀害俘虏和恺撒的部下。不仅这样，那蛮性不改的党派偏执狂尤巴王甚至下达了最高指令，但凡发现有城镇胆敢支持敌人，一律焚烧摧毁，男女老少一个不留，有几个城镇便是毁于这残暴的命令之下。就连繁华的省府乌提卡，若不是伽图极力干涉劝阻，恐怕也难免要被屠城，因为这座城池自古以来便是努米底亚王忌妒的迦太基宝石，况且，这个城池的公民确实有意倾向于恺撒。

恺撒和他手下的诸多将领，暂时都没有攻击埃及的迹象，这给埃及与共和派结盟，并重新整备政治、军事力量留下了足够的时间。第一个要解决的问题是，庞培死后留下的总指挥职位由谁来继任。法萨鲁斯战役之前一直在非洲担任此职位的尤巴王，有意接任。实际上，他现在并不认为自己只是罗马的附庸，他认为自己是同盟者，更是保护者，他私下用自己的名号设计并铸造了罗马银币。他甚至认为，罗马诸位领袖应该放弃紫袍这一官方着装，而只有他自己可以穿。麦特鲁斯·西庇阿也要求得到这一职位，原因是，庞培曾经把他放在同等地位——尽管此举是因为其岳父身份，而非出于对他军事才能的看重。自封为总督的法罗，也提出由自己担任最高指挥的主张，他的理由是一旦打起仗来，战场将落在他统辖的行省之内。然而，军队方面则坚决推举他们的指挥官马尔库斯·伽图。

毫无疑问，军队的选择是最正确的。对于这个责任重大的职位，伽图是唯一集精力、魄力、权威于一身的人选。先不说他的军事才能，单就听他广开言路、统御部下这一能力，就比法罗和麦特鲁斯·西庇阿好上很多。然而，最终的选择却落在了公认的无能者西庇阿身上，而这个决定的推动者，恰是伽图本人。

　　伽图这样做，并不是觉得自己无法承担这份责任，也不是因为虚荣心理作祟故作矜持，更不是为了表示对西庇阿的尊重——他压根儿瞧不起这人，所有人都知道他做事全无条理章法，他之所以拥有一定的影响力，只是因为庞培是他的女婿。而伽图之所以这样做，完全出于他自己偏执的形式法律主义。正出于这种偏执，他宁愿共和体制自然摧毁，也不想通过不合理的程序加以挽救。在法萨鲁斯战役之后，他跟马尔库斯·西塞罗在克基拉会合，然后迫不及待地让出克基拉的军事指挥权，原因便在于西塞罗担任着西西里的行政长官且还拥有将军军衔。然而，正是这种谦虚礼让，让这位政治家无比痛苦，他憎恨自己的才略和战绩。这简直让一干"不知所谓"的人惊掉了下巴。

　　此刻，更加棘手的问题出现在了伽图眼前，他决定仍然按照以上的方法对待。考虑了新任军队领导的问题后，他决定将总司令职位交由西庇阿担任。这个决定，让他和法罗的备选也推迟了下来。然而此时，积极向尤巴王提出要求的人，也只有伽图本人了。由于他的努力，罗马贵族得以保留在这个地方的尊严，使者们并未觉得罗马有示弱之感，相反，他们觉得伽图是在要求自己履行作为一个属国应尽的职责。尤巴王迫于罗马在非洲的军事力量将自己的要求压到了最低，而西庇阿却底气不足，答应尤巴王军队的军饷由罗马国库支付，且在胜利后，要把非洲行省割让给尤巴王。

　　随之，"三百人"元老院和总司令一起出现了。这个设于乌提卡的元老院，同意由最富有、最高贵的骑士阶级来填补此前损失的人员。

所有可以打仗的男人，包括从奴隶中解放出来的自由民和比亚人，都在伽图推动的军备活动中放下了农活，应征加入了军团，使得大量农田都抛荒下来。征兵结果自然十分壮观，包括法罗早先征集的2支部队，8支由难民与本地人组成的部队和4支尤巴军，一共组成了14支重步兵军团，都是按照罗马军队的标准装备起来的。除此之外，不包括尤巴军的骑兵，拉宾努斯带来的凯尔特人和日耳曼人还有1 600多骑兵，还有一些零散的，这是重骑兵力量。轻装部队则由马弓手、步弓手和不计其数的努米底亚人组成，后者骑在光裸的马背上，不用鞍鞯和缰绳，只拿投枪作武器。此外，尤巴的120只象队和普布利乌斯·法罗与马尔库斯·屋大维所统率的550艘战舰，对于军队实力也是一个极大的补充。

由于缺钱，非洲的资产家们甚至也被允许在元老院担任元老，加上元老们自行的募集钱粮终于得到了补充。没有防御工事的城镇和仓库的谷物，都被转移到了易于防守的要塞。恺撒的缺席，让他的部队人心惶惶，西班牙和意大利的骚动使人们逐渐忘却了法萨鲁斯的惨败。

恺撒在埃及错过的战机，使得他不得不自食其果。庞培死后的非洲，有的只是不堪一击的乌合之众和钩心斗角的统帅。但如今，在伽图的不懈努力下，一支庞大的敌军出现了，几乎不弱于法萨鲁斯战役中的对手，出色的将军们团结在有力的领导者周围。恺撒的非洲远征，似乎从一开始就充满曲折。尽管在远征军登船之前，他在意大利和西班牙做了一些部署工作，但还是未能杜绝将要发生的骚乱。按照恺撒的计划，会有4个军团在南西班牙省总督昆图斯·卡西乌斯·隆基尼乌斯的率领下渡海至非洲，与西毛里塔尼亚的博古德王会师，再共同向努米底亚与罗马的非洲行省进军。但是，拟定的4个军团是由两个原庞培军团和数量众多的西班牙人组成的。庞培在当地深得人心，恺撒派总督的专制和无能，使得不满和骚动开始在他手下蔓延，最终叛乱开始了。众多军队和城镇加入了反总督一派，反叛者们也开始酝酿着树起庞培的旗帜。机会难得，庞培的长子盖奈乌斯也闻风而至，在西班牙登陆。而一些德高望重的恺撒派也开始质疑总督，北西班牙省总督随即前往镇压。

然而，在毛里塔尼亚建立根据地的计划流产后，盖奈乌斯·庞培再想转往西班牙，已为时过晚。所以，公元前47年秋，当被恺撒派往西班牙替换卡西乌斯的盖约·特雷波尼乌斯抵达时，发现反叛已经平息。但是，叛乱不但使得原本计划于西班牙出发的非洲远征军未能成行，还使得本可以用来克制尤巴的博古德王也被调去了西班牙。

祸不单行，一场更严重的骚乱出现在了驻守南意大利的部队中，出现在了那些与恺撒在高卢、西班牙、特萨利亚并肩战斗过且为他夺得了王位的老将士之中。恺撒的胜利，并不能使他们满足，而南意大利的闲暇时光，却让这些军队精英变得懒散起来。恺撒对他们的严厉，加之损兵折将，让这些勇士们积怨已久，这些铁汉子们心中的不满，在远离战争的日子中慢慢发酵。他们已经有太长时间没有见到心中那位一呼百应的盖世英雄了——那曾与他们朝夕相处的恺撒，甚至这一年之内，他们都没有听见过他的消息。而对于手下那些曾经征服了世界的士兵们，这些军官也由着他们胡作非为，因为他们对部下的畏惧要多过部下对他们的畏惧，这些军队精英很担心士兵们哗变。

而今，战火再起，这些已经习惯坎帕尼亚安逸生活的战士们要再度漂洋过海，远赴西西里，加入到堪比西班牙及特萨利亚之战的残酷战斗中去。长期松弛的神经，被这突如其来的张力给绷断了。士兵们向恺撒派来的军官扔石头，以表达对他们的鄙视和对他们所带来的命令的抗拒。他们索要恺撒曾经许诺过的犒赏。军官们为了避免眼前的暴乱而答应增加犒赏的妥协，非但没有奏效，反而助长了士兵的气焰。成群的士兵集体出发，前往首都向将军索要犒赏，几个意图阻止的军官也被他们杀掉了。

　　形势危在旦夕。为了避免可能发生的掠夺，恺撒要求少数留守城中的士兵据守城门。接着，他出现在了骚动的士兵中，质问他们想要什么。"遣散！"士兵们回答道。他们的要求立即得到了恺撒的应允。他又说，曾经许诺给他们的奖赏，以及已经决定但尚未宣布的土地分配，所有这一切，都将在他和留下来的战士得胜之时得到实现，然而，至于新的胜利成果的分配，便和眼下这些遣散的人无关了。

　　恺撒高明的回应，让叛乱的士兵始料未及，他们只不过想要用遣散讨价还价，以证明他们是非洲这一战役不可或缺的中坚力量，而今，恺撒却将他们说成了可有可无的一部分。这让他们无比失落，一时间不知道该怎样将谈判进行下去。他们忘却了效忠恺撒的誓言，恺撒却信守承诺，而且追加了犒赏，这让他们深感羞愧。而且更重要的是，当他们的战友们得胜归来时，他们再也没有资格享受荣耀，只能作为旁观者，这一切都让戎马半生的战士们陷入了绝望，尴尬至极。其中至为重要的，就是恺撒的亲临，那种感动是无法言明的——士兵们相视无言，僵然而立，不知所措。终于，他们齐声哭喊着，恳请恺撒允许他们再度与他并肩作战。等到士兵的情绪达到顶点，恺撒便慷慨地原谅了他们，并且减去带头叛乱者1/3的犒赏，作为惩罚。这简直是历史上最伟大、最成功的心理战，无人能出其右。

这次兵变，给恺撒的非洲远征带来了不可忽视的影响，可以肯定的是，兵变推迟了非洲之役的到来。当恺撒站在里利贝翁的港口准备登船时，他最有经验的士兵还在路上，而计划中的10个军团，也只集结了包括5支新兵队伍在内的6个军团，就这样，恺撒他们和必要的船只辎重出发了。

秋季的大风，让停泊在迦太基湾前的敌军舰队无法出击恺撒的舰队，同时也吹散了恺撒的舰队。当恺撒乘机在哈德鲁梅（苏萨）附近登陆时，跟他在一起的只有包括大部分新兵在内的3 000人和150个骑兵。哈德鲁梅守军的抵抗，迫使恺撒放弃了进攻的想法，转而攻取了两个相邻的海港，鲁斯皮纳（苏萨附近的莫纳斯提尔）和小雷普提斯。然而，在这里扎营让恺撒感到深深的不安，以至于他不得不将骑兵留在船上，随时给船只供足水源，以便在遭到强势突袭时可以迅速登船撤离。令人欣慰的是，被大风吹散的其余舰船陆续抵达了。

在庞培一方的骚扰下，恺撒的军队粮草匮乏，他不得不在第二天便率领3个军团冒险前往内地。在鲁斯皮纳不远处，恺撒遭遇了拉宾努斯的部队，拉宾努斯想把他逐离岸边。恺撒清一色的步兵军队很快就被只有骑兵和弓箭手的拉宾努斯军队包围了，暴露在敌军的弓箭之下。然而在恺撒的指挥下，队伍全线调动，缓解了两边的压力，继而勇猛的反击使得恺撒军团成功脱身。虽说如此，撤退却是不可避免的，倘若鲁斯皮纳不是近在眼前，摩尔人的标枪可能再度演绎帕提尼亚人的弓箭在卡里带来的惨烈局面。

初次交锋便让人心有余悸，敌军新的战术，让恺撒预感到了接下来战事的艰苦，他决定，在老兵到达之前，不再让自己的新兵们冒险推进。为了更好地对付敌人，他在等待的时间里准备了大量远程武器，分配给船员，让他们充任轻骑兵和弓箭手，虽说结果并不理想，但是，恺撒说服了阿特拉斯山南撒哈拉沙漠的山坡中的盖突利亚游牧部族，让他们反对尤巴王。在马利乌斯与苏拉战争时期，庞培使他们成为努米底亚人的属民，他们因此倾向马利乌斯的继承人恺撒，而尤古尔塔之役则让他们念念不忘。作为尤巴的敌人，毛里塔尼亚的两个国王，廷吉斯的博古德与尤尔的博库斯，也成为恺撒的盟友。此外，普布利乌斯·西提乌斯，这个18年前摇身从一个破产的意大利商人变作毛里塔尼亚的强盗头子，并在利比亚人的斗争中赢得了声望和党徒的卡提林派，也从没有停止过对尤巴王的斗争，他和博库斯一起进攻努米底亚，攻占了重镇西尔塔。他们与盖突利亚人的攻击，迫使尤巴王不得不同时在南北两线作战。

恺撒军团被挤在一个6平方英里的地方，依然举步维艰，其情形一如当初提尔哈基翁的庞培。虽然舰队带来了充足的谷物，马匹的草秣却极度匮乏。敌军骑兵的优势并没有因为恺撒的努力而减少，甚至连经验丰富的老兵们也无法攻入内陆。这个时候，如果作为总司令的麦特鲁斯·西庇阿能够主动放弃沿海诸城，也许他就能够像帕提亚人歼灭克拉苏、尤巴歼灭库里奥一样，将恺撒一举歼灭。至少，这样做可以拖延时间，那对远征的恺撒来说是致命的。这种战略似乎是西庇阿的最佳选择，连算不上战略专家的伽图都劝他这样做，并表示愿意率领部队登陆意大利，召集共和派武装起来。在那种混乱的局势下，他的想法显然极有成功的可能。然而，伽图不能越俎代庖，西庇阿还是决定让战争沿海岸进行。

战略选择的错误，是使共和派走向失败的其中一步，更为严重的是，这一选择使得他们的军民陷入了一种可怕的心境。严酷的征兵、苛刻的搜刮、城镇的破败以及为盟友而做出无谓的牺牲，使得民怨日久。然而，对共和派微有言辞的社团却遭到严酷的打击和报复，这更加深了民众对共和派的仇恨。西庇阿一意孤行，仍然愚蠢地将全部大军都开往了鲁斯皮纳与小雷普提斯，并在北方的哈德鲁梅和南方的塔普苏斯布下重兵。这时，尤巴也已率领除边区守军之外的大部分军队来到了达鲁斯皮纳，和西庇阿一起不断向敌人挑战。

但是，恺撒拒绝与他们正面交锋，因为他的轻骑兵远远落后于敌人，并且他要等待他的部队集结完整，这也使得西庇阿与尤巴失去了与恺撒对阵的愿望。两个月的时间，就在鲁斯皮纳与塔普苏斯附近的外围战中过去。设置大量岗哨警戒敌人，寻找隐蔽的仓库补充军粮，占据高地躲避骑兵，挖掘壕沟掩护侧翼，恺撒的士兵已经习惯了这种艰苦而被动的战争。恺撒常常亲自训练他的士兵，他的战友和敌人丝毫看不出他作为一名出色的将军所应有的光辉了，他表现得从容不迫，这让大家都不明所以。

漫长的等待终于结束，最后的部队也已经到位。集结完毕后，恺撒率军前往塔普苏斯。西庇阿在该地的重兵给了恺撒一个绝佳的着力点，为恺撒提供了大量歼灭敌军的机会，然后，西庇阿救援塔普苏斯的意图为他提供了另外一个机会——地面战，这种主要依靠步兵的作战方式使得西庇阿丢失了他的兵种优势。西庇阿与尤巴的军团迅速地出现在了海边恺撒军营的对面，他们的前方部队严阵以待，而后方则在挖沟筑营。与此同时，塔普苏斯的守备部队也做好了突围准备。

恺撒营区的守军完全有能力抵挡来敌的进攻。敌军的紊乱，让恺撒经验丰富的老兵们准确判断出对方备战未妥，他们敏锐地嗅到了不可错过的战机，因此不等恺撒下令，便强迫号手吹响了进攻号，冲向还在挖沟的敌军。看到老兵们的表现，恺撒随即策马军前，率领全军发起了冲锋。最先发起进攻的左翼以投弹射箭击溃了敌军的象队，使得它们在自家阵地中横冲直撞，而象队的掩护部队，则被驰骋而来的恺撒军团尽数砍翻。左翼完全被攻破，全线随之溃散。由于新军营尚未就绪，旧军营又相距甚远，敌军在溃逃的途中伤亡惨重。恺撒军团在几乎没有遇到任何抵抗的情形下，便占领了新旧二营。

他的战士们无视上级的命令与自己昔日同胞的哀求，挥刀砍向了缴械投降的失败者。他们再也不像伊利尔塔之战那般随时准备罢手，也不像法萨鲁斯之战一样，光荣地饶赦失去防卫能力的敌人。因为他们发现，被他们斩首的怪兽一次又一次地长出了新头，他们从意大利赶往西班牙，又奔赴马其顿，而今辗转来到非洲，他们渴望的休息从未到来。他们将这一切劳顿归咎于领袖不合时宜的仁慈。内战的厌倦与兵变的积怨，在塔普苏斯的战场上暴露无遗。5万具尸体横满了塔普苏斯战场，包括几名私下反对新君主制的恺撒军官，也被自己的士兵当场杀死，战士对休战的渴望由此可见。在公元前46年4月6日的这场屠杀式的战争中，恺撒仅仅损失了不超过

50个士兵。

如一年前结束了东方战争的法萨鲁斯之战一样，塔普苏斯战役为非洲战争画上了句号。作为乌提卡司令的伽图，召开了元老会议，痛陈塔普苏斯的惨败，希望与会者做出最后决议，投降或者奋战到底，但必须共同决议，共同行动。数名元老建议解放所有可以参战的奴隶，誓死保卫共和，被伽图以侵害私人财产为由拒绝了。伽图认为，这应当由奴隶主自己做出决定，自发贡献奴隶参战。然而，这一提议遭到了大多数由非洲商人充任的元老院成员的否决，因此，元老会议最终决定投降。当法奥斯图斯·苏拉与卢西乌斯·阿夫拉尼乌斯带着一支强大的骑兵从战场来到达乌提卡时，伽图仍希望坚守要塞。然而，当他听到骑兵们关于屠杀不可信赖的乌提卡公民的计划时，又愤然拒绝了他们。伽图宁可让这最后的要塞落入敌手，也不愿用这样的屠杀来玷污共和制将死的辉煌。

伽图的权威和宽容，挽救了无辜的乌提卡人的生命，压制了士兵们对他们的愤怒。他帮助那些担心恺撒屠城的人逃离，又为那些愿意留下的人尽可能地争取了勉强的条件；完成这些之后，伽图觉得已经没什么可做了，便回到自己的卧室，扑倒在自己的剑上。

拥护共和制的领袖们，很少有逃离厄运的。侥幸从塔普苏斯逃出的骑兵们，遭遇西提乌斯的队伍后，或被杀死，或被俘虏。当恺撒犹豫着，是否要处死骑兵队长阿夫拉尼乌斯与法奥斯图斯时，他的老兵们再次自作主张，当场砍杀了两人。麦特鲁斯·西庇阿想要带领残余的舰队逃窜，却不幸遇上西提乌斯的巡逻舰，便在即将被捉住的时候自戕而死。尤巴王早已料到可能有此结局，便在萨马市场堆起木柴，准备带着他的财富及全城人民的尸体一同化为灰烬。

但是，城民并不想作他的陪葬者，所以，当他跟马尔库斯·佩特雷伊乌斯来到城前时，他们拒绝打开城门。

尤巴王带领随从们来到了他在乡间的别墅。他本就是醉生梦死的人，纵使要死亡，也要别具一格，他在纵酒狂欢后，向佩特雷伊乌斯挑战决斗，并要求其把自己打败杀死。但是，曾经征服卡提林的佩特雷伊乌斯却死于尤巴王疯狂的刀下，于是尤巴王命令奴隶将自己刺死。拉宾努斯与赛克斯图斯·庞培是少数侥幸逃脱制裁的战败者，他们跟随自己兄长的脚步来到西班牙，落草为寇，出没于当地的山区和海岸，如同从前的赛多利乌斯。

恺撒按照库里奥早先的提案，开始了对非洲的整顿。马西尼萨王国被分割开来，东边的大部分领土划给博库斯管辖，博古德的忠诚也为他自己换来了丰厚的报酬。原本在尤巴王的统治下隶属于马西尼萨王及其子阿拉比翁的西尔塔与周围地区，分给了普布利乌斯·西提乌斯，以便他可以安顿自己那罗马人占了多数的匪帮。——这一地区，连同尤巴王国最广阔肥沃的土地以及原非洲行省合并成为"新非洲省"，由罗马帝国的军队亲自驻守防御，以对抗劫掠成性的沙漠部落，而不再像共和国时期那样，随便交付给附庸的国家。

恺撒在非洲的完胜，宣告了庞培与共和派历时4年的反对君主制的战争至此告终。毫无疑问，从贵族体制被推翻、庞培与恺撒联合执政的那一天起，君主体制便已经建立了。不过，新君主得到的实质认可，却是在公元前48年8月9日的法萨鲁斯与公元前46年4月6日的塔普苏斯两度鲜血的洗礼之后。此时的绝对统治，已经迥乎往昔的联合统治。尽管觊觎者和共和派余孽的骚动一刻未停，甚至发动了革命与复辟，但500年的共和制已经被打断，君主制的合法性也已经被传达到了罗马帝国的每一个角落。

立宪派不懈的奋斗终结于马尔库斯·伽图在乌提卡扑剑自杀的那一刻。多年来，他是合法共和国最狂热的保卫者，义无反顾地坚守在最后的绝望中。而现在，那奋斗的对象——卢西乌斯·布鲁图斯所缔造的共和国——已经荡然无存，永久消逝了。共和派在世界上还可以做些什么呢？当宝藏失窃，人们可以罢免守卫；可是如果守卫怆然离世，还有谁忍心苛责？因此，伽图的死要远比他的生更其高贵，更其公正。

作为不善反省的共和主义者的典型，伽图算不上伟大，他保守、偏执、迂腐且顽固。然而，作为理想的共和制的最后一名战士，他的坚守和勇敢无疑是极其高贵和光辉的品质。从某种意义上说，伽图不是一个聪明人，甚至略显愚蠢。但是，正因为最狡狯的谎言会在最单纯的事实面前无地自容，人性的尊严与光荣在于诚实而不在于精明，伽图的历史地位才远非大多数聪明人所可以超越的。一如堂·吉诃德的呆傻增添了其人的悲剧意义，伽图的呆也使他的死更加悲壮。在历史的舞台上，众多的英杰和伟人演绎了动人心魄的剧目，但如果要让此类呆子悲惨谢幕，却不能不让后人唏嘘。

最后一个共和派的离去和第一个独裁君主的出现，形成了鲜明的对比，这种对比使得伽图的死更具意义。它用事实戳穿了恺撒关于君主立宪制之可行的谎言，暴露了各派协调口号背后的虚伪，揭示这一体制幕后的专制面目。共和派的精魂，穿越了卡西乌斯、布鲁图斯到特拉西亚·培都斯与塔西佗等每一个共和派的时期，从未停止过对君主制的指责和抗争。伽图以他的死，向敌人打出了最后一记重拳，以至于共和派的后来者们从他身上看到了那只属于共和派的品质——庄重、精于修辞、过度僵化、在绝望中忠诚至死。因而，人们很快忘记伽图在世时曾是怎样的笑柄，转而把他当作圣人一般敬拜。而恺撒不自觉的重视，更让人越发敬重伽图。恺撒从未过分看重他的对手们，因为他对待他们一向宽厚仁慈，可是，在对待伽图的问题上，他却一反常态，即使在他死后仍怒意未消。实际上，这正是真正的政治家们遭到对手原则性的反对时所惯有的反应，因为这种原则性的反对，会令他们觉得惶恐不安。

第十一章　旧共和国与新君主国

　　以塔普苏斯之战结尾的一系列的胜利，不仅让君主派战胜了共和派，也将未来世界的决定权交给了盖约·尤里乌斯·恺撒——他大约生于公元前102年7月12日，是年56岁。他是罗马的新君主，是整个希腊—罗马文明的第一个统治者。他经受了史上少见的考验，是罗马堪称后无来者的天才，是古代世界的最后一个英雄；正因此，他的影响贯穿整个古代世界，直至古代世界的消亡。恺撒出身于拉丁最古老的贵族家庭之一，其血缘可以追至伊利亚特时代的英雄与古罗马王；他的童年及青年时光，过得跟当时的贵族青年差不多；他品尝过上流社会的苦酒与甜汁，饱受惠誉，他知道如何应景写诗，也懂得怎样同各种女人鬼混，将头发梳成浪荡子弟的模样，他更精通借钱却永不还钱的技巧。

　　但是，年轻贵族放荡不羁的生活并未影响恺撒天性中的刚韧，他不仅难得地保持着良好的身心状况，而且，他那出色的剑术和骑术甚至可以跟手下最好的战士媲美，他娴熟的游泳本领，在亚历山大里亚还幸运地救过他一命。为了争取时间，他常常夜间行军，其速度之快放诸当代也令人倍感惊讶，与庞培那种散步式的行军风格，形成了鲜明的对比。这些，都是使得他成功的不可或缺的因素。

他的心，像他的身体一样坚韧灵活。他能准确地安排包括未发生的状况在内的一切事务，他惊人的记忆力，使得他可以同时处理好几件事而保持无比的冷静。不论是作为绅士、天才，还是君主，他始终保持着一颗普通人应有的心。终其一生，他对母亲奥勒利亚都怀着最真切的敬爱——他的父亲早早便去世了。他对妻儿们，尤其是他的女儿尤莉亚，也始终怀着令人尊敬的挚爱，这种情感也影响了他的政治生涯。他与同时代那些最有能力、最杰出的人，不论对方地位高低，始终都维持着温和而忠诚的关系。他从不像庞培那样舍弃自己的党徒及拥护者，不论际遇好坏，他对朋友都坚贞不渝，甚至在他死后，朋友们都无比怀念他对他们的关爱与支持。

恺撒对空想与理论的鄙视，是他整个非常和谐的性情中显得稍为突出的部分。年轻时期的恺撒曾被音乐、爱情、美酒占据心灵，但这些却未能影响到他的性格。热情与天才总是密不可分，但恺撒从未被热情夺去过本职。很长的一段时间里，恺撒也曾热烈地投身到文学中，但与亚历山大不同的是，后者会因为想到荷马笔下的阿喀琉斯而不能成眠，他却热衷于彻夜玩味拉丁文的名词与动词。他的诗作尽管不算上乘，他却仍然像当时的每个人一样，坚持着写诗。此外，他还迷恋着天文学和自然科学。另外，酒瓶伴随亚历山大终生并将他导入了毁灭，但如今这位懂得节制的罗马君主，却在早年的狂欢岁月结束后完全扔掉了它。

一般人的爱情，总会随着青春的逝去而结束，然而，恺撒不但在年轻时感受过爱情的炫目灿烂，即便到了中年，他的周围依然笼罩着它的光晕，不可避免地发生了若干恋情。他始终保持着迷人的样子——那样一种独特的男性美。他出现在公共场合时，总是小心翼翼地用华丽的桂冠遮掩他的秃头，这是他十分在意的事情，倘若可以用他的一些胜利换取年轻时的秀发，他定然不会有任何迟疑。不过，无论爱情给他带来的感觉多么美妙，他都不允许女人们左右他。而他与克娄巴特拉备受指责的关系，只不过是为了掩盖他政治上的瑕疵罢了。

作为一个完全的现实主义者，恺撒通情达理、善解人意。他的一切天才中最明显的特点，就是冷静并且明智，这也伴随着他做的每件事，正因为这样，恺撒更加看重当下的生活，而不愿意费神去回忆或是盼望；这也使得他可以随时随地全力投入到某一种工作中，使他的才能在最细致的工作中得到发挥；得益于此，他具备了很多方面的能力，一切可领会的东西都在他的领会之中，一切可掌握的事物也都在他的掌握之内；他因此而镇定，从容地讲述着他的著作，谋划着他的战役；也正因为这样，他才有处变不惊、临危不乱的表现，能够在顺逆中始终如一；因此，他拥有绝对的独立，宠臣、情人甚至朋友，任何人都不能对他施加影响。

正基于这种明智精准的判断，恺撒从来不对命运和世事产生臆测和猜疑，能够清楚地看到他人做事的得失。他慎重地考虑每件事的可能性，以做出最缜密的计划。但他也懂得尽人事而听天命，所以，他有那些为数不多的冒险行为也是理所当然的。不可否认，恺撒的理性主义中掺杂着些许神秘主义。好像最理智的人也会做出最任性的事，恺撒也会将自己的生命置于最危险的情形中，漠然生死。

此类秉性，正是孕育政治家最为适宜的土壤。严格来讲，早年的恺撒便是一个不折不扣的政治家，因为他有着一个政治家的最高理想——挽救自己腐败至极的国家以及更为腐败的希腊民族，在政治、军事与道德上赋予其全面的新生。30年的艰苦斗争，使得他改变了对斗争方式的看法，但无论身处绝望之中，还是站在权力之巅，无论作为一个演说者、还是阴谋家，无论在联合执政时期、还是在君主独裁之后，他的这一理想从未动摇过。

恺撒没有什么单独的荣耀，他断断续续所进行的每一种零散的工作，都是其宏图伟业中的一个部分。他的成就，没有一项是游离在这之外的。作为写作者，他行文风格的简洁与完美，是其他作者不能模仿的；作为将军，他敢于抛开一切规矩与传统，总能用他那独到的观察能力找到克敌制胜的好法子。他像先知一样，擅长于洞破先机、未雨绸缪，即便是战败，他仍能够像威廉·封·奥拉尼恩一样，能在失败中保持乐观，坚持到最后的胜利。他用无人能及的魄力迅速地调动大军，这是他异于其他普通将领的军事才能。他的胜利不是来自军备的强大，而是来自于出兵的神速；不是来自长久的准备，而是来自于果敢的行动，即便是装备不足的情况下也是如此。

对恺撒而言，所有的这些都是次要的。他绝对是个大演说家、大作家、大将军，但他之所以如此，是因为他同时还是一位聪明绝顶的政治家，他的士兵身份完全是附属。他跟亚历山大、汉尼拔和拿破仑的主要不同之一，便在于他不是以士兵作为自己事业的开始，而是从政治开始起步。刚开始，他本想像伯利克里和盖约·格拉古一样，不借助武力而达到目的，在整整18年的时间里，他作为人民派的领袖，一直严格限制自己采用政治计划与谋略。可是在40岁的时候，他却不得不承认，军事的支持是很有必要的，于是他成了军队的首领。

因此，恺撒日后仍然会是一名主职的政治家，而不是士兵，这是很自然的事情；这一点，克伦威尔与其有些相近，他从反对派领袖，一跃成为军事首领与共和国国王。一般来说，作为清教徒的克伦威尔虽然跟那个放荡的罗马人之间不应该有什么共同之处，但就两个人的轨迹、目标和成就来说，克伦威尔却是近代政治家中与恺撒最为相似的。即使在恺撒的那些战争中，这种即兴式的将军作风也很突出。就像拿破仑在埃及与英格兰的战争表现出来了一名炮兵中尉应有的气质，恺撒在战争中则表现得像一个十足的煽动家。有很多次——最典型者，便是埃壁鲁斯登陆战役——恺撒在行动上完全没有从军事角度考虑，这对于一军之帅来说，是不该出现这种疏忽的。因此，他的几次行动，从军事观点来看是应该受到责备的，但是，恺撒军事才干中不足的部分，却由他的政治才华弥补了。

一个政治家所应有的品质在恺撒身上尽数得到了体现。他做过的每一件事情，都是他那宏伟目标中的一个部分；他几十年如一日地坚守着目标，从未对这伟大的行动有过任何方面的质疑。他是一个战术大师，却竭尽全力去阻止内战，当他无法阻止时，还是尽量避免流血事件的发生。虽然他是军事君主国的创建者，却有效地阻止了元帅的继承体制或军事政府的成立。尽管他取得了很多次战争的胜利，但相对于军事暴力来说，他似乎更倾向于科学与和平的艺术。

各种特质完美的协调，是恺撒作为政治家最为特殊的地方。不得不说，政治家是人类最困难的职业之一，但是在恺撒身上，却可以看到这样一个职业所应有的一切品质。除了竭力生活在当下，并遵从理性的法则，他在政治上没有什么其他有价值之物——正如在文法上，他从不在乎历史与考据的研究，除了一些常用的修辞及对称律之外，他从未将任何其他的要求放在眼里。他是天生的领导者，他领导人心，就像风驱使着云朵那样。无论是一般的公民，粗鲁的下级军官，温柔的罗马主妇，埃及与毛里塔尼亚优雅的公主，还是意兴风发的骑兵军官，斤斤计较的银行家，都在他的组织下为他服务。

没有哪一个政治家或哪一个将军，能够把如此众多的水火难容、格格不入的人群聚集起来，结为盟邦，组成军队，并坚固地持续下去。这一切都彰显了他惊人的组织才能。没有哪一个摄政者能够像他这样，对他的追随者做如此明确的判断，并将他们安排在最为恰当的位置上。

恺撒始终清醒地扮演着自己的角色，他是君主，未曾装作国王。即使在他成为罗马的绝对主人之后，他的行为举止也不过像一个党派领袖，还是那么圆通平易、和蔼近人，除了在自己的同僚中间居于首位外，他似乎并没有其他什么愿望。许多人都曾把军事指挥官的架子带到政治上，但恺撒从未犯过这样的错误。不管他和元老院的关系变得多么紧张，他都不会逞凶耍横。他身为君主，却从未被暴君的眩晕笼罩。在所有的世界伟人中，他或许是唯一一个在大小事情上从来不冲动行事的；他总是依照着自己作为统治者所承担的职务行事。回顾他一生的事迹，他或许会为一些错误的判断而难过，但一定不会为冲动犯错而悔恨。类似于亚历山大杀掉克莱托斯，焚毁波斯波利斯之类的事情，倾恺撒之一生，从未有此精神错乱之举。

总之，恺撒自始至终都保持着政治家的特殊分辨力，这一点，他应当是伟人中独一无二的。他能清醒地分别出什么是可能的，什么是绝无可能的，就算在成功的顶峰上，仍能识别出这成功的自然界限。凡是有可能的，他便会去做，决不会为了那些最好却虚妄的事情而忽视次好但可行的事情。对于那些难以补救的恶毒之事，他从不灰心地放弃解决。他知道应该在何时听从命运，与亚历山大在希帕尼斯、拿破仑在莫斯科的撤退不同，他们的撤退都是被迫的，他们因为命运的这一安排而勃然大怒，责怪命运太过吝啬，只给了自己有限的成功，然而，恺撒在泰晤士河与莱茵河却自行选择了撤退，甚至在多瑙河与幼发拉底河也是如此，似乎他只是想去整饬一下边界，而不是为了征服世界。

这就是恺撒，一个出类拔萃的人，人们可以很容易发现他的某个优点，却不能准确地概括与形容他。他的天性，如同一块清澈的琥珀，关于他的传说，简直要多过古代任何的同类人物。对这样一个人，我们的看法可以有深浅之别，但不可能有矛盾之争。不管有无识别能力的人，都能够感受到这个伟人身上所展示出来的一种特质，可惜的是，这种特质却无法在生活中从某个人身上全部展现出来，其秘密便在于它的完美。无论就其个人品格还是历史成就而言，恺撒都是一个集许多相对立的特质于一身却又能够始终持之平衡的人。他有着超强的创造力，同时又有极其透彻的判断力；他不再年轻，但又尚未年老；有着坚定的意志力，又有着超强的执行力；他满腔共和理想，同时又是天生的王者；他天性的至深处是个十足的罗马人，但在为人处世中，他又始终顺应着时代的潮流，在其中融合了希腊人的秉性——总之，他像是一个完人。

正因为如此，他身上缺少其他历史人物所具有的那些所谓特点，而事实上，那些特点是人与人之间的巨大差别。粗看之下恺撒所具有的一切特点，仔细观察便会发现那不是他个人的，而是他所属的那个时代的。比如，他年轻时的浪漫行为，就是他们那个时代地位相同、天赋相当的年轻人的共同行为；他缺乏诗才但擅长推理，也是罗马人的通性。恺撒另一个人性的地方，就是他完全符合时代和地域所赋予他的影响，因为人性绝对不是抽象的，活着的人必须要反映某一个民族及其文化所拥有的特质。恺撒之所以可以称作完人，正因为他比任何人都更有时代感，也因为他比任何人更符合罗马的民族性——作为其中的一员，他非常看重现实。而他的希腊文化素养，也是一早便融合在意大利的民族性之中的。

画家可以绘画出任何的东西，但那些"至高的美"，却是最抽象、最难以描摹的。同样的道理，史学家想要栩栩如生地再现恺撒这个人物，也面临着这样的困难，遇上这种千年难得一见的完人，史学家也只能沉默。恺撒身上的这种"正常"，他们虽然可以描述，却找不到除了"没有缺点"以外的说辞。大自然的精髓，便在于将这种"正常"与个体的独特性同时赋予它的某一件作品，而这是只可意会不可言传的。亲眼见到这种完人，我们只能说自己是幸运的，因为这种人杰实在少之又少。

当然，这与时间也脱不了干系。如果这位罗马的伟人站在年轻的希腊英雄亚历山大身边，他们所处的地位也一定不是平等的，而是前者高于后者。因为这个时候的世界已经衰老，恺撒所前进的道路，已经不再是那样一条欢乐地向着无限的未来滚滚而去的康庄大道了。他的世界里的一砖一瓦，都是用废墟建立起来的，而他本人也满足于这样一方历史为他创造且划出了界线的舞台，他靠着这个舞台为他提供的一切资源，尽量小心翼翼地站稳了脚跟。正因为这样，后代的追梦者们将诗歌的光芒和神话的霓虹都加诸亚历山大身上，而完全越过了这一位辗转于血与火但缺乏诗意的罗马真正的英雄。但无可否认，恺撒为之后2 000多年列国的政治生活铺设起了同一条道路，这才是影响深远而值得他以之为耻的事情。

若要清除古老衰朽的一切，让共和国得以重生，国家就必须将内战的余孽清除，赢得一个和平的环境。在这个工作上，恺撒采取的态度就是在现存的党派之间协调通融，但由于其间存在着不可协调的对立方，因此，他的这种"协调通融"并不算真正意义上的协调，也就是说，君主制度可以理解为，贵族与人民放弃了在竞技场上刀兵相见，而换了一个新的场合重新较量。

因此，共和派固有的争执到此算是告一段落。苏拉的雕像在法萨鲁斯战役的消息抵达之后便被推倒了，而此时，恺撒却要求重新竖立起来。他这样做无非要表明一种态度——类似这种大人物，只有历史才有资格去评判。同时，他也取消了苏拉法例的最后一条，召回了秦纳动乱与塞托里乌斯动乱中被放逐的人们，并将公职候选人的资格还给了这些被放逐者的后代。在这次内战之中失去元老院席位的人们，以及遭到弹劾或因政治原因而失去公民身份与权利的人们，尤其是因为公元前52年颁布的例外法而被弹劾的人们，此时都重新获得了他们的身份和权利——但有一条，谋财害命者除外，他们仍将被剥夺公共权利与地位。例如，整个元老院派中的米罗是唯一没有得到赦免的人，因为他是那个派系中最狂妄大胆的一个。

与处理过去的问题相比，解决如今的党争问题则更为艰难；现存党派的一部分是恺撒的支持者，一部分是已经被赶下台的旧贵族阶层。通过恺撒颁布的一系列要求大家放弃党争的赦令，以及他的一些政策，我们可以知道：他的拥护者对他的不满情绪，要远远超过那些被赶下台的旧贵族阶层。恺撒当然希望自己的政策可以达到当年盖约·格拉古所设想的那种效果，但是，他的支持者们的目标却早已背离此道。人民党的政治纲领一再被篡改：从改革变成了革命，从革命变成了反政府，从反政府变成了反财产的战争。他们甚至在私下设想着实施恐怖统治。如今，他们竟然开始向卡提林的坟墓献上花束，就像当年对待格拉古的坟墓一样。此前，他们之所以听从恺撒的号令，是因为他们希望他能在卡提林失败的地方取胜。

但是，他们很快就清醒地认识到，恺撒无意追随卡提林的路线，债务人至多能够指望少还一点点，却换汤不换药。于是，那些党徒们愤怒了，共和党究竟是被什么人战胜的？因此，这些乌合之众在自己的愿望没有得到满足的情况下，开始与庞培派勾结，趁着恺撒不在国内，也就是公元前48年1月至公元前47年秋的这一段时间，兴风作浪，煽动起了内战。

军事执政官马尔库斯·西利乌斯·鲁福斯虽然不是一个好的债务人，但还算是一个好贵族，身上还有着几分教养以及才干。他凭借高超的演说水平，将话讲得流畅激烈，因此成为恺撒在广场上最热烈的竞争者之一。他提出了"使债务人得到6年免息"的法规，但遭到了反对，之后，他又提出了另一条法规，要取消所有因为贷款和房屋出租而获得的利益，为此，恺撒派的元老院把他革了职。

庞培派在法萨鲁斯之战的前夕，似乎有过一阵子得势的样子。鲁福斯以及米罗——这个为贵族而战的街头老战士——取得了联系，一起谋划着要反革命，打出的口号则正是要为了共和政体而革命，取消债权以及解放奴隶。米罗从他在马西利亚的放逐地离开，在图立依地区召集庞培派的党人以及当地的奴隶牧民武装，而鲁福斯则策划着利用武装奴隶夺取卡普亚城。而鲁福斯的如意算盘却被卡普亚的民兵发现了，并被民兵扼杀了此次行动。而昆图斯·佩迪乌斯率领的一个军团进入了图立依区域，击溃了聚集在此处的帮派，并以杀掉两个头目而告终。

然而，护民官普布利乌斯·多拉培拉作为第二个呆子出现了，第二年（公元前47年），他再度提议设立有关债权与房租法；这个人就像他的先驱鲁福斯一样无力还债，但是却没有鲁福斯本人那样的才干。他联络他的同事卢西乌斯·特累贝利乌斯，阴谋煽动。性质恶劣的打斗以及街头暴动频发，这种情况一直持续到意大利指挥官马尔库斯·安东尼乌斯率领军队进行干涉。此时恺撒也提早从东方返回，这才使得这种失控的情况终于停止。但是恺撒毫不在乎，因此这都是一些没有脑子的计划，以至于之后不久又开始对多拉培拉信任有加起来。恺撒认为这种仅仅因为钱财而兴起的盗贼一类的活动，参加者都是一群乌合之众，行动又不牵扯政治活动，因此一个强有力的政府足以平息这些。恺撒无意因为自己的君主制度就向这种只能维持一时的共产主张示好，也无须大惊小怪。

贵族派保持活力的同时，人民派则继续崩溃，但是恺撒并未太过紧张。因为一切都在他的掌控之中，他的目标并不是消灭人民派，而是不惜耗费大量时间铺设一条道路，一条可以通往压制与调和的正确道路。为此他采取了大大小小的措施，在小的方面，也是出于他自然的正确感，尽量避免用那些空洞的嘲讽来激怒面临崩溃的一派。他也不会为征服了自己的同胞而大肆庆祝，他每每提及庞培，言辞无不透露着敬重；在元老院复位之后，他下令把被推倒的庞培像重新竖立。

对于政治迫害，恺撒尽可能地避免。对待那些恺撒派中与立宪派私通的叛徒，没有做任何查询。从法萨鲁斯与塔普苏斯敌人司令部取得的载有叛徒证据的文件，恺撒看都未看，就亲自丢入火中。这样就能使他自己及他的国家免除了对可疑人物的政治审讯。再者，凡是跟随罗马军官或行省军官而对抗恺撒的普通士兵，一律免罪，只有那些在尤巴王麾下服役的罗马人除外；这些人的财产充公，作为叛国罪的惩罚。

即使对敌军的军官，直至公元前49年西班牙之战的军官，恺撒也给予无限制的原谅；但后来他察觉到他太过宽容，当然对其中的首脑人物进行惩罚是必须的，因此他下令将所有在敌军服役的军官，或者伊利尔塔战役之后在反对派的元老院保持席位的人，剥夺财产与政治权利，终身不得再踏入意大利的本土。内战没有结束的时候就已经死亡的人，财产充公。至于那些曾经得到过恺撒的原谅，却还是倒戈去了敌方阵营的人，则判处死刑。

这些规定，在实行上却大打折扣。虽然重新投入敌营的人很多，但是真正执行死刑的人却寥寥无几；至于充公财产的判处，在执行上也有很多麻烦的地方，首先债务要予以还清，寡妇从娘家带来的嫁妆也要归还，甚至还有一部分的产业需要留给死者的子女。更何况，许多本应该放逐，或者财产充公的人，基本都被赦免了，或者只是交了一些罚金而已。举个例子，在乌提卡被迫加入元老院的非洲资产家们就是如此。至于其他的人，基本上他们向恺撒申请赦免，最后他们的自由以及财产都平安无事。甚至有几个拒绝申请赦免的人，比如原执政官马尔库斯·马塞鲁斯，最后也都得到了自动赦免，公元前44年颁布的大赦令，把那些没有撤销掉的罪状也都一并赦免了。

共和派并没有因为得到宽谅而跟恺撒讲和。共和派内部普遍存在着对于统治者的愤恨以及对新秩序的不满。当共和派失去了公开抵抗的机会之后，他们开始称呼恺撒为王，但是这样的称呼遭到了护民官的反对，而这样的护民官则被共和派称为殉国者。共和派态度坚定地试图在内部反对以及秘密煽动，实施阴谋。在"国王"出场时，没有人有任何恭敬的行动。到处都是招贴和嘲讽诗，向人们揭示恺撒的独裁面目，用这种污蔑以及向群众示好的方式抨击新君主制度。当讽刺新君主的戏剧被某个喜剧演员在舞台上演出的时候，喝彩声如雷，而反对派的小册子中，最时髦的题材就是对伽图的推崇。而由于此时的文学已经不再拥有自由的环境，这样的小册子竟然更加受到群众的青睐。

的确，恺撒和他的干练心腹们，用以回报这些伽图派的是反伽图的文章，甚至不惜完全站在共和派的领域上与之作战。于是共和派与恺撒派围绕着死于乌提卡的英雄们进行论战，就像当年特洛伊人和希腊人围绕着帕特洛克罗斯的尸体而战一样。但是由于作为裁判的群众们是站在共和派一边的，因此恺撒派在这场论战中并不占优势。除了威胁作者而没有别的办法。因此，像普布利乌斯·尼基迪乌斯·菲古鲁斯和奥鲁斯·西西那样有名而又具有危险性的文人，相比于其他的放逐者，更难以获得回返意大利的准许。而在意大利国内的反对派则要受到检查，而且受到的惩罚完全是由检查一方随意定的，因此面临着更加麻烦的约束。

除此之外，更多的方式和手段被运用到暗地里对于新君主及其政体的反对中。觊觎者和共和派的反叛在帝国各处不断蠢动；内战的火焰一会儿从庞培一派燃起，一会儿由共和派挑起。而在首都，到处都流传着谋杀新君主的阴谋。但是恺撒只是张贴告示公布这些阴谋，而不曾因为这些阴谋安排身边跟随大量的长期卫士。

不管恺撒多么无视自身的安全，却不能对这普遍的不满所蕴含的危险视而不见。虽然他自己明知反对者是不可改变的，虽然亲信们不停劝说，但是恺撒依然表现出惊人的宽容和耐心，绝大多数的反对者仍旧获得他的赦免。他这样做亦不是一个高傲者对异己的轻视，也不是出于妇人之仁，而是基于一个政治家的高瞻远瞩，因为对付一个被击败的党派最好的方式是吸收到国体之内，而不是扫除到国体之外。

立宪派实际上不仅包括贵族，而且包括了意大利公民中所有拥有自由民族精神的分子。而恺撒崇高的目标需要这些人的合作。他要实现自己那古罗马国新生的计划，就需要大量有才华、有教养、有继承的和天生优点的人物，但是，这些人大部分都在立宪派中，所以，他很可能把对反对者的原谅认作是胜利的好的回报。因此，除了除掉反对派中那些重要的头头之外，那些第二级和第三级领导人物，特别是年轻的，则完全原谅他们。再者，对于这些人，也不是让他们天天停留在消极的抱怨之中，而是要让他们积极地参与到新的行政体系中去，而且重新获得荣誉与官位。

战争的胜利只是更艰巨任务的开端，恺撒此时的情况和日后的亨利四世与奥伦治的威廉相似，取得了革命战争胜利的人会如何，从历史上就可以看出来。如果在消灭了敌人之后，他就不仅仅如辛纯和苏拉一样只是自己党派的领袖，而是要像恺撒、亨利四世与威廉·封·奥拉尼恩一样，要用举国的福利来替代本党的一些片面的计划，所以，他必定会面临各党派联合的敌意，而且自己的党派也许也会产生敌意，他的理想越纯粹，这种情况越真。立宪派和庞培派们在口头上说要效忠，但是心里却厌恶君主制度，至少对君主是厌恶不已的。至于那即将崩溃的人民派，当他们发现恺撒的目标不再是他们的目标时，就开始谋反。就算是恺撒的亲信，一旦发现他们信仰的领袖原来不是要去建立一个"强盗联合国"，而是要建立一个人人平等、对一切人都公正的君主国时，就都变得愤愤不平，因为当时被击败的一派兴起就是侵害了他们的利益。这种不但要强迫他的敌人，也要强迫他自己本派的人，从而使国家进行重新组织，没有一派愿意接受。

此刻，恺撒的地位还没有他胜利之前那么稳固，但是他的损失让国家获得了利益。由于党派之间的对立被消除——他对异己分子十分宽容，也允许每一个有才华的人，或者仅仅是因为这个出身不错的人，参与行政。他在用人的时候并不太考虑被启用对象过去的政治立场。他把全国的力量都集中在他的大计划内。各党派人士或自愿或被迫，都聚在了一起工作，在不知不觉中，国家就渐渐走上新的方向。当然，恺撒也十分清楚，这些协同一致都是表面现象，大家对他的厌恶一致性远远高于对新秩序的认同一致性。当然，恺撒也知道，当各个不同派别的人被引导进入联合体共事的时候，他们之间就没有那么敏锐的冲突感和对立感，也只有这样，政治家们才有可能推动时间机器去进行它的工作——因为时间可以治愈一切冲突，会把老一代送进黄土，新的和谐终究会达成。恺撒不想追究那些恨他、想要谋杀他的人，和所有真正的政治家一样，他效忠于自己的祖国，不为报酬，甚至也不为人民的爱戴。他甚至牺牲同代人对他的爱戴，以此来为后代谋福祉。最重要的是挽救罗马帝国，让这个国家重新焕发她应有的生机。

有一件事我们应当记得，恺撒做的事不是仅仅开始，他要的是完成；创造出一种新的政治体制以适应时代的需要，这项工程最早在盖约·格拉古时代就已经开始了。他的追随者们一直沿着这条道路探索，有的人忠实于盖约·格拉古原本的思想，有的人就不太忠实于此，有的人成就大些，有的人成就小些，不过这些追随者们都没有垮台。恺撒从一开始就继承政治遗产成为人民党的领袖，就是一个民主派，他30年间不曾改旗易帜，也并不隐瞒他自己的目标，即使是他成为君主之后，他仍然是民主派。他毫无保留地接受了一切民主派的政治理想和政治遗产（除了卡提林和克罗狄乌斯的荒唐计划），他对贵族和贵族阶层是真正恨之入骨的，他始终坚持对罗马民主的最基本构想：减轻债务人的负担，扩张海外殖民地，全国各个阶层逐渐平等，行政权从元老院分离出来。——从这几点看，恺撒实施的君主制度和已有的民主体制差别不大，而且，君主制成为帮助他完成民主制度理想的工具和媒介。

恺撒实行的君主制度在本质上区别于东方的专制政体，而是盖约·格拉古的政治理想，也是伯里克利与克伦威尔在实际上建立过的：由国家推举出一位领袖，并赋予领袖无限的信任和权力来代表国家。恺撒的政治观念严格说来并非首创，而是他在现实上实施了这一系列构思。他把这一构想实现得如此壮丽辉煌。如果他本人能够亲眼看到，或者他在历史的镜子中看到，那么无论他处在什么时代，也不论他的政治理念是什么，他都会赞叹这一切。他对历史的伟大和人性的伟大的领会能力不同，赞叹因而也不一样。

这里我们应该注意的是那种不分时代背景就随意定性一个历史人物的历史观，是十分单纯而不负责任的。的确，历史是有提供前车之鉴、教诲当今时代的职责，但那份教诲不应当是浅显意义上的，不是随便看看书就可以在那些旧纸堆里发现时代病原之所在的，也不是单纯拿以往的一些病症就可以为现在的时代开药方的。历史之所以成为历史，是因为人类文化的早期显示出了一种创造出"文明"的有机条件：这些条件是那么相似，而可以自由组合的方式又是各种各样的，并引导后人、鼓励后人去独立性地创造发明，而不是单纯的奴性地模仿。

从这个意义上说，恺撒和他治下的罗马帝国虽然取得了无人可及的伟大成就，但这是有其历史必然性的，这依旧是对近代专制制度的最强烈的指责。因为有机体不论如何渺小，都无限地超越了最人工化的机器；同样的道理，只要是自然成长的体制，不论其有多少缺点，都无限地超越人为的绝对专制，即使这种专制在当时是十分辉煌的。因为自然成长的体制是大多数人意志的自由表现，是会成长的，因此是一种灵活的表现形式，而人为的专制则是它现状的样子，这个才是死气沉沉的。

在罗马的军事君主政体中，自然律被非常充分地表现出来了，这个体制在免于外力以及天才创造者的冲动中形成，使得它所表现出来的形式比任何类似的国家都要纯正。这一点吉本早已指出了，自从恺撒时代开始，罗马的体制便只有其外在的一致性，只是机械一般地反复运作；而内在的部分，即使是在恺撒自己统治的时期里也已经完全枯萎，死去了。恺撒在政府的早期，仍然在自己的灵魂里梦想自由民主的发展与自己的绝对统治结合为一体，而朱利安一族中的皇帝们，即使是其中天资聪颖的皇帝们也向我们证实了将水火同时放在一个容器中是多么不可能的一件事情。

恺撒可以获得这样的荣誉是必然的，也是可敬的，他的成就本身就是或者说可能是一种福祉。但是，由于奴隶制是其古代社会组织的基础，而没有宪法这种共和的表现，而500年的城市体制又演变成了寡头式的绝对统治，因此在这种情况下，绝对的军事君主政体乃是最合理的，也是影响最小的。当弗吉尼亚州以及卡罗莱纳州的蓄奴贵族不得不像他们的先驱——苏拉治下的罗马人——那样行事的时候，恺撒主义便可以得到历史的认可了。尽管在别的历史条件下恺撒主义可能既是谋篡也是讽刺，使那些不好的恺撒主义可能迷惑那些没有头脑的人误入歧途，使得卑贱的人有了谎言以及欺诈的机会，但是历史却不会否认真正的恺撒的荣耀。历史是另一本《圣经》，虽然它不能阻止被傻子误解的命运，但是也不能避免被坏人当作手中的武器，但是历史可以对他们做出报复。

最初被称为"狄克维多"（独裁者）的这个国家的最高元首，

从公元前49年，恺撒从西班牙回国之后，首先采用的就是这个称呼，但是几天之后又将它放下不用了。第二年参加决定性战争的时候，用的名字也仅仅是执政官而已。但是等到秋季法萨鲁斯战役之后，他又重新启用这个名号，并且一直取得这个称呼。最初由于新君主的任期没有确定，由公元前45年1月1日开始任职，任期一年，也就是公元前44年的1月或者2月，就宣布了新君主为终身任职，正式去除了以前有所保留的部分，确立了他"终身独裁者"的称号。

而这个独裁者职位，不论是前期短期任职的独裁者或是之后的终身独裁者，在旧体制之中都是没有的，这是由苏拉所设计的至高无上的职位。这个职位不是由宪法指派，但受宪法所控制的唯一最高行政官，而是由人民的特别谕令赋予的，他得以筹备发令，统治整个国家，这个职位所拥有的权力是一种无限制的政治特权，取代了共和国时期的权力划分。由这个总原则性的特权再进一步，便可以由各个法案赋予决定是发动战争或维持和平的权力，而不需通过元老院以及人民，可以选派各行省的总督职位，并且随意处置军队与经济。

因此可以说，恺撒享有的特权是凌驾于其他一般行政官之上，甚至可以说是凌驾于传统意义的政府权力之上的。他并没有取消在指派行政官的过程中，由公民议事集会选定人选这一程序，从这一点上可以看出是他在让步了。他仅仅提名一部分的次级执政官以及职位较低的行政官。同时，他的权力来自于人民的特殊指令，可以册封贵族，这在以前是绝对不被允许的。

独裁者实际上还拥有其他行政官的选任权力。恺撒本人并不担任检察官的职位，但是他却将检察权的用处挖掘到了极致，尤其突出表现在了选派元老这件事上。他常常同时担任独裁者和执政官，有一次甚至没有其他人和他一起担任执政官的职位。但是恺撒自己并不愿意一直兼职执政官，他甚至拒绝了有人提出的"由恺撒自己担任5年一期或者10年一期的执政官"的提议。

由于恺撒已经是祭司长了，因此他没有监督宗教的必要，也就自然拥有占卜官的职位。与此同时，很多新旧的荣誉称号也落在他身上，比如"国父"的称谓，甚至以他的名字来命名他出生的月份，这种种个人崇拜式的表现，发展到最后简直已经被神化。其中有两项特别值得一提：一个是，恺撒被赋予的不可侵犯性和护民官已经是一样的了；另一个是，除了其他各类职位为他带来的称号以外，他还被赋予了"元首"的名号。

但凡拥有判断力的人都可以理解到，恺撒想对国家永远施展他自己至高无上的权力。简而言之，他想用一个简单明了的称号来适应这个新体制。事实上，创造一个没有实权的名号肯定是错误的，有了权力却少了一个恰当的称号也是错误的。只不过我们现在很难确定恺撒心中所存在的最后形态是什么样子，当然这里一部分的原因是因为此时处于过渡时期，难以将房基以及永久建筑相区别；另外就是恺撒的崇拜者们，甚至不经过恺撒本人的同意，就将一大堆的权力、地位以及荣誉称号冠于他头上去了，这种行为无疑是他所厌恶的。

新的君主制度是不可能仅仅通过执政官的职位就能实施的，因为行政官的职位是由选举产生。另外，恺撒显然想要把这个曾经最高的官职变成一个空名，因此在他接受这个职位之后，任期未满时，他就将这职位交给地位次要的人手中，因此，"独裁者"这个名字就成了最明显以及最常用的称号了。当然我们不排除恺撒仅仅是想要将这个名字旧有的含义运用起来——就是在特殊的危急时期拥有特殊处断权。再者，这个称号明显和新的君主制度不符合。因为这个称号有着例外的、不民主的性质在里面，而这个由反对派提出创造的称呼，显然也不适宜一个民主派的政治家作为自己的称号的。

反过来看，"元首"这个新称号特别适合这个新的君主政体，因为这个称呼是全新的，而且没有什么致命的缺陷。新酒装在旧的瓶子里或许是不合适的，但是这个称呼（完全是为了新的事物而出现的新名称，它涵盖了加宾尼乌斯法之中对民主领袖的所有含义，尽管在这个法中，对于这些含义的表述并不清楚）明确地限定：人民领袖独立于元老院之外，因此权力长久掌握在手中。在恺撒后期的硬币中我们可以看到"元首"这样的字号，而在恺撒关于政治犯的法令上，这个名称也代指君主。因此，后世往往将元首和君主制度并用。恺撒或许有意将至高的祭司权力与民众的最高领袖权合而为一，用以提高这个职位的民主及宗教含义。

显然，这种新形式的建构并不仅仅只是以创建者本人的一生为期限的。但是恺撒似乎没有决定"如何继承"这个麻烦事。他究竟是打算通过选举来选择继承人，还是像他的养子后来声称的那样，用遗传的方式继承，我们只能保留这个疑问，但是也不排除恺撒将这两种形式结合——让统治者的儿子继承王位（像克伦威尔、拿破仑）；如若统治者没有子嗣或者子嗣不能胜任，那么就以选定养子的方式选定继承人。

在法律上，元首的职位是以罗马城之外的执政官以及总督职位为基础的，因此其中最为重要的权力就是军事指挥权，他同时还享有最高司法权以及行政权。但元首的权威确实凌驾于执政官以及总督之上，并不受到时空的限制，并且在首都内也行使这份权力。另外，和执政官不同的是，它不会受到同等权力的同事的限制，而且，之前加诸在王的权力上的所有限制也都逐渐不能使用于元首。

简单地说，元首不仅仅是旧日王权的革新，因为执政官和王不同，执政官的责任仅仅在时间、空间、同事上有限制，必须同元老院或社团合作。新的君主制中几乎没有任何成分是旧王制没有的，最高的军事、司法以及政权权威结合在王一人手中，国家的宗教领袖，发布命令的权力，并且有这个命令必须执行的力量，元老院被降格成为咨询议会，只做劝告而无约束力的议会。恢复了贵族阶级与城市长官制度。

但这其中最有意义的就是恺撒的君主制度跟塞维乌斯·图利乌斯的古罗马君主制有很多内在的相似性，古罗马的王们虽然也是这样集各种大权于一身，但是他们统治下的社团都是自由的，他们与平民站在一起，作平民的守护者，并用此来对抗贵族。恺撒也不是破坏自由的人，而是来摧毁贵族那些让人不堪忍受的枷锁的。恺撒从来不是一个在政治上向古代看齐的人，但是在这里却返回到了500年以前去寻找自己政府的榜样，这样看来也没什么奇怪的。由于罗马共和国的最高职位一向被各种特别法限制着，因此王位从来没有过时，事实上，在罗马历史上的不同时期——在10大执政官的时代，苏拉摄政的时代，以及恺撒本人的独裁时代，王权都在共和国反复出现，实际上，但凡是特殊的权力由时势所需的时候，总会有和有限的命令权相对应的——无限的"命令权"出现，这个实际上就是王权。

即使是在表面的形式上也能看出来这是对古代王位的恢复。人类想要创新是很困难的，因此才会将以前保留至今的形式认为是非常神圣的遗产，因此恺撒很明智地选择将自己与塞维乌斯·图利乌斯相提并论，这种行为就好像后来查理曼大帝将自己和恺撒、拿破仑相提并论一样。恺撒并没有偷偷摸摸地这么做，而是开诚布公地这样做，之后他的继承人们也都是如此。事实上，这样的行为只是为了给新制度找一个具有民族传统本色的、清晰的、合乎民情的表达形式。

七王的雕像自古代起就一直在首都矗立着，这是罗马通俗历史中常常搬上舞台的7位国王，恺撒现在下令将自己的雕像也矗立在他们身边，作为其中的第八位。恺撒穿着阿尔巴国王的服装出现在公共场合。关于政治罪行的新法令，他与苏拉法最主要的不同部分在于——在社团名位之外，又增设了元首名位，这个名位与社团名位是平行的，作为人民活生生的个人代表。政治宣誓的仪式上，除了需要向朱庇特以及罗马人的家神之外，还要凭借元首的守护神之名宣誓。在古代的普通观念中，君主制度的外在标志就是君主在硬币上的铸像。从公元前44年开始，恺撒的头像便出现在罗马国的硬币上了。

因此，关于恺撒对他自己地位的表示已经是非常明确了，他非常清楚而且正式地以罗马之王的身份出现。可以想见，恺撒其实并不想要用"元首"来称呼自己的职位，而更希望以旧日的"王"称呼（尽管实际上不可行，也没必要）。即使他在世时，也有很多他身边的朋友或者敌人都觉得他有意加冕为国王，实际上，他最热诚的拥护者曾多次，用不同的方式提议他加冕，其中最典型的就是马尔库斯·安东尼乌斯，在他担任执政官时，也就是公元前44年2月，这个家伙几乎当着民众的面，要他将王冠加给恺撒。

而这所有的建议，恺撒都一概拒绝，尽管他的这种拒绝可能确实是因为这些建议而导致的共和派的反对呼声，但是不能因此就断定他不是真心在拒绝。有的人认为他是在故意挑唆人提出这种建议，以便能够让群众做好思想准备，接受这个不合理也不受欢迎的罗马加冕大典。这种猜测是错误的，因为这种猜测直接忽略了此时恺撒面对的反对力量多么巨大。

这些建议很可能是他的拥护者那种自发的热情招惹起来的，也可能是恺撒指使马尔库斯·安东尼乌斯专门做出这种献王冠的举动，而目的就是要在公众面前表示断然拒绝，以停止那些风言风语。而这次的拒绝却被恺撒写在了国家日历上，表示以后这种事不要再提了。原因可能是恺撒愿意用一个方便的称号，而人民往往很注意事情的名称，而忽视了事情的本质。因此他决意避免使用"王"这个几乎沾染了古代诅咒的称呼，在恺撒时代的人民心中，大多都认为这个有东方暴君的意义，不像他们自己的古王努玛与塞维乌斯，因此他就决定用"元首"的名称来行使王权了。

但不管他心中为自己竖立什么称号都好，实际上就是至高无上的统治者，因此，朝廷也就立刻充斥着荣华、枯燥以及空洞的风气来。恺撒在公开场合出现时，穿着已经不是执政官的紫条宽袍，而是古代君王的正式紫袍。他不再需要站起身来，在金座上就可以接见元老院。他的生辰以及凯旋，都作为节庆来庆祝，历书中充满了他的誓言，他若在首都露面，远远便有军队护送，军队的前方便是他重要的仆人。他的居住区附近的房租都大大增长——因为能够与他见面变得特别重要。由于求见者太多，使得觐见变得特别困难，以至于恺撒自己都发现，即使是他的好友也不得不用通信联系，至于那些地位很高的人，为了见他也要在接待室等好几个时辰。

人民感觉到恺撒已经基本不是一个同胞了，这种程度已经在恺撒能够接受的程度之外了。他的周边开始产生一种君主政体式的贵族，包括旧贵族以及新贵族。这种君主政体下的贵族源头都是由一个观念而来——王室的贵族可以用来掩盖寡头政体的贵族，"父族"可以掩盖所有的贵族。原先的父族仍然是存在的，只是仅仅紧密团结着而没有了重要的特权。但由于一直没有新的家族加入到这个族群中来，几个世纪以来已经日渐萎缩，到了恺撒时代，还存在的"父族"氏族不超过十六个。

恺撒本人就是其中一个父族出身，由人民的命令获得权力，拥有创制新的父族家庭的权力，因此他建立起一个新的父族贵族体系，用它对立于共和派贵族。这样的贵族既可以显示出古代的优雅，又可以完全依附于政府，并且无足轻重——这简直满足于君主政体的一切诉求。新的君主也在这所有的方面显示自己的形象。

实际上在权力无限的君主制度下，宪法的余地变得特别少，那种以公民、元老院以及数字行政官合作为基础的旧共和国已经无法持续下去。恺撒将旧传统彻底恢复，公民集会与国王并存，这是主权（人民意志）的最高体现，元老院也回到受到咨询时向统治者进言的最原始作用，而统治者则将一切行政权都集中在身上，像古代的王一样，身边没有设立独立的官员。

在立法方面，这位民主君主也恪守"人民只有在国王召集之时才有治理国家的权力"这一条古罗马金言，而恺撒自己做事也按照人民的谕令批准。当然，古代战士集会所含有的半政治意义以及半道德意义的力量与权威，已经不再可能重新注入这个时期所谓的公民议会集会之中了。

在古代的体制之中，公民的立法行为尽管受到限制，但却是真实的、充满活力的。但是在新的体制之中，这种行为已经成为影子。因此，公民议事集会不再需要附加任何特别限制。——多年的经验及事实已经表明，无论是寡头还是君主的各类政府，都可以和这种徒有形式的主权主体保持良好的关系。

恺撒时代的公民议事集会的实际重要性只剩一点了，就是它在原则上保留了人民的主权，因此构成了一种防止绝对统治的保护措施。恺撒同时也恢复了古代国家法治的另一箴言——唯一行政长官的命令，在任期间都是无条件有效的。至于立法权，仍然只属于国王与公民的联合制定，国王在退位之前，其敕令都是与法律平等的。

民主王至少在形式上将主权分给了社团，但他并没有意愿将权威分给元老院——尽管元老院是以前的统治机关。恺撒的元老院和之后奥古斯都的元老院很不相同，恺撒的元老院只是一个最高的国家议会，恺撒只向他们征询法律意见，并且借它的名义发布比较重要的行政命令。从有些例子可以看出，有些以元老院名义发布的命令，并注明某某元老参与了策划的命令，其实元老们一点儿也不知道。

元老院最开始本来就只有"思考性"的地位，后来元老院虽然在实际上逾越了这一点，但是法律上元老院仍然没有改变过这个地位，因此将元老院贬回原位是没有什么法律障碍的。但是恺撒仍然需要防范元老院的实际反抗，因为元老院一向是罗马反对恺撒的焦点。这种关系就像是雅典最高法院以及伯里克利的关系。正是为了这个原因，元老院的人数已经从至多600名（战乱使得这个数字更少）增加为900名，而为了保持这个数字，每年准许进入元老院的分子——也就是指派的财政官——从20名增至40名。

元老院人数的异常增加完全是君主的意思，为了使得每年的人数固定增加，他甚至通过法律手段取得永久性的影响力，就是选举机构必须选择财政官候选的前20名，而这20人由君主推荐。此外，元首还享有权力将财政官的荣誉以及任何最高的职位——元老院的席位授予他中意的人，即使此人还不是贵族。

这种特殊推荐与授予自然是给那些新秩序的拥护者，因此除了地位高的人之外还有很多平民以及性格可疑的人进入那个崇高的元老院——比如那些以前被弹劾去职，或被法院判决去职的元老；西班牙以及高卢来的外地人，这些人到元老院之后还需要进一步学习拉丁文；甚至有些连骑士头衔都没有的次属军官；被解放的奴隶之子，也有声誉不好的奸商。

起先就非常排外的贵族肯定会因为元老院的组成人员改变而愤怒，认为这是故意败坏元老院的行为，但是恺撒并不是那种会采取自我败坏的人，但恺撒虽然认为元老院必须存在，却也决定不被元老院控制。他改变元老院的意图可能就是为了使元老院不再那么专断独行，而是让它变得和古代一样——成为一个代表所有阶级的国家议会，代表则是来自各个阶层的聪明人，因此没有必要将出身低的人排斥在外，自然也不该排除外国人。古王把非公民加入元老院，恺撒也吸收那些非意大利人。

如此，贵族统治被放在一旁，新元老院也对君主唯命是从，国家的治理就完全落入君主的手中，一些重要的事情仍然由"元首"亲自裁决，恺撒所处理的国事都是我们这种小人物无法想象到的。而这主要的原因还不在恺撒本人的迅速决，而有着更为普遍性的理由。当我们看到恺撒、苏拉、盖约·格拉古和一般罗马政治家所展示的那种能力，超出人性能力了，原因并不在于人性的改变，而在于现代的家庭组成和以往不同。罗马的家庭是由家中解放以及还未解放的奴隶共同组成的有机体，他们的心灵能力都可以为主人提供成果。懂得运用这些的心灵的主人，做事就像拥有很多心灵一样，这是集中作业的机关办公的理想状态。我们现在的办公室也在热烈地模仿这个，但是效率却差很远，因为过去的奴隶制度的力量远大于现在的资本力量。

恺撒懂得怎么样去使用这个优点。但凡有特别亲信的职位，他就派他的奴隶——由奴隶解放的自由民或者出身卑微的追随者去担任——只要其他的方向可以通过的话。从他的工作我们可以看到恺撒这个组织天才在运用工具时产生的成效，但是其中的工作细节我们就不得而知了。就这方面说，机关的运作就像是制造业，工作的成果不是由个人成果展示出来，而是以工厂成果的方式呈现。只有一件事是确定的，恺撒手下的人没有一个会对恺撒的工作产生个人影响，甚至没有一个人知道恺撒的全盘计划，他掌控的是整个整体，是唯一的主人。他身边甚至没有技术高超的助理，那些都只是他的劳工而已。

在具有严格政治意义的事情上，恺撒尽量不用代理人，哪怕只是细小的方面。比如他经常不在罗马，在这种不可避免的时间里，代理人也不是君主的合法代表——"城守"，恺撒一般都是用没有官职的亲信人，一般都是恺撒的银行家，例如来自加得斯的听话却又狡猾的腓尼基商人卢西乌斯·科尼利乌斯·巴尔布斯。

在治理上，恺撒最小心的就是国库的钥匙，他必须把这个被元老院从羸弱的诸王手上夺取来，又以此建立统治权的东西牢牢掌握住。只能把它托付给绝对忠于他而且只会忠于他的仆人。虽然国王的私人财产和国家财产是分开的，但是恺撒将整个金融财政系统牢牢握在手心，像一般的罗马贵人治理产业一样治理国家的财政。各省的税收以及主要的铸币工作都是交托给解放过或者还未解放的奴隶，从来不让元老院的人沾手，这个重要的步骤后来逐渐形成了一个重要阶级——"王室管家"，即财政官。

不过，各省总督——在他们的财政权已经由皇室的税收员接管以后，他们仅仅剩下军事指挥权。而由于地理位置极其独立，权力特别集中的埃及一直没有被恺撒划成行省。这个尼罗河上的国家总是比其他地方更容易从帝国的统治中脱离出去，在最近的危机中，意大利的党派首脑一度想要在埃及立足。恺撒没有将此地宣布为行省，而是把拉各斯王朝仍旧留在埃及，也是这个原因，埃及军团指挥的位置仍然像收税员那样由下级人员担任，并没有交给元老院。

但是，恺撒在整体上认为罗马的军队不能像东方国家那样，由仆从指挥。因此，他任命的比较重要的总督都是由卸任的执政官担任的。就算是不大重要的总督，也至少是由卸任的次执政官担任。公元前52年的法规规定：担任执政官与总督之间至少应有5年间隔。但是这个规则到了现在可能就不算数了，因此在罗马担任执政官之后可能直接就升任总督了。另外，以前总督职位的分配完全是由人民或者元老院安排的，或者在行政官之间调换甚至是抽签，但是现在则完全由君主说了算。恺撒从来都不缺合意的总督候选人的原因如下：执政官在一年的任期没到的时候可能就被诱导着卸任了。这样可以为接下来的任职者带来足够的时间，而次执行官的数量也被从每年8人增加到每年16人，而"元首"拥有其中半数以上的任命权（财政官也如此）。元首有权力让任职的次执政官以及财政官有名无实，也拥有召回总督的权力，尽管照例执政官的总督任期不能超过两年，财政官的总督任期不能超过一年。

有一段时间，元首连首都的治理都想要假手于人，于是交给他提名的执政官。他重新启用旧王时代的城市助理之法。另外在几次他本人不在首都的时候，将首都的治理交给他指派的一个或者几个助理，但是没有征得人民的同意。这些助理们可以联合起来执行一切治理任务，甚至连铸币这种事情都可以按照他们自己的名义进行，只是不能用他们的铸像。公元前47年到公元前45年头9个月，恺撒没有指派谁来担任次执政官，也没有管理官以及财政官，公元前47年，甚至在年前才指派了执政官。而整个公元前45年，只有恺撒一人担任了执政官。

现在除了新君主具有民主派背景这一点不同以外，看起来简直就像已经恢复了罗马城内古代的帝王权威一样。也就是说，执政官、次执政官以及公物管理官和财政官都没有存在的必要了。国王如果不在的话，由国王留下的城守治理，另外就只需要有保障公民自由的护民官和平民管理官。但恺撒后来还是放弃了这个计划，他自己没有接受王的称号，也保留了这些与共和国历史交织的职位，包括执政官、次执政官、公物管理官以及财政官。虽然还是保持他们的权力，但是地位却和以前大不相同了。

共和制的政治基本观念是将罗马城与罗马整个帝国的概念一视同仁，因此，罗马城的执政官便是整个帝国的执政官了。但是到了恺撒这里，这些观点全都改变了。恺撒所任命的执政官根本形同虚设。从此之后，罗马城的行政官只是帝国其他城市的行政官之一，没有什么区别。而这个职位唯一的好处就是，卸任后可以担任总督。

自此，罗马社团现在所遭受的命运就像以前那些被它所消灭的社团一样了，以前它对罗马帝国行使主权，但现在，它只剩下简单而有限的社团自由权了。数量增倍的不仅仅是次执政官与财政官了，平民管理官也平添了一倍的人数，而为了监督首都的供应品，甚至谷物管理官也增加了两名，平民管理官和谷物管理官的人选由社团直接选择，这个选择不像选择执政官的候选人那样受到多种限制。总之，古代遗留下来的保护公民自由的举措都没有遭到大的更改（但是这不是说那种死板的护民官不会遭到严重的干预，有时很可能连元老院元老的身份都被剥夺）。这样的话，这些重要的事务都需要直接由元首本人决定，政治交给他的仆人，军事交予他的副官，而市内行政官员替代了旧有的共和政府官职。恺撒仍然站在专制统治的顶点。

而精神遗产部分恺撒几乎不做重要的变动。罗马国教对新王制度的作用和它以前支持寡头政治一致，仍然可以服务于现有制度。此时，元老院保守派的宗教政策就过渡到了新王的手中，当法罗将罗马神学的大贮藏所——《古代神事》付诸出版时，将这部著作献给了恺撒——以献给"大祭司恺撒"这个名义。对于朱庇特的崇拜之情已经将余晖转向了新王，还有那濒临消亡的古老民族的宗教信仰现在已经沦为"恺撒崇拜"的工具了。

在法律方面，重新启用了古代的国王审判。古代的国王审判，在刑事案件的审判中，国王可以不考虑人民的求情，而在民事诉讼的审理中也可以不听任陪审团的意见。而恺撒也像是以前那样确实取得了直接审理任何案件的权力。当他不在城内的时候，这个工作交由他的城内助理完成；若是他本人在城内，那么他便可以独断专行地审判案件。我们可以看到他和古代的帝王一般，如果审判被指控叛国的罗马公民的话，他就在罗马广场审理，而有时也会在他的房屋内审理类似附庸王侯等罪行。由此可以看出罗马公民在这个过程中唯一还保有的特权就是能够见证审判过程的公开性。但是此类由国王亲自审理的案子毕竟只是大多数案件中的一小部分而已。

在刑事与民事案件中，以前共和制的审理程序基本都保留下来了，刑事专家们组成委员会，主要处理刑事案件，而继承法庭则承担起了民事案件的审理，当然也有直接由专门的陪审员处理。在首都，司法执政官监督管理法律过程，而各地则是由总督负责所属地区法律过程的监督指责。政治犯的审理，则即使是在现在的君主制度下也是需要参考陪审委员会的意见的。恺撒发布的新法令将应当受到惩罚的行为都明确地规定起来。对言论的指控统统不予成立，而且不采取死刑，顶多是流放。而陪审员的人员分配如果仅仅只是元老院或者骑士阶级的话，前者不符合寡头政治的愿望，后者则违背了严格的格拉古派的理想。因此恺撒让陪审团的人员配置以科塔的协调法为基础分配，意图协调各个党派。但是陪审团还有另一个条件就是采用公元前55年庞培的平民保护官法为原则，要求每位陪审团团员必须拥有40万赛斯特尔茨以上的财产——使得低阶层的人员是不可能进入陪审团的。因此，一直在争取这个陪审权力的元老院与有产者们，两方终于得以平分这个苹果。

由护民官下达最后的判决之前，任何案件都可以在国王法庭以及共和国护民官的法庭进行审理。就算是君主也没有权力推翻由有资格的司法人员做出的判决，除非有确凿的证据证明是由不正当的贿赂、暴力以及类似情况导致判决不公。另外，由于受害者对判决不满也可以向行政官的上司提起上诉，同时由于所有的行政官，至少所有的行省总督，都被视为统治者的下属，他们的任命都可以直接上诉给恺撒，因此造成了之后向恺撒直接提起上诉的情况变得十分常见。

这些在司法上的新创举，包括最重要的普遍上诉权都不能对罗马司法上的种种恶果起到绝对的改善。因为只要是蓄奴国家，奴隶在"事实上"都是交由主人处置的，那么国家的司法程序就必定存在弊端。虽然只有奴隶犯错使得奴隶本身失去了对主人的价值，或者实在使主人不满意的时候，主人才会像对待一头常常顶撞东西的牛一样处置奴隶，而这里的区别也仅仅在于主人会把牛送进屠宰场，奴隶则是卖入竞技场罢了。即使自由人是有法律程序保护的，但是仍然不可避免受到政治的影响，从严肃的法律程序演变为派系斗争，常常要运用偏袒、金钱和暴力。

在此情况下，行政官、陪审员、诉讼当事人，甚至是作为观众的公众都可能是始作俑者。而最可怕的就是来自律师的伤害了，律师可以利用在法庭上有如寄生虫一般疯狂繁殖的诡辩来使是非观念消失。在罗马的刑事审判过程中，一般人不大容易分辨出意见与证据的边界，因为都被律师一张如簧巧嘴说得模糊掉了。这个时期一位罗马律师凭借多年的经验说："任何罪名，不论是否真的存在，都能被放在一个普通的被告身上，并且一定会被定罪。"在这个时期中，许多刑事抗辩都被保留了下来，但是其中有提出证据或者反证的情况几乎没有，全都是极其不严谨地确定罪行的。

民事诉讼中则更是存在许多不健全的地方，它也明显地受到派系斗争的影响。例如在公元前83年至公元前81年，在有关普布利乌斯·昆提乌斯的审理中，起决定因素的其实是秦纳和苏拉谁在罗马城内占据上风。如果秦纳占据上风，那么审判结果必定与苏拉占据上风的结果不相同。律师们经常把法律程序弄得一团糟，究其原因主要是律师们本身就完全不懂法律条文。但这类案件性质决定了律师的诡辩没有那么容易混淆是非，因此，这个时期的民事诉讼案件远比当时的刑事案件少一些诽谤，而且更合法一些——虽然仍然不能符合我们严格的考验。

恺撒在限制律师的这种诡辩上比之前的庞培更加严厉，下达的政策也更为有力。恺撒手中的执政官都是经过严格筛选，加之有效的监督，还有陪审员的严格派定，使得那些出现在法庭上的腐败以及恐吓现象变得少起来。但是原本被摧毁的且已经被腐败等不良现象消磨殆尽的是非观念，以及对法律的尊重，要重新被大众接受就比较困难了。由于那些犯罪以及邪恶的根源没有被消除，即使立法者在立法中力图驱除这些邪恶也不一定会有好的成效。只能等待时间这个可以治愈一切的良药了，但是是否可以起效也还是未知数。

罗马此时的军事制度与汉尼拔时期如出一辙。军官由统治阶级选派，军队则由各个行省的人员以及平民、仆从构成。在政治及军事方面，将军基本是靠他所驻扎省份的资源，无论幸运或者不幸运，他都算是独立于中央政府之外了。而军队中间唯一用于联系的纽带就只有团队精神，因为士气以及民族精神都基本荡然无存了。在政治上，军队已经没有自己的立场，完全依靠指挥官的观点——从这个意义上来讲，军队已经不能再算作是国家工具了。军队的好坏已经完全看指挥官的优秀程度：如若指挥官是个肚大肠肥的无能者，军队也就只能是一群乌合之众；但如果遇上优秀干练有眼光的领导者，军队就会发挥出民兵永远都无法媲美的完美能力。

但是当时的军官阶级早已堕落不堪，元老以及贵族等高阶层者已经不能适应军旅生涯。以往最吃香的参谋官职位，现今已经无人问津。从军的骑士阶级争夺的职位必定是军事护民官，而出身军旅的贵族都更希望能够派至没有敌人的省份，例如西西里等地。骁勇善战的将军则被人斥为亡命之徒。这个时代士兵的平庸，通过庞培能够成为被崇拜的士兵偶像这件事就能显示出来。军官甚至比士兵更容易逃亡以及兵变，而不论军官如何纵容士兵，仍然每天都有不少要求解除军官官职的提议。恺撒曾经亲自记录下当时军营的混乱：当下达进攻阿里俄维斯塔的命令时，一片诅咒声和哭声充斥整个军营，有人在准备遗嘱，有人甚至在要求休假。

服兵役的法规依然还在，但是征兵入伍却非常不规范，使得整个军队几乎没有了出身比较好的人，而这种人一旦入伍也许会在军队待上30年。骑兵是由罗马公民组成的，他们穿着喷满香水的骑装，骑在名贵的马匹上，几乎只出现在首都的节日典礼上，俨然就是马上的贵族卫士。而公民的步兵其实不过完全是佣兵队伍罢了，由最低的阶层组成，至于属民供应的骑兵以及轻步兵中属民的数量也日渐增加。军队作战核心的百夫长职位，以前只能按照军规由士兵升职上去，现在往往当作馈赠或者贩卖给出价最高的人。同时军队的补给也因为政府财政理财的杂乱无章以及各级行政官员的贪赃枉法，而变得短缺并没有保障。

因此，不可避免地，军队常常掠夺行省的住民，甚至经常出现兵变甚至临阵逃脱的现象。即使是数目足够可以作战的部队，也经常因为这种基本的情况临阵溃败。比如公元前57年，庞索的马其顿军队便是如此。只有庞培、恺撒以及加宾尼乌斯此类干将才能整合这些乌合之众，让他们成为能征善战的军队，但这样的军队与其说是属于国家的，还不如说仅仅属于将军个人的。至于一向遭到罗马人厌恶的海军则更是腐败了，也因此始终没有被国家化。在寡头政治之下，几乎所有能够出问题的地方都出了问题，简直腐朽不堪、不能收拾了。

恺撒的措施仅仅是重整军纪罢了。他所谓的重组罗马军事系统的举措，根本没有涉及系统本身的改变，他似乎认为不需要，也不可能彻底改革，因此他的做法如同汉尼拔一样，他下令：30岁以下者，凡是担任市政官员以及担任市议会会员的，都至少需要先在骑兵担任军官3年或去当6年步兵。这说明他想改善陆军的素质，但恺撒能够感觉到罗马人尚武的精神已经衰落，他们无法再以服兵役为荣。恺撒也因此不打算重建罗马公民骑兵，对征集制度以及服役期限的缩短都更好地做了规划。底层罗马公民仍然是步兵的主要兵源，同时属民依然提供骑兵与轻骑兵。当然，令人惊奇的是，恺撒没有对舰队做任何改革。

恺撒采取了两个在他看来极具冒险性的新办法来改善骑兵不甚

可靠的现状——一个是征召外国人,尤其是日耳曼人入伍;另一个则是指派军团副官。在此之前,率领军团的军事护民官一般是由公民指派一部分,再由相关总督指派一部分。军团内的指挥由军团内的6个军事护民官轮流担任,只有在极其特殊的情况下,将军才委任其中一人为暂时的司令。再后来,这个副官,也就是上校的职位,一般不再由他们的顶头上司指派,而是直接由最高司令直接委任,并且在后来成为永久建制了。这两种变化其实是恺撒参照着加宾尼乌斯法处置的。这个对于军事体制的改革主要原因是以下3点:第一是缺乏有能力的高级军官;第二是军队需要更有力的权力集中;第三则是用来平衡总督对于军队的影响力。

其中最重要的改变是元首成为永久的军事领袖,取代了以前那些徒有虚名的监督从而成为最真实有力的最高统帅,将整个军事控制权握在手上。最高统帅以及特区指挥官,他们之前在各自的领域都是全权的,而此时他们之间的关系究竟呈现怎样的状态,我们则缺乏足够的数据给予证明了。或者他们之间的关系和次执政官与执政官,或者执政官与独裁者之间的关系类似。也就是说,在行省之中,总督虽然拥有最高权限的军事权威,但是元首有权在任何时候由自己或者委任代理取得这个权威,凌驾于总督之上;另外总督仅仅在他的行省之内拥有此最高权力,而元首则在全国范围内都拥有这个权力。以前,总督拥有权限派任军事护民官以及百夫长,而现在可能连同副官的派任,都变为元首的权限了。同时,征兵、放假以及重要刑事案件的处理,可能也交由元首来完成。在此基础上,总督的权限受到了极大的限制,从而不在乎军队的散漫,或者直接变为直属上司的私人部队。

但是，尽管恺撒军事独裁体制如此明显，但他却并不想将他的权威建立在军事力量上。由于国家的版图仍然需要大规模的戍边战役，所以他认为常备军是必须的。在他以往的战争以及最近的内战中，都是为了平复西班牙而努力，并且在非洲广袤的沙漠边缘以及莱茵河沿岸布置了强大的保卫据点。他甚至计划将据点扩张至幼发拉底河以及多瑙河沿岸去。他筹划了3年，打算一劳永逸地彻底消除数批敌人，发动了远征——远征帕提亚人的战役，却败北了。其外，基提的布莱比斯塔斯王正在多瑙河的两岸扩张地盘，因此恺撒正打算征兵攻打他。恺撒也打算如同他在高卢设置的边区一样，在意大利的东北方也设置边区来保护意大利本土。

恺撒并不像亚历山大那样追求无止境的征服，但是也有传闻说恺撒意欲从帕提亚进军到黑海，再由黑海至多瑙河，同时兼并西提亚和日耳曼，直至到达在那时的观念里被普遍认为离地中海不算特别远的北海，最终从高卢再返回意大利。但我们找不到任何非常权威的证据来证明恺撒确实有这种匪夷所思的计划。但是，当时的罗马帝国确实需要花费好几个世纪去吸收融合周边的一系列蛮族。因此，这个征服计划就算拥有足够的军事力量，也不过就是个莽撞的好大喜功的计划罢了，几乎和亚历山大那个没有经过仔细考量的远征性质一样。但是事实上，从恺撒以及他的政治继承人对不列颠以及日耳曼的态度上，可以看出恺撒可能仅仅希望仰仗着诸神的保佑来保证帝国已经拥有的土地，他或许无意向外扩张。他的计划也就是为了保证他认为的边界稳固而已——保持幼发拉底河防线，把东北不稳定的国界线发展到多瑙河沿岸，以易于防守。

我们不能把恺撒看作亚历山大以及拿破仑那样的征服者。他并不希望军队成为他君主政体的基础，他不希望军事权威凌驾在民事之上，而是成为国体的一部分，并且尽可能地隶属于文人政府。他将战功赫赫的高卢军团解散了，就因为他们的团队精神不符合文人政府的政策。恺撒给予了他们光荣的称号，将他们的名字刻在新建立的市镇中永留纪念。恺撒并没有像苏拉那样，让士兵住在自己的半军事殖民区里，而是让他们分散，分给他们土地，尽可能往整个意大利的各个地方派遣。只有一个地方不可避免地聚集了许多跟随恺撒的老兵，那就是坎帕尼亚。

恺撒还用各种方法来解决文人政府的国家中需要保持的常备军的问题，可以临时遣散，并且限制服役的年数，使军队可以较迅速地变动人员。而服役年满的士兵仍然可以照例成为农民。当然，最重要的是要军队驻扎到边界去，到远离意大利人文、生活与政治中心之外，用以抵抗外国敌人。

恺撒身边并没有像真正的军事政府那样有一批拥有特权的卫士。将军在执行任务的时候，固然需要既有的特别卫队，但这个传统到恺撒这里却失效了。他的禁卫军是由传令兵组成的，没有精锐的战士，因此传令兵也不是值得作战部队忌妒的对象。恺撒为王之后，仍然像当将军时那样不起用贴身侍卫，尽管元老院多次提议他设置精选卫队，而且他自己也知道其实他的四周危机四伏，布满了暗杀者。恺撒甚至还很快遣散了他刚到首都时一直使用至今的西班牙卫队，身边一直只有一个侍从官，这也是按罗马惯例，跟随最高行政官的侍从官而已。

恺撒以及他所在党派的最高理想，不是依靠军事力量，而是让人民信赖，在罗马建立一个伯里克利那样的政府。他在整个过程中放弃挣扎，为此付出了前无古人的努力，希冀能够抵抗军事专制的观念。但显然这个理想是超过了事实的可能性，也是恺撒这个始终保持着乐观理性的心灵中唯一超出了明智判断的地方。他心中所构想的那个非常人性化的政府，必然会随着领导者——他的消逝而消逝，就像是伯里克利以及克伦威尔的政府一样。

恺撒想要秉承罗马之前7位国王的道路，单纯用法律还有正义去领导人民。这是作为罗马的第八任国王，在他活着的一生中，他都是不可能亲眼看到的。同样不可能的还有，他试图将常备军纳入到国体之中以控制这个想法，因为军队在之前的内战之中已经领略到取得权力的甜头，却忘记了服从的天职。

因为此时的罗马已经到了全民蔑视法律、无可救药的地步，任何人如果对这一点冷静判断和考量，必定会觉得恺撒在做一个不可能实现的白日梦。士兵们经过马利乌斯的军事改革之后，已经不再被认为是公民，而军队至今给予法律的究竟是怎样的一个支持，从坎帕尼亚的兵变与塔普苏斯的战场表现也可见一斑。在恺撒的命令下，无数刀剑已经出鞘，但是已经抽出的刀剑不可能那么听话地回到刀鞘内了，更何况恺撒现在已经不能把他解散了的军队重新控制起来。

命运的力量永远凌驾在天才之上。恺撒建立起的是他最厌恶的军事专制体制，而恢复文人政府治理国家的理想也不过镜花水月。他用军事政权替代了以前贵族与银行家的专制政体，结果国家还是被少数的群体操纵与统治着。而这样创造的意义最后变成一个错误，乃是位居最高权力者的特权。对于国家来说，最珍贵的东西莫过于伟人们为了达到理想却导致辉煌的失败。在紧随其后的几个世纪之中，罗马没有被警察国家替代军事政体，这是恺撒的功劳。恺撒以后的皇帝们，尽管许多与恺撒走的路不同，但他们都只用军队来对付公敌而不会用此对付公民，这也是恺撒的功劳。因为他们都对军队还有国家怀有敬意，不可能让军队成为警察来管理国家。

因为罗马帝国的土地辽阔，又没有巨大的外债，所以罗马的财政困难并不算大。而罗马如果说曾经陷入到不断的经济困境之中，究其原因，却不是因为岁入的不恰当，而是几年内岁入的大幅上涨。原先每年的岁入大概 2 亿赛斯特尔茨，而俾泰尼亚—本都斯行省与叙利亚行省也纳入版图，在此基础之上岁入又增加了 8 500 万。这个增加以及加上不断上涨的奢侈品税等新来源，远远超过坎帕尼亚公地损失的税收。而被充公的卢库鲁斯、麦特鲁斯以及庞培和伽图的财产也增加了国家的财富。国家财政的困境处理不善只占到了部分原因，最主要的原因在于例常以及异常的花费。例如属于例常的首都谷物分配远远超出了正常的量。公元前 63 年伽图增加了这项费用，自此以后每年 3 000 万赛斯特尔茨花在这上面，到了公元前 58 年以后，连象征性的谷物费也不收了，于是这一项就减少了国家每年岁入的 1/5。而且向西里西亚、叙利亚及高卢增加驻军，也增加了新的军事预算。包括海军的特殊花费，例如公元前 67 年海盗大围剿以后 5 年，用掉了 3 400 万赛斯特尔茨。另外战争与准备战争其实也是很大的开支：庇索装备他的马其顿军就花费了 1 800 万赛斯特尔茨，庞培为了维持西班牙军也大概花了 2 400 万，而恺撒的高卢军所用数目也与这个数字类似。

这部分的开销多而且繁杂，以罗马的财源并不是不能负荷，但是罗马人的行政效率跟之前已经没法相比，主要的原因是来自于民众的民心松弛和部门官员的不知羞耻、贪赃枉法造成的。国库不能及时地支付这笔开销，究其原因也是因为政府无法获得这么庞大的财源。两个负责督事的财政官也都是每年都会轮换的年轻人，自然抱着袖手旁观的态度。对于那些长期的办公部门，之前当然是极其受人尊重的，但是也转变为现在习以为常的腐败之风，特别是由于他们的官职是可以买卖的。

但是，当恺撒的内阁主导起财政时，整个财政机制大机器的轮子和弹簧这才开始有了活力，而且有序可循。盖约·格拉古的两个主要谋略，一个是直接税的出租，另一个是谷物的分配。这两个部分之前像是两个毒瘤一样给财政造成巨大损害，现在也部分被取消和被修改。恺撒和格拉古不同的地方在于，恺撒不用大资产家和首都民众来压制贵族的办法，而是把它们放在一边，把国家从这些寄生虫的吸附中解救出来。

由于这些原因，恺撒在两个重要的问题上，舍弃格拉古的办法而采用了苏拉的办法。间接税继续采用出租制度，这是可以长远实行的的良策，而且（这也是根据罗马的财政箴言提出的，税收要简便易行，恺撒遵守了这一点）坚决执行不被取缔。但是直接税至此之后被划分为两个税种，根据国家的所需直接供应，以定额的金钱作为税收，由当地的税务员进行征收。例如非洲与撒丁尼亚谷物和油的供给，还有小亚细亚的岁入。

恺撒还废除了首都执行统治社团的谷物配给特权，他们也不再享有被该地属民供养的权利。这样的政策无疑使更多的贫苦民众能够得到温饱。由伽图重新核准的塞姆罗尼乌斯法的颁布，使得罗马的公民人人都可以享受一定的免费面包谷物。在32万要求谷物配给的登记者中，恺撒排除了其中有生计来源的登记者，剩下15万人，并且以这个数目作为一个固定的供给最高额度，以每年的调查作为根据，把死亡或迁移的配给名额发放给其他的匮乏者。

这样的方式，让原本拥有特权的社团丧失了其政治特权，贫苦民众从中得到了一些基本的生存资源，这种方式使精神性和历史性的原则诞生。社会各个阶层都逐渐认识到由于利益关系依赖性在日渐增强，在此之前的古代，国家只是保障贵族的利益和人身安全，但政府并不顾普通贫苦民众的利益，民众一直都处于水深火热的物资贫乏的生存环境之中。希腊文明在梭伦及梭伦以后的立法中立下原则，社团有责任给匮乏者提供帮助，更确切地说，恺撒把救济一切贫困者作为国家机制一部分，这一方式不再仅仅只是作为一个局限性的市政措施，而是成为国家制度的一部分，这种方式表现人类的同情心与人类的不幸一样重要。

除此之外，财政上的收入和支出也做了彻底修改。主要的措施是减免税收，不少的社团，甚至是整个地区都受益，有些是由于被授予了罗马或拉丁的公民权间接免税，一些是由于直接免税。但是仍然还是以降低为主，免税为辅。就连行省中税收最重的亚洲，也改成了直接税，甚至减免了1/3。以新的岁入为例，伊利里亚社团特别是高卢社团，年缴纳仅仅4 000万赛斯特尔茨。

其他方面，有许多像非洲小雷普提斯那样的城镇就提高了税捐，作为战争时期的一些行为的惩罚，不久之前被取消的意大利各港口原本丰厚的税收，现在又开始急征。这项税收主要加在了东方进口的奢侈品上。这些措施的执行都为罗马揽获了丰厚的财源。另一边，还有因内战导致的自然而然的收入，高卢搜刮来的战利品，首都的现有储蓄款，从意大利、西班牙庙宇里掠来的宝藏，以及强迫贷款、强迫奉献或依附社团或统治者们缴纳的罚金所得的款项，甚至是法律案件的罚款，或者直接命令罗马富翁所缴纳的收入款项，特别是战败方资产的充公。就仅仅加入反对派元老院的非洲资本家的罚款就高达1亿赛斯特尔茨，单是庞培的产业进行变卖后就得到7 000万赛斯特尔茨。这些手段都是必不可少的，不能纵容战败贵族依附于庞大的财力东山再起，只能依靠强制手段以战争费用为惩罚借口才能彻底地削弱他们的势力。恺撒选择把这部分财源充公，因而缓和了愤恨。而且，他和苏拉的不同在于，他不会放任心腹，一旦他们有诈欺之罪也决不包庇。他的心腹马尔库斯·安东尼乌斯在购买充公产业时，他也都按价索要款项。

支出方面，粮食配给量的限制成为缩减支出的重要举措。恺撒对匮乏者的粮食配给，以及由恺撒开始才有的油类供给——主要用来给罗马人沐浴，这些供应主要由撒丁尼亚岛特别是非洲给予供应，因此其全部或大部分与国库的支出分开。但军事上的开支则迅速增加，由于常备军的规模扩大，军饷不断增加造成的——年薪由之前的480赛斯特尔茨提高至现在的900赛斯特尔茨。这些举措都是必须的。要想保住边界，就不得不改变前线防卫部队缺乏的现状，增加军力是首要的选择。而增加军饷，这就有利于恺撒笼络军心。但这种举措的执行还有一个更加重要的原因，就是和罗马本身的历史原因相关。在古代制定的军饷标准是每天1.33赛斯特尔茨，而现在的购买力、生产力提高，首都工人一天的薪水都涨至3赛斯特尔茨，但是军队还能以1.66赛斯特尔茨召集到士兵，是因为这个钱不再是士兵的全部收入，仅仅只是作为士兵的军饷和外快。这反而成为百姓的负担。恺撒通过改革军事制度，把日薪定为2.5赛斯特尔茨，加重了国库负担，但是其影响仍然是利大于弊的。

恺撒自动或者被迫支出的财政款项实在巨大，特别是战争所支出的款项数额巨大。还有一个很坏的例子无法忽略掉，恺撒在内战期间对士兵和一般民众所做出的承诺也是巨大的，他承诺给每个参战的士兵2万赛斯特尔茨，给每个不参加任何一派的首都公民300赛斯特尔茨。这个承诺太大了，但是作为一个有魄力的王者，他不能食言，而且他对匮乏者的慷慨也很大，同时在建筑上又花费得难以计数——在共和国最后几年内，他对建筑的修筑疏忽得特别厉害。恺撒在首都兴建的建筑，部分是在高卢之战的时候建的，部分是那个时候以后建的，总价值高达1.6亿赛斯特尔茨。

恺撒对财政管理的成效可以通过财源的增加反映出来，公元前44年3月，国库里存额达到7亿赛斯特尔茨，加上他个人采库的1亿，远远超过共和国最盛时期财库总额的10倍。

摧毁原先旧的派系，建立新的国家体制，扩建有效力的军队及井然有序的财政等诸多工作，这些并不是恺撒工作最困难的部分。意大利的真正复兴需要将整个帝国的所有部分，包括罗马城和各个行省进行脱胎换骨的组织重建。下面，让我们来试着描述下帝国旧秩序和新的开端的具体概况。

早在很久之前，拉丁各族的优良品性就在罗马消失，这已经成为一种普遍现象。首都的统治族群比任何此等级的社团都更容易丧失本身的特质，在罗马城中，上层的统治者从城市的公共生活里撤出，不再以固定的城市作为安身立命之所，而是在整个国家中找到他们的家园。大批的外国居民，比如各种利益驱使的商旅、部分懒惰的群众、罪犯、经济与道德都陷入破产的人，共同形成了新的大都会。随着整个帝国行政能力和效率的提高，文职不再是虚职，商业也不再只是市民集会而往帝国统治者集会的方向发展。尤其是当小的宗族社团和其他的社团不再存在时，罗马的一切社团生活宣告终止。罗马聚集了各式各样的人，进行着很多正当或者不正当的商业行为，比如投机、淫糜、阴谋、学习犯罪的手法，甚至可以逃避法律的监视，这些不正当的商业行为会成为大都市的本质弊端。但是一些偶然性弊端，导致的害处也许更深。在历史上，从来没有哪个大都市会像罗马那样缺乏维持生计的能力，完全依靠进口和奴隶制家庭小型制造业。所以长久以来，自由工业一直没有得到机会发展，古代社会的毒瘤——奴隶制度——在罗马将它的一切恶果都展示了出来。没有哪个地方比聚集在罗马大城里的望族和暴发户宅院里的奴隶要多，也没有哪个地方比罗马奴隶的人种更加复杂，有叙利亚人、弗里济亚人、利比亚与摩尔人和希腊人的混血，还有基提人与伊比利亚人，并夹杂着日增的凯尔特人与日耳曼人。他们的自由散漫导致了道德的败坏，形式上的道德和精神上的道德之间出现一道裂痕，这一点在城市里有教养或半有教养的奴隶身上非常直接地体现了出来，其严重性远远超过了乡村里只知道干活的奴隶。

但是，跟奴隶相比，更大的败坏群体是那些"在法律上"解放了的或"一定意义上"解放的奴隶——一群行乞的乌合之众及暴发户们。他们不受奴隶制的束缚，但是又得不到公民的权利，在经济上甚至在法律上依然依赖着他们的主人，但是行为却充满了自由人的肆意妄为。这些人比谁都更加向往大都会的生活，为大都会种种投机的利益吸引，而零售商和小工业几乎被他们垄断。他们对公民选举的影响力也不断加大，更是主导街头暴动的角色，导致很多商店和商场无法正常营业也是他们的作品。

政府不但对这种现象不管不问，甚至还由于自私的政策给予了纵容。本来那些被判过死刑的人不准留在首都，但是警察执法时对这种人睁一只眼闭一只眼，法令也就形同虚设了。而人民集会需受到监视，这个法令刚开始是被忽视的，但是后来因为对人民自由的不正当限制而遭到禁止。公共节庆更是铺张浪费，就连7个普通的公众节庆日——罗马节、平民节、众神之母节、谷神节、阿波罗节、花神节与胜利女神节，加起来一共就有62天，还要再加上角斗士表演和其他的娱乐活动。而谷物粮食的低价供应本来是不得不做的救济贫民的措施，但是粗心轻浮的态度导致了严重的后果，谷物面包的物价起伏巨大，让人难以相信，但是谷物配给又像是官方的一个邀请，导致缺粮公民和懒惰的民众纷纷聚集到罗马城。民众的物资极端匮乏，使得民众常常忍饥挨饿。社会治安动乱，首都的法制已经无法保障公民的生命安全，烧杀抢掠等诸多盗匪行为成为独大的行业，所有民众的生命财产安全都岌岌可危，甚至很多人预谋杀人时都要把人诱至罗马城。没有哪个民众敢不带武器就进入首都郊外。

罗马城外的混乱景象和城内的相呼应，没有经过任何疏浚的台伯河，只有桥梁是唯一用石材重修过的。七丘之城也未铲平，也许只有垃圾堆被稍微整理了一下。街道规划更是杂乱无章，狭窄、弯曲、陡斜，甚至人行道都铺设不良。房屋建设更是毫无章法，仅仅只是满足投机建筑商的利益，完全不考虑小业主的需求。房屋建设以砖材修建，形状高而且窄，让人发晕，结果是建筑师大赚特赚，小业主像乞丐一样。在贫民窟里出现了以抢占小业主生存空间为代价建起的富人的豪宫，正像它们的主人抢占了这些可怜虫的国家地位一样。这些豪宫的大理石柱和希腊雕像与腐朽败落的神庙形成了强烈的对比，神庙上的木头雕刻尤其显得灰暗凋敝。

对街道、河岸、火警及建筑方面的官方监督是非常失责的，水灾、火灾与倒塌事故频发，相关部门官员却冷眼旁观。如果说这些政府"要人"有所听闻，那也无非是向占卜师寻求答案。这些又有什么意义呢？假如要对那时候的罗马有什么印象，就可以这样设想：是伦敦吗——但是有新奥尔良的大批奴隶人口，加上君士坦丁堡的警察，还有近代罗马人游手好闲，再加上1848年巴黎政治骚乱的一部分，而这就是西塞罗与他的那派人所哀叹的共和国的荣光。

恺撒对以上的社会还是抱有积极改善的态度，而非一味地哀叹。当然，这种改善不可能改变罗马已经成为一个大都会的事实，更加不能使罗马具有意大利的风格，恺撒也并不打算这样。就如同大都会亚历山大里亚也是混合了希腊风、犹太风、埃及风及世界各种特质。亚历山大也是在类似的情况下摸索适合希腊——东方帝国的首都。民族大混合的局面已经决定新的罗马——希腊帝国的首都不可能只是单一的特定的民族风格，而且也不仅仅只存在意大利一个社团。这样的原因导致恺撒接受了异邦神祇崇拜，例如埃及神，甚至还有犹太人在首都举行怪异的宗教仪式。罗马城里混杂的各种民众是多么的让人厌恶，但是恺撒并不反对其扩充，不仅如此，在节庆时除了使用拉丁与希腊语之外，他还鼓励他们使用腓尼基、希伯来、叙利亚和西班牙语等进行表演。

民族混合的现状已经无法避免，恺撒也默认其作为大都会的基本特质。更重要的是对整个罗马城里存在的可耻可悲生活状态的改善，由于奴隶制这个万恶之源已经根深蒂固没法彻底根除，所以他只能通过限制城内奴隶的总数，他在其他地方也实行过，但是这种方法还是存在疑问。同时首都的自由工业仍然难以进行。幸好由于他大兴建筑业，使用了这部分空余待业的劳动力，为很多无产阶级提供了微薄但正当的收入。

同时，恺撒尽力处理自由的无产阶级。由于首都的谷物配给变成了数目固定的贫民救济，虽然不能解决首都大量无业游民的涌入，但还是起到了很大的限制作用。护民官对于那些从事不正当商业行为的投机分子采取了严厉的措施，因为有大量的海外殖民，无产阶级也变得日渐减少。单单是恺撒当政的几年，就有8万殖民者被送往海外，这些人的大部分是首都的无产阶级。事实上，科林特的殖民大部分是解放过的奴隶。依照之前的惯例，解放过的奴隶是不准任城中任何荣誉职的，但是在殖民地，恺撒允许他们加入当地的议会，这种政策可以说是对殖民的鼓励。

这种殖民政策在当时的历史情况下是必然的，而合理的殖民政策也使得无产阶级的不幸得到一定的改善。同时，当时的聪明人都明白，无产阶级数目的不断增加只能通过无限制扩大殖民数目的方式来制约，恺撒也是明白这个道理的，所以长期使用这样的政策来达到减低首都犯罪率的目的，而且首都重要的必需品的价格也在想办法控制。国库的重新组织及管理让他具有控制力，同时设置了两个谷物管理官，也能在一定程度上监督包商和首都的市场。

罗马一直被法律严厉禁止的结社问题总是无法解决，现在，政府体制上的改变使其得到了遏制，因为共和派的消失自然也让选举的腐败和暴力随之消亡。另一方面，因为在克罗狄乌斯法下成长起来的帮派被解散，整个会社制度也受到了政府更加严格的监督。那些长久以来存在的商会，像犹太人的宗教结社，只要向元老院备案即可。但是如果想重新成立一个长期的有固定义务与集会的会社，就要严格地得到元老院的许可和元首的首肯了。

另外，警察和司法方面的改善也相当大。特别是法令，对于暴行的处罚力度加强了。从前共和国时期的一项不合理的法规规定：凡是被定罪的犯人，如果自动放逐出境，是可以减免其一部分刑罚的。现在这条也被取消。历史上保留下来了恺撒时期大部分详细的警令。例如，屋主需要负责街道的修补工作，用切过的石块将人行道沿着一定的宽度铺设，首都狭窄的街道只有夜晚才能行车。至于警察的监督也和以前一样，把全城划分为4个管理区，由4个主要管理官负责管理各自区域里的警察。

恺撒执政是首都建筑修建的一个繁荣时期，超过之前无政府时期和共和时期，更是罗马贵族没法相比的，无论是他花费的金额上还是对建筑幅度上，都远胜于马西乌斯与埃米利乌斯那些平庸之辈。他大肆动工土木的好处，除了以上提到的缓解了城中就业压力，相对他的继承者大肆兴建庙宇与其他的华贵建筑，他修建的建筑对民众的生活及当地商业有很大的积极作用。他下令在马尔斯广场上新建了尤里乌斯会场，可以松缓罗马市场的压力，因为罗马广场是主要的公民集会场，有法庭、货币交换所，聚集了各种各样的民众从事他们所需的日常活动；恺撒还在卡皮托山与帕拉丁之间建筑了一个新的法庭。

这些改善只是恺撒计划的第一步，他的计划还包括兴建新的元老院，新的气派的大集市，足以与庞培的剧场媲美的新剧场，罗马的第一座图书馆——以亚历山大里亚被毁的图书馆为参考模型的拉丁与希腊公共图书馆，及一座远胜从前的十分富丽堂皇的战神庙。他的更大的利民贡献是淘干庞普提努斯沼泽，修建新运河导引台伯河水到适当的人工港。这种对恶劣自然环境的改造，消灭了首都人民长期困扰的敌人——疟疾；这个工程还扩大了有限的城市建筑空间，使得罗马城得到了一个长期以来渴求的安全海港。这些改造让人感觉元首似乎可以移山填海，能够与大自然对抗。

然而，恺撒这些计划的顺利实施虽然带来了极大的成效，让罗马城更加井然有序，但是也让罗马城失去了政治上的优越性。罗马城与罗马国是一体，其实这个观念本来就显示了其荒谬性，但罗马共和国的中心观念却认为两者是一体的，认为罗马城与其是共存亡的关系。只有在恺撒当政时期，这个观念才被弃置，罗马城的地位与其他大城市无异。实际上，恺撒的市政命令不仅仅是发给首都的，也发给每一个其他的城市。从这一点上可以看出，恺撒不仅仅在努力地治理国家，也给予每一个东西它应有的恰当的称谓。帝国时代的罗马，由于没有能力像别的社团一样有稳定的财源，它在本质上甚至还不及其他城市。共和国时的罗马，更是一个盗匪聚集之地。但这就是罗马国，在罗马国君主时期，尽管罗马已经开始用三大洲的光荣与黄金和大理石来装饰，但是也掩饰不了里面腐烂了的贫民区的现状，总的来说，就是掩盖一个罪恶而已。

虽然恺撒在首都的主要任务就是采取警察行动来扫除混乱，但是要补救经济方面深层次的崩溃就没那么容易了。经济上最严重的问题在前文已有所述——农业的逐渐消失和商业人口的不自然上升，读者们还不至于忘记意大利农业的衰败状况。虽然政府采取了很多办法来防止小农群体的消亡，但是在这一时期内，意大利的大部分地区——也许亚平宁山谷和阿布鲁兹山脉除外——农业都不再是经济的支柱产业。

实际上，不管是用前文所说的伽图制度还是用法罗对我们讲述的制度来经营农庄，区别都不大——除非罗马城的城市化进程进一步加快。"从前，'农庄里的谷仓'地位远远高于地主的住宅；而现在，相反的情况十分常见。"法罗如此说。在以前，意大利塔拉西那、巴耶海滨、图斯库卢姆和提布尔迪诺这些原本是耕作区的地方，现在大批兴建罗马贵族的别墅，有的地方甚至拥有了一座小城镇的规模。别墅区内有连绵不绝的花园；有沟渠、淡水池塘和咸水池塘（用以养殖淡水鱼和海鱼）；有专门的蜗牛和鼻涕虫养殖场；有专门狩猎兔子、鹿和野猪的狩猎场；也包括鹤与孔雀等禽类。

和单纯的慈善救济相比，大城市的奢侈成风更加改善了穷人的生活，增加了贫困者当中辛勤人的收入。贵族们饲养禽类和养鱼的成本都十分惊人，其金额之巨大，往往一间鸽舍的鸽子就价值10万赛斯特尔茨。在禽类的饲养与繁衍都流程化之后，鸟类粪便就成为农业的重要肥料：一个鸟贩子一次就能够提供5 000只欧洲鸫鸟，每只价值3德纳尔；一个鱼贩子每次可以供应2 000条鳗鱼；连卢西乌斯·卢库鲁斯所留下的鱼都可以卖到4万赛斯特尔茨……可以想象，在这样的情况下，每个在首都勤恳劳动的此类产业的从业者都能够发家致富并长久受益。在同一时期，一个法勒利附近的小养蜂人，他拥有一亩百里香养蜂场，一年的蜂蜜就可以卖到1万赛斯特尔茨。

果树种植行业的竞争十分激烈，甚至都到了在精美的大理石果廊用餐的时候，贵族们用钱买名贵水果来当作自己培植品种向来宾展示。在这一时期，小亚细亚樱桃和其他国外水果开始大面积在意大利种植，来自拉丁和坎帕尼亚的蔬菜、玫瑰与紫罗兰都供应充足。在首都，撒克拉大道旁的"美食市场"里售卖的时令水果、各式蜂蜜和鲜花饰品在生活中随处可见。

一般而言，种植园主制下的农庄经营方式已经发展到了极高的水平。在利蒂河、福西努斯湖及其周边地区、利瑞斯以及沃尔图诺河畔，实际上，也即整个意大利中央区域，经济状况都一片繁荣。甚至精明的地主接管了与奴隶耕种的农场有关的工业项目，在良好的基础上，纺织厂、砖窑和零售商店如雨后春笋般出现在农庄上。意大利本土的酒和油除了供应本国市场外，还有相当的数量出口到国外。

在这一时期，有一篇言简意赅的专业论文，把意大利比喻成一座很大的果园。一位这一时期的著名诗人则用诗篇说：他的故乡是一片得到了良好灌溉的草场，粮食丰收，葡萄藤爬满整座山丘，大地上的"装饰品"也是以笑容示人，怀抱大片大片的花园。这显然是诗人每天都会见到的日常景象，而这些恰好可以为我们提供缅怀托斯卡纳、亚沃罗等地昔日繁荣盛况的素材。

如前文所述，意大利南部和东南部有发展畜牧业的传统，畜牧业总是在这些地区长盛不衰，但在这一时期，畜牧业的发展却如逆水行舟；不过，农业的兴盛好歹拉动了这些地区的一部分增长。畜牧业的杂交改良花费了从业者们很多心血，也为他们带来了丰厚的收益：培育种驴的从业者可以有6万、10万乃至多至40万赛斯特尔茨的收入。这段时期意大利的畜牧业比之前小农场的经营状况好很多，因为资本市场运作良好，业主们也十分用心。还有很多农牧业甚至超出了意大利的地域，一些农业家去了各个行省养牛，甚至还开垦大片的土地。

在小农阶级崩溃的废墟上，私人农场开始繁荣发展；在此基础上，私人银行也随之发展起来，意大利和犹太商人在各个行省和保护国存在竞争关系。举一个例子，我们就可以知道为何那时所有的资本都流向罗马：在罗马的金融市场上，规定的6分利息比同时期任何一个地方都高出半分来。

这种经济模式是以建立在土地和商业的大量资本与投机为基础而存在的。在这种经济模式下，贫富差距不断拉大，产生了严重的贫富不均现象。"乞丐和百万富翁之国"这个贬义词用来形容共和国末期的罗马是最恰当不过的。在奴隶制国家有一条铁律："靠奴隶生活的富人是高贵的，靠出卖自己的劳力生活的人是低贱的。"在这一时期的罗马，于公于私，这一铁律都被严格恪守。在这一时期，罗马没有我们现在所谓的"中产阶级"，因为奴隶制充分发展的国家，中产阶级是不可能存在的。那些表面上看去像中产阶级的人，实际上都是些富裕的地主和商人。他们要么就是文化过高，要么就是毫无文化，他们只沉浸于自己的生活圈子内，对公共领域漠不关心。商人阶层内这样的人不少，他们大多出身于解放的奴隶和暴发户，拼命想装出有教养的样子——实际上，没有几个是真正有教养的。

提图斯·庞波尼乌斯·阿提库斯是这种人物的典型代表，他的名字也时常见诸这一时期的文献：他靠在意大利和埃璧鲁斯经营农庄，在意大利、希腊、马其顿和小亚细亚做金币交易生意而发家。不过，他从来只是在商言商，不问政治，拒绝担任任何公职，也从不从事和国家相关的金融贸易。他既避免贪心吝啬，也并不随大流追逐奢侈生活（他每天只用100赛斯特尔茨餐费就是最好的例子），自在地往返于城市和乡村，既享受两种不同生活的美好，也和罗马、希腊的贵族交际，还醉心于文学和艺术，享受乐趣。

相比于新贵族，意大利的老式地主地位更为稳固。这一时期的文学作品中，在公元前81年剥夺公权时被杀的赛克斯图斯·罗西乌斯描述了农村新贵们的生活：他亲自计划和管理所聚集的财富有60万赛斯特尔茨之巨，主要投资于13片农庄，他不是那种外表极为华丽的贵人形象，甚至不曾去过罗马；他样子笨拙，和元老院们的贵族比起来，就像他粗陋的家奴和城里贵族们家奴的差距。他们一直都谨慎保留着先祖的金科玉律及高贵的语言，因为他们相信这能体现出他们的贵族身份，这些是城中的贵人和商人无法相比的。

地主阶级被认为是国家的栋梁和精英，于是那些想要获得社会上层的认可、得到财富和名望的投机者，他们没有乡绅的社会背景，就想尽办法得到一块地聚集自己的财富。他们投资农庄，想方设法谋求乡绅的地位，即使自己得不到，也想办法让他的儿子得到。凡是有大的政治运动，或者有文学动向的时候，我们都能看到这个阶级的巨大贡献。例如这一阶级出身的法罗、卢克莱修和卡图鲁斯，他们都在反对新君主制度时做出了很大的贡献。在对地主生活进行了生动描述，从西塞罗的论文第二卷中所作的优美导论就能明显地看出来，而这本书本身也真算那既空洞又多产的西塞罗所制造的可怕大沙漠中的一片绿洲。

这些有教养的商人阶级和蓬勃发展的地主阶级，与贵族和乞丐两个阶级相比，可以说是小巫见大巫。贵族和乞丐是罗马社会的主要阶级，史料中已经无法找到明确的数据资料反映当时贫富人口的比例，但是可以从早此50年的一个罗马政治家所说的话中得知，罗马公民中真正富裕的家庭不超过2 000户。虽然之后罗马公民的人口发生了些改变，但根据已有的事实客观来看，贫富人口的比例有增无减。从谷物配给和从军的情况看来，贫民太多而且几乎达到赤贫。而富人更富的情形可以由当时的一个作家之言得到证明，他说，在马利乌斯时期，"依照当时的标准而言，拥有一片200万赛斯特尔茨的农庄才能被称作富有"。根据个人财富的报告我们可以推测这个观点是正确的。巨富卢西乌斯·多密提乌斯·阿希诺巴布斯向2万士兵许诺，从他个人财富中给予每人4英亩地。庞培的农庄价值7 000万赛斯特尔茨，演员埃索波斯的农庄价值2 000万。富人中的大富豪马尔库斯·克拉苏事业之初财产是700万赛斯特尔茨，最后，在除去了大笔开销之后，仍有1.7亿之巨。

贫富差距如此悬殊，使所有人不分贫富和阶级，在经济和道德上都处于溃乱状态，虽然两者在现象上并不一致，但是实质上都是一样的。假如说匮乏的物质使一般人都寻求政府的救济而免于饥饿，那是因为他们在精神上表现的堕落和懒惰与乞丐无异（当然，国家的救助助长了他们的懒惰）。而罗马民众早就习惯了追求各种低俗的娱乐，宁愿进剧院也不去工作。酒家与妓院这些行业十分兴旺，这些地方的老板们也因此成为很多投机煽动家争取的势力。

角斗士表演一直是道德滑坡的象征及滋生场所。组织一场角斗士表演可以使演出者一夜暴富。这个时候，角斗士表演又有了很多刺激民众观看的新花样，比赛规则规定战败的角斗士之生死不是依照决斗法定，也不是以胜者的喜好而定，而是完全依据观众的反应而定。胜利者要在现场观察观众们发出的信号，根据他们的意愿来决定把匍匐在地的失败者一剑杀死或者是将其宽恕。这种方式得到观众的热烈反应，很是流行。这也意味着"自由"的价值观早已陨落，导致这个时代在战场上缺乏的勇气在竞技赛场上得到了盛行。同时，在竞技场上，章程明确规定，失败者在被杀死的时候也不应该躲避，甚至不能出声。事实上，由于物质的匮乏，自由人甚至把自己卖作角斗士，以求食宿温饱。在公元前3世纪，平民们也遭遇了饥荒和匮乏，但是他们却没有签订这种条约出卖自己的自由之身。在那时法学家也认为这种角斗士的卖身契约并不合法："在规章要求下，任其自身被囚禁、鞭打、烧或杀都不可反对。"

在贵族社会中这样的事倒是没有发生，但就本质而言，他们和穷人没有任何不同，甚至情况更为糟糕。富人们向那些穷人们发起了挑战，既然穷人们在人行道上横躺竖卧，那么贵族就整日高卧在床，睡到正午才起，生活十分奢侈又没有任何其他趣味。穷人们面临匮乏，像乞丐一般，贵族们在政治上大肆挥霍，在剧院里也是如此，二者的腐败可以相提并论。执政官的职位可以用高得惊人的价格买到——公元前54年的第一选举区就花了1 000万赛斯特尔茨。而在剧院里，装潢十分奢侈浪费，真正有教养、有兴趣欣赏戏剧的人的兴趣也被破坏了。

罗马城中的房租比乡城的高4倍。首都的一栋房子曾经以1 500万赛斯特尔茨的天价出售。公元前78年的执政官马尔库斯·雷必达的房子在苏拉死的时候曾经是最好的，但一个世代后，在城中连100名也排不上。像之前我们已经提到了乡村华贵们的别墅，其中有一座房子售价400万赛斯特尔茨，因为带有一个鱼池。现在有地位的大人物至少要拥有2套别墅，一处要地处繁华的罗马城附近的萨宾或阿尔巴山区，另一处要在坎帕尼亚浴场附近，最好还有个靠近罗马城外的大花园才符合他们高贵的身份，更加奢靡的是那些修得像华宫一样的坟墓，现在保留下来的几座就足够反映当时的铺张奢华，由这些坟墓我们就可以知道罗马当时的富翁们死后为了追求时髦而动用了多少石料。

上流社会华而不实的攀比追求成为社会风气，购买马匹和纯种良犬成为时尚。一匹供人观赏的马匹随随便便就能卖到2.4万赛斯特尔茨；购买精美的家具也是富人们另一项倾心的活动：非洲柏树做的桌子要卖到百万赛斯特尔茨；还有紫衣料或透明的薄纱也风靡一时（演说家霍特西乌斯有一次为了他的一个同事揉皱了他的衣服而打官司，要求赔偿）；当时人们对于珠宝的狂热更是达到疯狂的地步：这些玩意儿在这时第一次取代那些更精美、更具艺术感的金饰。庞培打败米特拉达梯时，胜者的肖像用珍珠镶拼，连餐厅沙发与架子都镶银，包括厨器都用银造，而这些现在也已经不再流行。

奢靡的风气也体现在旅游上，在西塞罗写给西西里总督的信件里，他提到了总督旅行奢华的景象：在玫瑰花初开的季节，他像俾泰尼亚王一样坐着八抬大轿，坐垫用马尔提斯薄纱裹着玫瑰叶，头上顶着个花圈，鼻子周边还放着一个装满玫瑰的网眼袋子，连出入卧室都是这种阵仗。

而所有的奢侈当中，最奢侈也恰恰是最粗俗基本的物件：餐桌。别墅里最中心的物件就是餐桌，整个别墅的活动安排都是围绕着餐桌开设的。餐桌自然也就成了最为奢侈的摆设。餐宴上的讲究和花样越来越多，排场也越来越大。不仅随着季节变化，餐室要有所改变，而且包括别墅内的画廊、水果廊、鸟舍或鹿园等也成为临时餐宴娱乐的场所。请来的"俄耳甫斯"们已经穿好了戏装，开始演出，吹起早就排练好的华丽的喇叭曲子，再加上新奇的训练有素的鹿和野猪蜂拥而出，都让贵族们津津乐道。当然，餐宴上的美食仍然是主题，好的厨师自然不必再夸耀，主人们也时不时向宾客们侃侃而谈着厨子们的叮嘱，以显示自己对烹饪的内行。鱼类和牡蛎早就代替了烤肉，就连意大利本地的河鱼和意大利出品的酒水都已经上不了台面。就算是在一般规格的聚会上，也要添上3种来自西西里的、雷斯博斯的和开俄斯的外国酒，而在一个世纪之前，高档宴会上除了法勒利酒之外，只再添上一巡希腊酒而已。在演说家霍特西乌斯的地窖中，一共有1万桶外国酒，每桶3.3夸脱。出现这种现象，意大利酿酒者抱怨希腊群岛的竞争也就不奇怪了。

哪怕是任何一个最专业的自然学家找起海陆奇珍来，也比不上当时吃客们的热情。人们对于奢华淫乐的狂热到了一种疯狂的境界，很多无法想象的行径也常常出现。比如在大摆宴席当中，吃客们餐后服用催吐剂，接着又赶去参加其他的宴会。奢侈享乐已经形成了一门新的学科，独立成一套系统，以至于产生了专门的教授，以教会青年们怎么过奢侈生活。

这些无聊的疯狂行径不值得我们再过多细数。罗马人虚荣心旺盛而缺乏原创能力，他们也只不过是把来自亚洲和希腊的奢侈再做得夸张一些，进行愚蠢的翻版模拟罢了。就像乌拉诺斯吞掉自己的孩子，到了克洛诺斯也会这样做。这些无聊的攀比对哄抬物价起到了不可推卸的作用，物价的增长甚至到了一些自身也参与奢侈的人眼睁睁地看着自己的农庄化为乌有，那些平常并不参与奢侈宴会、只满足自己最基础的生活必要的人，则看着自己祖传的财产一点点流失，毫无办法。一般情况下，导致贵族家族毁灭的原因是参与执政官的竞选，但是声色犬马的奢侈生活、精美华丽的住房建筑和装修，人们对享乐的种种追求，也都是让人倾家荡产的原因。

在这个时代里，大量的借贷自然与巨大的花费成正比。约公元前62年，恺撒在抵债之后，仍剩下2 500万赛斯特尔茨的债务。马尔库斯·安东尼乌斯，24岁时就有债款600万赛斯特尔茨，14年后增至4 000万。库里奥债款6 000万，米罗7 000万。巨额的借贷维持着罗马贵族上层社会的奢华生活，可以从选举看出来，执政官竞选人为了有足够财力选举，大举借贷，使本来4分的月利翻倍至8分。欠债人在无力偿还的情况下，仍然不肯宣布破产，也不会变卖产业，特别是田产，一直拖延，又靠继续借债的手段来维持，表面还要装出一副富有的模样。这样恶性循环直至垮台时更加的悲惨。米罗就是一个这样的典型，最终债权人只得到了4%。

这种从富有急剧转变成倾家荡产的大起大落中，在这种一贯的奢靡挥霍当中，真正得利的是那些头脑清醒、懂得收放的放债人。这样，债务人与债权人之间的关系就变得严重起来，到了公元前3世纪最严重时候，在名义上，债权人拥有债务人的土地所有权，但是债务人对债权人有两种态度：其一，债务人对债权人马首是瞻，完全屈从，——甚至到了在元老院投票和发言都要看债权人眼色行事的地步了；其二，就是兵戎相见，用暴力和阴谋不择手段地铲除债权人。秦纳的叛变就是这样的，卡提林、西利乌斯与多拉培拉的起兵都是由此而起的。这和一个世纪之前希腊世界中有产者与无产者之间的战争十分相似。在这种混乱的经济秩序下，任何一个金融或者政治事件都极有可能会导致混乱，而在内战中发生的事我们都不要提了，比如资本大面积的抽逃，土地的突然贬值，无以数计的破产，普遍的债务无力偿还现象……这些都在同盟战争及米特拉达梯战争中一样必然出现。

在这种社会环境下，道德和家庭生活被社会各阶层视为过时之物。贫穷已经不单单是难堪和耻辱，而且是罪恶的来源——并且是唯一的来源。为了钱，政治家们卖国的卖国，官职权力可以用金钱交换；公民们卖身的卖身，官职和法官的表决权都可以用钱买到。而那些高贵的女人，也像妓女那样，身体只是换取金钱的本钱。人们满口的证词和誓言也失去信用。当时的著名诗人坦言：那时候的人们发誓也只是为了"躲债"，诚信已经荡然无存。以至于拒收贿赂不是因为正直，而是有意地为难行贿者。有史以来，人类世界各种道德沦丧的罪行都无法和罗马相比，其中的各种丑态已经足以超越人们的想象力，甚至达到了可怕和变态的程度。奥鲁斯·克吕提恩乌斯诉讼案中暴露出来的意大利乡镇家族中的罪恶，任何时代、任何国家都难以找到类似的情况。

但是，虽然整个社会都已经病入膏肓，但是这时候的人们在表面上都还是保持着他们原有的光鲜亮丽。原本拥有的社交活动还是继续进行，社会关系里的各种拜会、礼数还是很有秩序，甚至那些有地位的家庭必须由主人或者管家来排定接见顺序表，只有地位高的人才能得到单独接见的礼遇，一般的几个人或者一群人只有在会客时间结束时才能得到同时接见（据说，这种礼仪的创始人是为新君主制度铺路的盖约·格拉古）。无论是有没有实质来往的人，都以"友谊"为由书信满天飞，礼貌地到处问候拜访。正式的业务信函却很少出现了。

和上述现象一样，请客吃饭、节日走动等礼尚往来，早就不复原先的单纯，而是成为社交习惯。罗马人就是连死也得顾及他的那些数不清的"邻居"们，因为要死得有面子的话，就要给每个人送一份纪念品。在那时，罗马的商业也和现在的某些所谓"商业圈"一样，真诚的亲情和真挚的友谊不复存在，以至于业务的开展和人与人之间的交往完全是一套虚情假意。这样一来，场面上的"友情"就似鬼魅一般，代替了人与人之间的"真情"，而在所有的罪恶中，"友情"又是最为罪恶的。

和整个时代的奢侈成风相对应的是妇女的解放。女人们早就取得了经济上的独立。在这一时期，甚至出现了专门为妇女们打官司的律师。他们专门代理富裕寡妇们的产业纷争和诉讼官司，用自己的商业和法律知识取得了妇女们的信任，也为自己赚得了可观的收入。

但是女人们的独立自主不单单是摆脱了她们父亲或者丈夫的经济监护，在爱情上，女人们也开始不断追逐，并且手段繁多。舞女们为了达到自己的目的无所不用其极，和今天的状况相比也丝毫不逊色。著名的首席女歌手喜色利丝甚至因此"名留青史"。不过，贵妇们的"自由艺术"，使这些有执照的舞女们的生意受到了很大的影响，因为在贵族家庭里，私通成了最平常的事情，甚至到了除非涉及特殊的丑闻，都不足以供人作谈资的程度；另一方面，遵纪守法则成了可笑的行为。在公元前61年的妇女节，普布利乌斯·克罗狄乌斯和大祭司长的妻子在祭司长家通奸，这样的事简直道德沦丧到了前无古人后无来者的地步。要是在50年前，普布利乌斯·克罗狄乌斯难逃被处死，但现在他甚至都没有受到调查，就更不用说受到惩罚了。在4月的水榭节，政治活动就此暂停一天，贵族们就在巴耶和普特奥利举办庆祝典礼。对于平民们来说，庆典的主要看点在于其中或明或暗的各种关系——当然了，还包括在平底船上或者岸上举行的音乐和歌舞演出。

不过，女人们并不满足于已经取得胜利的领域。她们还从政、加入各个党派，充分运用自己的资本和诡计参与到政治倾轧当中去。在西庇阿和伽图的政治舞台上，有很多的女性政治家，她们都有自己的男宠——下巴上没有胡子，声音细声细气，走路操着小碎步，戴着首饰和围巾，穿着绣花长袍，脚蹬女士便鞋，打扮得就像妓女——你看到这些不觉得见鬼才怪！

贵族们的婚姻观，尤其是他们对于离婚的看法，我们就以他们眼中最道德、最优秀的英雄马尔库斯·伽图为例看看就知道了：他的好朋友要娶他的妻子为妻，于是他就把自己的妻子让给了他的好朋友（还让得毫不犹豫、毫无羞耻），后来他的好朋友去世了，他又把自己的妻子娶了回来。独身主义和婚内不生育已经十分普遍，尤其在贵族阶层十分流行。贵族们早就把婚姻当作负担，他们只是为了责任和公义才结婚。伽图和他的追随者们的主张更为激进：他们主张，富人应该保持财富集中，而为了不分散财富，就不能多生育子女。这是在一个世纪以前，被波利比乌斯认为是希腊衰落的主要原因。罗马人曾经为之骄傲的"多生育"的荣誉，如今都已经去哪了呢？

在这种情况下，意大利的拉丁裔人口数量急剧减少，在其他行省，出现了人口分布不均的情况：有的地区人口爆炸，有的地区则荒无人烟。意大利出现了大规模的移民现象。亚平宁半岛（也即意大利本土）的人口已经不足以支撑罗马帝国的国家机器正常运转，更不用说保卫整片地中海区域的安全了。在这样的状况下，很多由罗马帝国公派出国的人还往往滞留不归。随着罗马帝国的不断扩张，帝国境内的种族成分日趋复杂，连身处统治阶级的贵族们也越发对意大利本土没有归属感和认同感。由于长年征战，军队不断减员，这种伤亡，在内战中体现得尤其明显。还有一部分战士因为长期在外服役，已经很久没有回过意大利本土了，甚至有人背井离乡二三十年。绝大多数商人和一部分地主，大部分时间——甚至终生在国外生活。商人们由于市场和货物的关系经常需要在各地之间奔波，这更成为他们对家庭生活和对自己的祖国感到疏远的最直接原因。

但是这些也给意大利带来了一定的回报：大批解放或者未解放的奴隶们，来自小亚细亚和阿拉伯世界的手艺人和商贩们，他们大批涌向意大利，主要聚集在首都，也分布在奥斯提亚、普特奥利和勃隆度辛等港口城市。不过，意大利大部分地区和要塞城市，这些人却绝少进入。这些城市的人口继续锐减，有几个地区的情况特别严重，牧区阿普利亚在当时是最荒凉的地区。首都罗马周围的地方，因为农业陷入恶性循环和疟疾横行，情况一年比一年差；曾经繁华一时的拉比西、伽比和波维拉等城市，已经衰退到了在拉丁节的时候找不到代表出席的程度；图斯库卢姆依旧是拉丁最兴旺最受人尊重的社团，但是其中的组成成员日渐单一，最后几乎全部由居住在罗马的图斯库卢姆乡绅家庭组成，这些成员，也仅仅只是保留了图斯库卢姆的公民权；然而，在图斯库卢姆社团中，登记在册的拥有选举权的自由民数量还不如一个意大利内陆的小社团。图斯库卢姆曾经是罗马兵员的主要来源地区，肩负罗马帝国国防的重任，现在却几乎征不到兵。当然，也不是全部的地区都这么糟糕，意大利中部地区和坎帕尼亚的情况就很好。不过，整体的状态依旧如法罗所言："大部分曾经人口繁茂的意大利城市都陷入了'普遍的荒凉'。"

寡头政府当政的意大利出现了种种最为可怕的情况。两极分化十分严重，乞丐世界与富豪世界已经到了无法缓和的程度。二者的差距越大，对比越清晰，两者之间的财富高峰与贫穷的深渊之间的距离越是让人眩晕，就有越多的人拼命向富豪阶层攀爬，也有越来越多的人直接从顶峰跌入谷底。这两个阶层的鸿沟越大，对稳定的家庭生活产生的破坏性就越大。这两个阶层之间的差距引发了堕落和奢侈的社会风气，导致了种种贪腐和罪恶，引发了太多为争夺财富而发动的战争。

赤贫和巨富一起，把真正的意大利人驱逐出了意大利本土，让这个半岛上充满了奴隶，也笼罩着沉寂的氛围。这些现象十分可怕，但意大利并非孤本个例。在奴隶制国家，凡是资产家组阁政府的，其衰败方式似乎也必然如此。神所创设的美丽新世界就这样一次次被摧毁，仿佛存在轮回。山河色彩斑斓繁复处处色彩不一，而天下的阴沟却都一般，所以西塞罗时代的意大利和普布利乌斯时代的希腊相似，而它们又都近似于汉尼拔时代的迦太基。同样是首都的贵族阶层摧毁了中产阶级，过度的奢侈造就了商业和农庄经济的虚假繁荣，导致的结果就只能是在道德的外衣下全国范围内的政治倾轧和官场腐败。这种古代的资本主义盛行，其危害性远远大于近代资本主义，因为自由人的贫困，远胜于奴隶的富有。在现代文明里，到了在北美洲种下的种子成熟之后，世界也许还会收获一次恶果。

意大利的经济状况，不可能从根本上得到改善，那些可以改善的部分，也需要足够雄才大略的政治家和足够长的时间。最优秀的政府也充其量像个优秀的医生一样，不可能让腐败器官里的体液重新变得新鲜；面对这些无法根除的罪恶，它能做的也只是排除一些妨碍自然复原的东西，好使整个国家有时间也有能力进行自我修复。新政府的举措在不使用武力的情况下排除一些最不利于国家机器运转的沉疴，比如姑息无产者、对罪犯的失于惩罚、卖官鬻爵等都在其中。不过，政府的举措不仅仅是禁止危害国体的事情发生。尽管突发潮涌是没有任何堤防可以阻挡的，不过恺撒可不是那种因此而停止行动的人。一个国家和它的经济运转如果能够遵循规律，那自然最好，但如果它们早就偏离了自然律令的轨道，恺撒就不惜动用一切手段来使国家运转"恢复正常"。他会出台政令使国民回归家庭生活，颁布法律和命令来改革经济。

为了防止意大利本土人口过分流失，同时使商人和贵族们能够把所在地当成家乡，恺撒出台了一系列政策：缩短兵役的服役年限，禁止元老们因个人原因迁出意大利本土居住，其他阶层的意大利自由民，在适婚年龄的（20岁到40岁），不在意大利的时间，不得连续超过3年。恺撒在出任第一届执政官期间，就曾设立卡普亚殖民区，规定：有多个子女的意大利自由民，必须先迁到此处居住。现在恺撒作为元首，他提议，给人口多的家庭发放补贴，以资鼓励；而且他以最高法官的身份给予离婚与通奸最为严厉的惩罚。

恺撒制定了严格而详细的法令来限制奢侈行为。华贵的墓碑被禁止使用；紫色长袍和珍珠的穿戴被规定了时间、年龄和阶层（并且完全禁止未成年人使用）；规定了宴会花费的最高限额，有些过分奢侈的菜肴则被禁止上桌。这些法令并非是恺撒首创，只是恺撒这位"道德领袖"下定决心要严格执行这些政令。为了彻底贯彻这些政令，他派出管理员来监察市场情况，责令贵族阶层的宴会要上报以备检查，一旦出现被禁止的奢侈菜肴，就没收充公。这些监督行动都十分温和，只能让奢侈的风气由公开转入地下。如果伪善算是伪君子对正直的致敬，这种表面的简朴（较之以往大面积的奢侈成风）就算是一项很了不起的改善了。

恺撒调整金钱与农业关系的政策，其意义更为重大，前景十分光明。恺撒推出的第一条政令是关于资金的短缺与债务危机的，由于资本的过分集中，于是有了一条法令：每个自由民持有金银等贵金属的价值，其上限不得超过6万赛斯特尔茨，这一政策的推行，初衷在于缓和民众对高利贷放贷人的盲目仇恨。一个值得注意的现象是，在这条政策颁布的时候附有说明，解释说这项政策仅仅是为了加强以前的某一项政策而已。这就表明，恺撒也许并不愿意推行这样的政策，而这一政策的推行也几乎是不可能的。

债务问题比金钱与农业的关系重要得多，并且一直没有得到妥善的解决。一部分恺撒的追随者们强烈建议取消一切已经产生的债务，就如前文所述，恺撒并没有这么做。但早在公元前49年，恺撒就出台了两项关于债务问题的政策，向债务人做出了重要妥协：一是尚未结清的利息一概取消，已经结清的部分，自动归入应当归还的本金数额当中；二是债权人不得拒绝债务人为还债而抵押动产或不动产，财产的估价以发生战争之前的估价为准。

第二条政策有其合理的部分，其合理之处在于，如果债权人在"事实上"成为了某些财产的持有者，而这些财产又恰好是他放贷的金额，那么他应当承担普遍贬值带来的损失。不过，取消利息和以利息代替本金的做法就不太妥当了：债权人不但没有利息可赚，还要承担贬值所带来的本金损失。这就是在单方面保护债务人而损害债权人了。无论放高利贷的人行为恶劣到什么程度，这种做法都是不公正的。

要想弄懂民主派为什么一直强烈要求取消一切债务，我们就要来回忆一下民主派对于利息和债务问题的一贯观点了。早在公元前342年，经过平民们的不懈努力，终于出台了法令，禁止收取利息，不过贵族一直不承认这项法令（贵族们通过控制次执政官来控制民事诉讼）；但自那时起，"一切债务，禁止征收利息"这一法令就是有效的。公元前1世纪左右的民主派，一直认为自己是古代民主派的追随者，坚持一切利息都不合法，甚至在十分混乱的马利乌斯时代他们还出台法令加强了这一原则。

可以肯定的是，恺撒和民主派在利息的问题上观点一致。在他所有的关于债务问题的法令和政策中，他只是提出债务人可以用现有财产抵债，对于取消利息，恺撒一直保持沉默。——或者说，他是在沉默中自责。和其他党派领袖一样，恺撒也带有派系性，他不可能直接对民主派的倡议表示反对。尤其当他是在去埃壁鲁斯之前做的决定，而不是他在法萨鲁斯之战取得胜利之后做的，对现有合法秩序和对债权人合法现有财产的侵犯，恺撒并非始作俑者，这些只是征得了恺撒的同意才得以实施。不过，他还是坚决拒绝取消一切债务。他的决定激怒了债务人而非债权人，引发了西利乌斯和多拉培拉领导的不自量力的叛乱。叛乱迅速地被镇压下去，这倒是恺撒信誉的一个证明。

恺撒的金融和经济政策不单单为债权人提供暂时的帮助，他还立法以削弱资本的可怕力量。在这一时期，恺撒颁布了一项最为重要的法令：自由是人永久的权利，不是可以交易的财产，只有国家机器才可以剥夺罪犯的自由，债权人则无权剥夺债务人的自由。在不成文法中增加这一条，我们推测，恺撒或许是受到了埃及和希腊等更为温和、更为人道的立法体制的影响。这一法令刚好和罗马早期的财务破产法令完全相反，恺撒做出了巨大贡献。自恺撒时代起，这一原则一直得到认同和贯彻，直到今天。

早期的罗马法规定：如果债务人无力偿还债务的，就会成为债权人的奴隶。对于这条法令，波埃特利乌斯法做出了小幅度的调整，变为：如果债务人只是暂时缺少资金而非真正无力偿还债务的，可以将自己的财产抵债，以保持自己的人身自由。但是，对于真正无力偿还债务的人，500年来的法律一直都没有做出调整。债务人直接以财产抵债，只有特殊情况出现，比如债务人失踪、死亡或者放弃自己的公民权利这三种情形当中的任意一种。使债务人能够以抵押现有资产的方式还债，终结债务（无论现有资产能否抵偿债务），恺撒在这一点上居功至伟。而现代行使的破产法令，其源头也在此。这样一来，虽然债务人在名誉和政治权利上有不小的损失，但是他能够以自由人的身份开始新的经济生活；以前的债权人只有在保证债务人不至于再次破产的情况下才能继续讨债。

恺撒是一个伟大的民主派，他将罗马人的自由从资本当中解放出来，随后，他将会进一步限制资本的力量，同时，他也毫不掩饰自己对利息的厌恶：他设立了意大利本土放贷的最高限额，资产家们能够放贷的数额和他们在意大利本土拥有的地产成正比，或者是地产数额的一半。法令颁布后立即实施，凡违反者，以罪犯论处，交给特别陪审团处置。

如果这些法令和政策能够全部得到贯彻，每一个意大利本土的商人都会被迫成为地主，吃利息为生的资产家和高利贷者在意大利将会完全消失。间接地，因为无力偿还债务而抵押给债主的土地也在减少：因为债主如果想继续放债，就必须再购买更多的土地。由此可知，恺撒不是完全禁止利息的存在，而是允许利息有限制地存在。

恺撒规定的最高贷款限额很可能不单单在意大利本土实施，可能其他行省也执行这一规定。同时，他还规定了意大利本土和各个行省的最高税率：月利息不得超过1%，利息不能够再生成利息；当利息的数额大于本金的时候，不允许继续产生利息。这些法规，最早是由卢西乌斯·卢库鲁斯在小亚细亚省设立并实施的（也许是以埃及和希腊为蓝本），他的继任者当中，有几位政绩还是不错的，违反了这一规定，不久之后，其他行省的总督不断有人采用这一规定。最终，在公元前50年，由元老院颁布法令，此规定在罗马帝国各个行省开始统一实施。卢库鲁斯制定的法规没有遭到抛弃和删减，而是成为帝国法的一部分，并且还成为了罗马和现代社会利息立法之滥觞，这也是恺撒的功劳。

在限制资本的同时，恺撒也在着手恢复农业的发展，力图使农业恢复到对罗马帝国最有利的状态。因此，为了政策能够成功推行，必须要有更加优良的法律管理和提高警察的执行能力。内战之前的意大利，社会秩序混乱，意大利本土公民可以说是人人自危。人们的生命和财产都得不到保障。管理罗马治安的雇佣兵队长，他和他手下的雇佣兵们，在还没有开始着手处理首都政治状况时，就已经变成了强盗和土匪。他们在埃特鲁利亚森林里抢劫村庄、奸淫女性，可谓无恶不作。现在恺撒对警察的管理使人民生活更加安定，其中，农民阶级最为受益。他着手修筑一系列公共工程，目的同样也是加强社会稳定。例如，修筑亚平宁山脉到亚德里亚海的大道，目的是刺激意大利内陆运输业的发展；降低福西努斯湖周围的征税，促进马尔西地区农民的生产。恺撒还采取了更多直接的措施，使意大利农民直接受益。例如，恺撒规定：意大利的畜牧业主，雇用的牧人最少要有1/3是自由出身的成年人。猖獗的盗匪因此得到打压，也为自由的平民无产者提供了就业平台。

在土地问题上，恺撒在当执政官的时候就已经积累了不少经验，所以他比提贝利乌斯·格拉古更果断，采取的措施也更为得当。他并没有完全不计一切代价，虽然他很想恢复小农地位，但他也没有发布反财产的革命性政策（当然，是以法律的名号作为掩护）。和所有真正的政治家一样，他秉承"把一切公众财产的安全作为一切政治的基础"的政治箴言。只有能够保证小农的财产安全，才能够寻求改善意大利小农的经济发展，刺激生产力提升。恺撒认为，小农问题是国家和民族的根本问题。

虽然如此，恺撒还是有很多事情要做。无论是起源于格拉古或苏拉，只要是公民的私权，无论涉及到财产还是继承权，都得到了他的真诚尊重。另一方面，恺撒恢复了28人委员会，并授权28人委员会对所有意大利的土地及其所有权做出严格编制（他甚至不允许出现对土地的浪费和疏忽，哪怕是很小的一块土地也不行）。随后，他下令把所有的土地都标列出来，包括宗教团体实际使用而在法律上归国家所有的土地，把这些土地进行了重新分配。阿普利亚的夏季牧场与萨姆尼的冬季牧场，凡是属于国有的部分，一律还为公地；如果这些土地不够进行分配，就由政府公款购买意大利田庄供农民耕种。

在选择新的农民时，恺撒优先考虑了退役老兵，这样一来，因为征兵产生的巨大财政负担在顷刻间转化为恢复农业的有利条件。因为恺撒征兵的兵员，基本都是自由的无产者，现在，这些无产者转化成了农民（与此相对的措施是，对于维依和卡佩纳这类衰败的拉丁地区，在派遣移民时给予优先考虑）；同时，恺撒规定新的土地所有者，在20年内不得转让土地。这是一个比较好的折中方案，因为如果完全允许土地自由流转，那么不久大多数重新分配的土地就又会集中到大资产家名下，而如果像提贝利乌斯·格拉古和苏拉时期那样，完全禁止土地的出售，最终政策也会沦为一纸空文，是不可能得到执行的。

一方面，政府加大革除意大利国民生活中的不良因素，积极提倡健康有序的生活方式；另一方面，新的市政制度给予新的君主国适当的社团生活，让更多的罗马人才活跃起来，为国家出谋划策。公元前49年为阿尔卑斯山南高卢、公元前45年为意大利本土颁布的市政命令——这一条市政命令已经成为未来的基本法，这两条行政命令显然有两种用意：一是清除社团中一切不良分子，虽然还没有动用警察的力量；二是全面禁止集权的出现，社团活动中大家享有完全自由：公民有权选举自己的行政官，在民事和刑事审判两方面，他们也有完全的权力。当然，在集会结社的权力上要被限制，而这种限制是和当时的警察法规相关的。

这些法令都是恺撒为了改善意大利的经济状况而颁布的。很显然，由于这些法令的不彻底性，例如：依旧允许很多旧政策存在，严重限制了自由贸易等弊端，这样就无法对意大利的经济状况做出彻底的改观。但当时的客观条件是，意大利的经济状况已经病入膏肓，无药可医。虽然如此，恺撒还是知难而上，并没有像苏拉一样因为绝望而只做形式上的改革。今天，我们在评价恺撒当时的政策时，我们可以说，他作为一个罗马政治家和一个罗马人已经尽了他的最大努力。他也并不抱希望这些政策就可以彻底改变意大利的经济状况。与此相反，他想通过另一条路挽救这个已经濒临崩溃的国家，想要了解这一点，就请一起回顾一下罗马帝国时期各个行省之间的状况吧。

首先，从地域上来说，共有14个行省，包括欧洲7个，亚洲5个，非洲2个。欧洲的有近西班牙、远西班牙、阿尔卑斯山北高卢、意大利高卢与伊利里亚、马其顿与希腊、西西里、撒丁尼亚与科西嘉；亚洲的是亚细亚、俾泰尼亚与本都斯、西里西亚与塞浦路斯、叙利亚、克里特；非洲的为塞勒尼与阿非利加。恺撒还新设了3个行省：勒顿尼斯高卢，比利时，另外把伊利里亚独立出来，作为一省。

在西方世界历史上，历届政府对这些行省统治的残暴程度都远远赶不上这一届寡头政府。当然，其中的全部责任并不需要罗马人来承担。在他们之前，罗马全境几乎都已经留下过各个统治者的铁蹄印：希腊人、腓尼基人、亚洲人……这些统治将罗马早期一贯传承下来的自由和是非观念统统摧毁得干干净净。在这些行省，平民成为被告的，都要到罗马亲自为自己做辩护。罗马总督拥有巨大的权力，肆意干涉各个附庸社团的司法和行政、宣判死刑、勾销市政议会的会议记录。在战时，他拥有对军民格杀勿论的权力，这种权力的使用，往往伴随着名誉的极大损失。例如，在本都斯的赫拉克里亚被围困的时候，科塔将所有的危险位置都用民兵防守，以保存意大利兵员，而遇到紧急境况的时候，他就把所有修筑工事的工程兵都安排在自己身边。罗马的所有官吏和他们的随从都不受任何法律和道德约束，在行省烧杀奸淫无恶不作，拿法律当作遮羞布或者直接连遮羞布都扯掉。——总之这一类的恶性事件在行省天天发生，并无一天例外，但这些毕竟不是什么新鲜事情了。大部分人已经习惯于被当作奴隶，至于究竟是叙利亚的统治者、伽太基的监督还是罗马总督充任地方的暴君，对他们来说是无所谓的事情。行省居民最关心的只有一件事，那就是他们的物质生活是否会受到影响，而在这方面，暴君的恶性虽然时有发生，但受害的总是单个个人，并没有造成群体性事件。要说他们的物质生活所受到的最严重影响，那就是对他们的经济剥削，其受害者是每一个居民，剥削的严重程度则前所未有。

在应对这一问题上，罗马人运用了他们在处理金钱上的惯用伎俩。最开始的时候，罗马人对行省经济的压榨还是建立在有原则而较为平和的基础上的，可是渐渐地，他们做得越来越过分，越来越腐败了，增加了各种不平等的税捐和邪恶至极的税法。而由于军队的驻扎带来的负担，可以通过罗马政治家所说的话得到证明，那就是罗马军的冬营给省民们带来的摧残，就相当于是被敌人蹂躏了一般。在以前，省民们缴纳税费，就可以免除承担军事防卫的责任，因为这些事情是由罗马人负责的；可是现在，例如撒丁尼亚在内的一些省份，他们需要省民自行承担军事戍卫的责任，甚至在正规军中，除了其他的任务外，整个为骑兵服务的重担都落在了他们头上。

而在一些特殊的征收方面——比如为首都的贫民准备的粮食（补偿很少，或者说几乎就没有补偿），还有那些价格昂贵但是却经常会征收的海军装备和海岸防卫设备（用来抵御海盗），还有为罗马人的戏院或是打猎方面享乐而提供的昂贵的艺术品、野兽或是其他的东西，以及战时的军需品——这都是些频繁而不计其数的压榨。从一个最直观的方面就可以看出事情的严重性：在盖约·威勒斯管理西西里的这3年里，雷欧提努阿的农民数量从83人减少到31人，穆托卡的农民数量从183人减少到86人，赫尔比塔的农民数量从252人减少到210人，而阿尔利昂竟从250人减少到了80人。由此可以看出，在这样的政府统治之下，西西里的这4个土地最肥沃的地区，59%的土地主竟然宁可让他们的土地荒废也不愿意耕种了。根据确切的记载，剩余的这少部分农民并不是一般的小农，而是有地位的农场主，甚至大部分还是罗马公民。

在其他的保护国内，虽然他们残暴征税敛财的方式各有不同，但是负担却不会有丝毫的减轻，因为压迫他们的除了罗马以外，还包括当地的统治者。在卡巴多西亚和埃及，不仅农民破产了，国王也破产了，农民是因为无法承担高昂的赋税，国王则是因为招架不住大债主罗马。真正在进行敲诈的，除了总督，还有那些身为总督的"朋友们"，他们打着总督的幌子招摇撞骗，然后获得重返首都的权利。

这样一来，罗马的寡头政府就如同是一帮强盗，他们以大规模、专业化的团伙作案方式在各个省进行掠夺。这帮人是绝对不会有任何怜悯之情的，因为他们还需要和律师及陪审员共同分配赃款，他们需要掠夺更多的财产，这样才越有保障。掠夺已经成为一件充满荣耀的事情了，大强盗瞧不起小强盗，小强盗瞧不起小偷。假如有人破天荒因此被定罪了，那么他就会四处吹嘘法院曾经证明过他弄到了多少钱。这就是如今的罗马人在行省中的所作所为，然而他们的祖先曾经在担任总督的时候都一文不取，只努力博取属民的感激和本国人民的赞许。

但是，比这一切更加厉害的是意大利商人对本省居民的欺凌和剥削。他们占据着行省当中最肥沃的土地，还把持着油水最丰厚的领域——商业和金融业。意大利有权有势的人无暇去顾及他们在海外的农庄，这些地方全部交予管理员全权打理，除了打猎之外，从不会出现在那里——而与此同时，就连阿尔卑斯山北高卢都开始出现了狩猎园，而且它的面积竟然达到了20平方英里。

高利贷在这段时期内的发展速度超过以往任何时期。实际上早在法罗时代，伊利里亚、亚洲与埃及地区的小地主们就已经背负起了来自罗马或者非罗马地区债主的债务，他们之间的关系就好像曾经平民是贵族的奴隶一样。有的时候，对城区社团贷款的月息竟然可以达到4分。那些能力特别强又有很大影响力的商人甚至会得到元老院颁发的使节名位，有时也会由总督直接颁予他们职位，更有甚者，他们能调遣一支属于自己的军队，以此来帮助他们的生意。根据可靠的资料，曾经有一个军事银行家为了收取他来自塞浦路斯的撒拉米斯镇的利益，竟然将市议会的议员锁在了市政厅内，导致其中的5个议员被活活饿死。

这两种压迫中的任何一种都已经令人忍无可忍了，更何况大多数的情况下两者之间还会相互勾结。除了这些以外，对于另外一些普遍存在的灾难，罗马政府至少应该负有间接的责任。在连年的征战中，大量的资金被吸走了，而被罗马军或者蛮族毁掉的更是不计其数。因为战争时期警察的无能，盗贼肆虐。在撒丁尼亚和小亚细，抢劫已经成为当时很常见的行为；而在非洲和远西班牙，由于治安混乱，城市以外的建筑物都需要修建围墙和守望塔。面对资金短缺和哀鸿遍野，罗马总督通常采取的方法就是禁止黄金谷物等产品从行省出口，可是这并不能够产生多大的作用。大范围的经济困难，外加地区的动荡和官员们的压榨，社团生活显得困顿不堪、难以为继。

然而这种潦倒的景象并不是暂时的，它持续了几代，压力越来越重，从塔霍河地区一直蔓延到幼发拉底河流域。早在公元前70年发表的一篇论文中就这样说道："他们毁灭了所有的城镇。"就连西班牙与那波高卢地区——相对来说，这两个地区的经济还是算稍好一点的——情况也不例外。在小亚细亚地区，就算是像萨默斯与哈利卡纳苏斯这一类的城镇也已经被掏空了。同那些省民相比，合法的奴隶们简直就是生活在天堂；按照罗马政治家们的话来说，哪怕是那些拥有超凡忍受力的亚洲人都已经厌倦了这样的生活了。任何痛恨罪恶、堕落和不公的人，都会痛斥罗马贵族们的残忍行为，都会对希腊人、叙利亚人和腓尼基人遭遇到的不幸感到痛心。就连罗马的政治家们也对这一观点表示公开的认同，说"罗马"已经成为希腊人与亚洲人深恶痛绝的词汇了。有一次，本都斯赫拉克里亚的市民在忍无可忍的情况下把罗马收税员集体杀死了，这一类事情发生后的唯一遗憾就是太少了。

当新主人亲自去视察他的"农场"的时候，元老院就在暗地里偷笑着。一直以来，国王都被认为是无能的象征，而现在，的确需要一个充满热情并且能力很强的人来挽救这个名号了。岁月可以抚平过去的伤疤，恺撒小心翼翼地任由岁月执行它的任务，希望不要造成新的伤疤。

经过了一番改造，行政系统已经完全不同了。苏拉下属的总督们，在他们的行省之内具有独立的主权。而恺撒下属的总督们则像是听从主人调配的唯唯诺诺的仆人；而这个主人，拥有至高无上的权力并且终生任职，相比于那些年年更换的小暴君们，他和属民们的关系更加自然和融洽。总督的职位当然还是从两个退休的执政官和16个退休的次执政官中选出；但是由于元首直接指派了8位次执政官，并且总督的任命完全掌握在他一个人手中，所以总督的职位实际上就是由元首赐予的。

实际上，总督的权力也受到了相当大的限制。虽然他们依旧掌握着司法的监督与社团行政管理的权力，可是却已经丧失了军事指挥的权力，所有的军事指挥权都掌握在罗马城新的最高司令一个人的手里，更何况总督的身边还有来自最高指挥所的副将。可能就是在这个时候，皇家官员担任着税收的职责，因而在今后的过程中，总督被其助理部门包围着，而后者会因为军事系统中的规定或者是更加严厉的规定而对元首百依百顺。在过去，总督和他的财政官就像是来到行省四处搜刮的强盗，而恺撒手下的行政官却是除暴安良的好官。过去，护民官不仅无能，而且还和统治者们狼狈为奸，现在的总督和他的属下们必须对严厉而公正的君主法庭负责。而对于横征暴敛的现象，在恺撒担任总督的初期就对此严加打击，直到现在更加严厉，有的时候甚至会超越明文规定的内容；至于税吏，假若他们敢有半点放肆不公的地方，那么根据当时的家法他们会被主人重新降为奴隶。

特殊的公共负担也被缩减到了一个合适的比例，并且根据实际需要做出调整，一般的负担则会从实质上得到减轻。而在税法方面，除了之前提到的种种规定之外，让省民受益颇大的还有以下几项：扩大了减免税的范围；大范围地降低了直接税；什一税的规定仅仅在非洲与撒丁尼亚生效；完全免除了收取直接税时的中间人。虽然现在没有任何的资料可以证实，恺撒是否追随着他伟大的民主派前辈赛多利乌斯的脚步，免除属民们安置驻军的责任，是否坚持了军队必须自主建立永久性兵营，可是他绝对不会允许那些士兵们肆意宰割他的属民，至少当他从一位谋位者成为一国之君时绝对不会这么做。在他的政策指引下，他的继承人就建立了这样完全符合他精神的军营；久而久之，这些兵营就演变成了城镇，在和蛮族交界的地方形成了一条保卫意大利文明的防线。

想要遏制官员们的不法行为的确是一个难题，但是想要将省民从罗马人的铁蹄下解救出来则更为困难了，因为要打击罗马资本的势力，就必须采取一定的措施，而这些措施可能比罗马资本本身更加危险。根据目前的情况来说，政府只能够打压那些滥用职权的事件（例如严厉禁止以政府使节的名义来谋取金钱），并且制定高利贷法及其相关惩罚——这种方法也可以用于其他的行省——以此打击暴虐和高利贷行为。然而要真正地使省民从罗马人的资本中解脱出来，最彻底的方法就是用更好的行政来恢复省民的富足生活。

为了能够减轻某些省份中无力偿还债务者的负担，恺撒曾经多次修订了临时性的法规。在公元前60年，恺撒担任远西班牙省总督期间，曾规定债务人将其2/3的收入给予债权人以此来还债。在卢西乌斯·卢库鲁斯担任小亚细亚总督的时候，他也曾下令直接取消了部分极为过分的利息欠款，剩余的部分就由债务人1/4的土地生产以及房租的自然增值或者奴隶来偿还。在内战之后，恺撒在各个行省是否也采取了相似的偿还法，我们不得而知。但是根据已述的现实和他在意大利所实施的种种规定来看，似乎可以肯定恺撒是完全奔着这个目标努力的，换言之，至少这是他计划的一部分。

因此，当元首竭尽所能地减轻罗马行政官和资产家对省民的压迫时，我们有理由相信这个焕发朝气的政府能够吓走边境的蛮族，击退海陆的盗匪，如同拨开乌云重见阳光一样。无论过去的伤痛有多么悲惨，现在饱经风霜的人们却因为恺撒的到来看见了一个可以忍受的时代，就是数百年来的第一个具有人道的明智的政府，目前的和平政策是由政府的力量维系的，而并不是源于软弱无能。难怪在这位伟大的解放者逝世之后，在他的灵柩前最伤心痛苦的除了最优秀的罗马人外，就是这些属民了。

然而，恺撒省政改革的主要任务并不是清扫这些滥用职权的腐败现象。在当时——罗马共和国时期，在那些贵族和民主派人士的眼中，行省就是罗马人的一个大庄园（事实上他们的确也是这么称呼的），可是现在这种想法已经不存在了。这些作为罗马人私有农庄的行省就要渐渐消失了，要为即将诞生的希腊—意大利国提供一个更加明亮宽敞的家，组成家的各个部分没有哪一个部分是为了其他部分而存在的，而是每个部分都为所有的部分而存在，而所有的部分也为每一个部分而存在。这个崭新的家有着全新的面貌，能够在这样一个焕然一新的、辽阔美好的国家生活，就是克服曾经的悲哀和错误的最好方法——而这是旧意大利望尘莫及的。

当然，众所周知这种观念并不是最新的。因为好几个世纪以来，意大利一直在向周边的行省殖民（虽然殖民者自己并没有察觉），以此来为扩大意大利的疆土做准备。首个有计划、有目的地引导意大利人民离开意大利半岛向海外殖民的人是盖约·格拉古——他首创了罗马民主君主制（民主专制），是征服阿尔卑斯山以北地区计划的构造者，是迦太基与那波殖民地的创建者。而罗马历史上的第二个民主政治天才家昆图斯·赛多利乌斯就已经开始将拉丁文明带入西方蛮族社会，引导身份高贵的西班牙青年人穿罗马服饰，教他们说拉丁语，在他建立在欧斯卡的训练机关里学习更加高深的意大利文化。在恺撒成立政府机构的时候，各个行省和保护国之中都已经有了数量众多的意大利人，只不过他们不是很集中和稳定。我们可以试着回忆一下，除了在西班牙的正式意大利城和南高卢以外，赛多利乌斯与庞培曾经在西班牙都召集过多少军团？恺撒在高卢，尤巴在努米底亚，立宪派在非洲、马其顿、希腊、小亚细亚与克里特又曾经召集过多少军团？早在塞托里乌斯战争时期，拉丁的七弦琴（虽然是音质较差的），就已经在科尔都巴镇诗人们的手中赞颂着罗马将军了。尤其是在恺撒死后出版的希腊诗翻译集——其作者是最早的非意大利籍著名诗人，居住在阿尔卑斯山北高卢的普布利乌斯·特林提乌斯·法罗·冯·奥德——是多么的优美。根据这些就可以得知，当时的意大利文化在各行省的繁荣程度和意大利人数之多。

　　从某个角度来看，拉丁和希腊文化的交织就和罗马城本身一样历史悠久。在拉丁民族征服并统一意大利半岛时，改进并吸收了除希腊以外的各个被征服地区的民族特色，因为希腊文化是被直接照样接受的，没有经过混合。无论罗马军团走到哪里，传播希腊文化的老师们都会紧随其后，他们实际上也是一种征服者。在很早以前，我们就发现了在瓜达尔基维尔河流域有希腊教师定居的迹象，并且在欧斯卡的教育机关里他们教希腊文的同时也教拉丁文。最高等的罗马文化只不过是在拉丁文掩饰之下的希腊文化和艺术，而罗马人选择向西方的蛮族灌输希腊文化，希腊人自然不会提出任何异议。希腊人（特别是居住在边界的那一部分，他们民族的文化受到蛮族的侵略，所以仇恨的感情更加强烈）实际上已经把罗马人看作是他们民族文化的保护者，可以为希腊文化一雪前耻。其实，庞培在东边建立起来的那些城镇就仿佛重现了数百年前亚历山大的丰功伟绩。

　　新建立的意大利—希腊帝国拥有两种语言和一种民族意识，这种局面虽然并非首创，然而却将这种空洞的计划转化为切实可行的步骤，将最初的零星努力转变为坚实的基础，这却要归功于罗马的第三个，同时也是最伟大的一个民主政治家。

想要把帝国的政治化二为一，最重要的条件就是要努力发展国家内最主要的两个民族，并且大量吸收和这两个民族并存的其他野蛮民族（或者说是被他们称为野蛮民族的民族）。从某种角度而言，我们可以将犹太人跟罗马人与希腊人放在同一个层次上，将其看作是第三个民族；在那个时代，这个民族似乎已经无处不在了，就算是在恺撒新建立的这个帝国中，它也扮演着举足轻重的角色。这个民族，处处隐忍却又从不放弃，四海为家却又无以为家，手握权柄却又无处为权，大卫与所罗门的继承者，对于这些人而言，也不过就是像现在的耶路撒冷对犹太人而言一样。毫无疑问，那个小小的耶路撒冷王国是这个民族宗教和心智合而为一的外在表现。当然这个民族指的不仅仅是他的臣民，还包括这样大量分布在帕提亚和罗马帝国各地的犹太人团体。

　　特别是在亚历山大与塞勒尼这两个城市，犹太人已经形成了一个特殊的团体组织。在这种组织和区域的分布上而言，就和我们当今社会城市中的"犹太区"相类似，可是它的地位要自由一些，它们由被誉为是"人民的主人"的最高法官与治理者来监督管理。在恺撒统治的时期还没有到来之前，罗马有着众多的犹太人，他们之间的感情深厚，这可以从当时的一个作家说的话中就得到证明，他是这样说的：如果总督在行省触犯了一个犹太人，那么是很危险的，因为当他回到首都之后，会遭到其他犹太人的不满。就算是这个时期，犹太人主要的事情还是从商。犹太商人跟随着罗马商人四处走动，就像罗马商人尾随着热那亚人和威尼斯人行商一样，而各地的资本也像流入罗马商人之手一样流到了犹太商人的手中。

　　在这个时期，我们同样也可以看到西方人对犹太人的观念及其习俗表现出来的厌恶之情。犹太人的习俗，尽管在当时最流行的民族大混合时期没有成为流行的一个部分，但是有一点却是不得不承认的，就是大政治家们既无法忽视也不能够躲避，因而恺撒就采取了和他的先驱亚历山大一样的做法，采用正确的手段对犹太民族进行培育。当年亚历山大在亚历山大里亚地区对犹太民族进行的培育，几乎和大卫王对于耶路撒冷神殿制订的计划具有同等的重要性；同样地，恺撒在亚历山大里亚和罗马也给了犹太人相当大的权利和优惠，对他们的特殊崇拜予以保护，防止罗马和希腊当地的教士对他们进行侵害。

当然，这两个伟大的统治者并未曾想过要让犹太民族和意大利—希腊民族站在平等的位置上。然而犹太人，因为他们没有像西方人那样接受政治组织——没有打开过这潘多拉的盒子——所以他们对待政治是处于毫不关心的态度上的，一方面他们极力维护自己的民族意识，另一方面他们又时刻准备好接纳其他民族意识了，所以他们对这个新诞生的帝国很快就能适应——这个全新的帝国是在100多个国家的废墟之上建立起来的，所以它的民族性从一开始就有些复杂模糊。就算是在古代时期，犹太人也是世界主义的催化剂，所以他们就在恺撒的帝国里占据着一个非常重要的地位，严格来说，他们是世界公民，而他们的民族意识，归根结底就是人性罢了。

然而，在这个新成立的国家中大部分人依旧是拉丁人和希腊人。完全属于意大利人的罗马共和国时期已经结束了，可是有一部分的谣言却完全是因为贵族之间的愤怒和猜忌所产生的，比如，恺撒曾经一度想毁掉意大利和罗马城，这样他就可以将国家的中心迁到东方的希腊去，将特洛伊或是亚历山大里亚作为新的首都。实际上，在恺撒的整个计划之中，拉丁民族一直占据着举足轻重的地位，从他颁布的一些法令的字里行间就能看出：他所有的法令都用拉丁文书写，只有在需要扩散到希腊地区的时候才会采用希腊文。通常来说，他在自己的君主国家，对两个主要民族关系的处理，就和当初在共和国时期联合意大利的处理方式是一样的：凡是希腊人民存在的地方，都会对他们加以保护，而意大利民族则会根据环境条件尽量扩充；其他民族都要被吸收和同化为意大利民族。

最后的这一个措施是十分必要的，因为假如希腊人与罗马人站到了完全平等的位置之上，那么在几个世纪之后在拜占庭发生的惨况就会提前上演了。因为希腊人不仅在智性上要远胜于罗马人，并且他们大量本国的文化使者被动或者主动地迁入意大利，而他们的影响力是不可小视的。来自希腊的侍从控制了罗马的君主，这是在君主制最开始就显现出来的问题。在这样的一大堆令罗马人又羡慕又痛恨的名单之中，最早的一个代表就是庞培的心腹用人来自麦特奥法里斯·冯·米提莱纳，因他的能力远远超过了他软弱的主人，所以他很可能是导致庞培和恺撒分裂的最具影响力的人。所以，在他死后，希腊人甚至将他当作神一般崇拜；这并不是毫无缘由的，毕竟他开创了帝国初期的贴身男仆政治。

所以，政府拥有非常充沛的理由阻止希腊主义在西方的扩张。如果说西西里能够从什一税的压迫下解脱出来，并且他的诸多社团都获得了拉丁权利，这是因为在适当的时机，西西里要求和意大利拥有平等的地位。恺撒肯定会计划将这个小岛融入意大利国土中，因为，虽然这个小岛在意大利投机者的统治之下已经变得一片荒芜了，可是由于其得天独厚的自然条件，注定将成为意大利国土中最好的一个省份，而不是近邻。凡是希腊文明存在之处都被予以保护。马西利亚和亚历山大里亚就分别代表着西方和埃及的希腊文明巅峰，虽然各种各样的政治危机都试图对它们进行控制和破坏，可是它们却依旧能够完整地保存着自身优秀的民族特色。

而另一方面，罗马政府通过殖民和拉丁化的手段，在整个帝国范围内全力倡导拉丁文明。从前有这样一个不成文的规定：凡是没有通过政府特别法令授予给社团或者私人的行省土地，在法律上都属于国有土地，而土地持有者的持有权可以在任何时候被取消。显然，这样的规定起源于将法律同残暴蛮横之间相结合。然而，为了能够快速处理这些注定灭亡的民族，这样的做法却是十分有必要的，因而，恺撒也将这种规定保存了下来，并且将它从民主派的党派理论升级到君主体制法律中的一个基础性原则。

高卢自然就成为了罗马民族扩充的直接场所。在阿尔卑斯山南高卢地区，不少居民在很早之前就拥有了罗马公民权；在公元前49年，山南高卢在波河以北的众多社团的许可之下被允许全体加入了罗马公民联合会。实际上，自从在40年前该省获得了拉丁权利之后，就已经完全被拉丁化了。而由于英苏布里人和维内提人在恺撒的军团中立下了赫赫战功，所以他们在罗马广场乃至元老院都赢取了一席之地；罗马一些排外者总是会嘲笑凯尔特腔中特有的拉丁语的土气，说他们说话喉间总是带着咕噜咕噜的声音，换言之，他们的语气，缺少了一些"首都特有的难以描述的优雅"。可是，早在恺撒时期到来之前，山南高卢就已经因为拥有大量的农民，而在意大利占据了一席之地；从那以后的几百年来，它一直都是意大利礼仪和文化的避难场所。实际上，除了在首都的拉丁文教师之外，就数山南高卢的拉丁文教师得到的赞美最多了。山南高卢就这样和意大利充分融合了，而山北省则延续了之前的状况。除此以外，因为恺撒的征服，领土不断扩充，许多边界地区成了内地的行省，因为特殊的地理位置和气候，它们比任何地区都适合在这样的时机成为意大利国土的一部分。

在帝国之中既不属于希腊也不属于拉丁文化的那些地区——它们距离完全被意大利影响和同化还很远——恺撒只在那里建立了几个意大利文明中心，为将来实现全面的平等化做一个早期的铺垫。除了最贫穷而且最不重要的撒丁尼亚以外，这些步骤在其他的每一个行省都会实施。在北方高卢，拉丁语虽然没有在公开的谈话中得到全面的运用，但是已经得到了官方的认可。在莱芒湖畔成立的诺维奥杜努姆（尼翁）殖民地，就是采用意大利建制最北边的城市。

西班牙应该是当时罗马帝国中人口最稠密的地区了。恺撒派遣了大量的殖民来到重要的海港城市恩波里亚（这里的原住人口是以希腊人与伊比利亚人为主）定居，让他们和当地原住民在一起生活。并且，根据最新得到的数据显示，相当一部分的殖民者很有可能是由首都的穷人组成的，直接遭至乌尔苏（奥苏纳）镇（毗邻安达卢西亚中心的塞维利亚），可能还包括该省的其他几个城市。而古代富裕的商城加得斯，恺撒在担任次执政官的时候就对该市的行政制度进行了重新规划，公元前49年，他以元首的名义授予它完全的意大利自由市的权利，这样的地位就类似于意大利半岛上的图斯库卢姆一样，使之成为了意大利历史上第一个不是由罗马建立，却得到了完全的罗马公民权的社团。很多年以后，西班牙的其他一些社团也相继取得了同样的权利，而获得拉丁权的社团就更多了。

在非洲，盖约·格拉古的未竟计划也已经开始实施了。在这片罗马人宿敌的土地上，恺撒派去了3 000名殖民者，并且还有大量的佃农。罗马属迦太基——一个叫作"维纳斯殖民区"的地方——因为这里的自然环境优越，所以有着惊人的繁殖速度。该省的省会，第一大商业城市乌提卡，也已经因为获取了拉丁权而恢复了生机。在那片刚刚划进帝国领域的努米底亚土地之上，由罗马佣兵队长普布利乌斯·西提乌斯和一帮人统治的西尔塔及其他社团，获得了合法的罗马军事殖民区的地位。然而，被那个疯狂而冲动的尤巴和立宪派走投无路的残余势力毁灭掉的壮丽城镇，它的恢复速度却远比被毁灭的时候慢得多，直到现在，看到那些荒芜的遗址还能够让人们想象到当时被毁灭时的惨烈程度。但是，这两个新的朱利安殖民区，迦太基与西尔塔，却变成了非洲—罗马文明的新中心。

在荒芜的希腊，除了其他的计划——比如在布特罗托恩（科孚附近）成立罗马殖民地——恺撒还需要抽出时间来恢复科林特。他不但安排了大量的殖民者到这里来定居，而且为了避免在环绕伯罗奔尼撒航行时带来的危险，还打算在瓶颈之处开挖一条运河，让意大利和欧洲的航运可以通过科林特—萨罗尼克海湾。就算是在那遥远的希腊东方，恺撒也建立了一批意大利殖民区，比如在黑海沿岸的赫拉克里亚和辛诺普；意大利的殖民者和当地的原有居民共同居住在这里，如同辛诺普一样，叙利亚海岸的贝利托斯港也获得了意大利的建制。就连在埃及，控制亚历山大港的灯塔岛也建立了罗马驻扎站。

这些命令的实施使得意大利的市镇自由权已经遍布全国各个行

省了。在那些全体人员都拥有公民权的社团里——实际上就是指阿尔卑斯山以南的所有城镇、山北以及其他一些地区的公民殖民区及自由市——他们在处理当地事务的时候，拥有和意大利人同等的权利。可是罗马的统治者——换言之就是各个省份的总督——却面临着较为严峻的问题：那些正式开始行使自治权的拉丁社团和其他一些已经解放了的社团（是指包括西西里的和那波高卢在内的若干社团，他们都不属于公民社团）都拥有如此大的市政自由的权利，这导致总督除了通过他的行政名义以外，无法通过任何方式对他们进行干预。毫无疑问，在总督的统治下行省中已经出现了这样完全由具有公民权的人组成的社团了，例如像阿奎利亚和那波；然而像山南高卢，就是由意大利建制的社团组成的总督省。可是现在，已经出现了一个全部都是罗马公民居住的行省，那么其他省也会争相效仿，这在政治上具有很大的影响意义。

　　意大利同其他行省之间最重要的实质性区别就这样消失了。而它们之间的第二大区别——意大利在平日里不会有驻军——也在渐渐地消失。如今的军队只会驻扎在那些需要防守的边界地区，因而像那波与西西里在内的这些地区就已经没有了驻军，该省份的指挥官也只是名义上的而已。当然，意大利和其他行省之间的区别也还是存在的，因为市民司法的执政官以及次执政官都在意大利，并且管理着其他行省军事司法的总督和次总督。可是，现在的民法和军法程序已经趋近相同，并且由同一个元首统治，行政官也只不过是名称上的不同而已。

　　颁布的所有这些市政法律和命令，都有着一个明确的目标——对于恺撒来说，虽然这一切并没有完全实现，但是至少在步骤上是脉络清晰的。如果说曾经的意大利是属民们的女主人的话，那么现在她已经成为了新成立的意大利—希腊国内所有人的母亲了。在阿尔卑斯山以南各省份已经实现了完全平等了，从而确保了在恺撒的君主统治之下——就像共和国发展的繁荣时期一样——每一个拉丁化的地区都可以和她的姐妹们及母亲站在平等的地位之上。毗邻的那些地方，例如希腊的西西里和高卢南方这些地区，它们拉丁化的速度很快，因此它们都获得了充分的政治平等。而其他的省份在准备工作上就要落后得多了（例如在此之前曾经是罗马殖民地的南高卢的那波），在这些行省之中，较大的一些城市，像恩波里亚、加得斯、迦太基、科林特、本都斯的赫拉克里亚、辛诺普、贝利托斯和亚历山大里亚，它们现在已经演变成了意大利的或希腊—意大利的社团，渐渐成为了意大利文明的中心——就算是在遥远的希腊东部，帝国的民族和政治也渐渐走向了平等。

地中海沿岸地区在城市罗马社团统治下的时期已经结束了，取而代之的是新的地中海国，而恺撒采取的第一步行动就是补救城市罗马社团在这里犯下的两大暴行。罗马已经从保护者的角色演变成了政治上的暴君、经济上的掠夺者，迦太基和科林特这两个最大的商业中心被毁就是罗马态度转变的最大标志；然而现在这两个城市已经为它们的复兴打下了坚实的基础了，这就表示着这个新诞生的国家将领导着地中海的各个地区走向一个统一的新国家，并且让它们彼此在政治和经济上平等。恺撒将自古以来就闻名遐迩的科林特加上了一个新的名称，这看来也是十分合理的："尤里乌斯的荣耀"。

新的帝国已经提供了一种统一的民族性，然而，毕竟这是在人工干预下形成的，而不是自然发展成的，所以依旧缺乏个性。但与此同时，它还需要制度方面的统一，体制上、行政上、宗教上、法律上、币制上和度量衡上，这些基本上都是统一的，但不一定能和各地原有的制度并存。但是我们也不得不承认，这所有的一切并没有完全准备妥当，毕竟恺撒的君主国才刚刚建立，还有许多事情是需要留给未来的，他所要做的就是为数百年后打下基础。然而，我们已经可以依稀看出这位伟人所描绘的轮廓了，观察他在这方面的计划比观察他在废墟之上建立起来的那些建筑还有趣。

关于制度与行政，我们已经说到在这个新成立的国家中的几个重要部分了——把主权从罗马市议会转到地中海君主国唯一的统治者手中；并且将市议会升级成为帝国议会，代表意大利和其他省的权利；更重要的是，将罗马市的城市组织作为典范，推广到其他省的社团城市之中。但凡是具备加入这种联合国家的社团，都可以先得到拉丁权，紧接着获得罗马权；由于赋予了这样的权利，使之渐渐自动造就了一致性的社团组织。

可是仍然有另外的一个问题需要立即处理。帝国现在急需一个这样的机构，它可以清清楚楚地向政府汇报每个社团的人口和财产数量——换言之，就是现在需要改进对人口和财产的调查制度。首先，需要对意大利的调查工作进行改革。按照恺撒的指令，要对罗马的每一个社团进行详细的调查，社团中的最高领导人要负责将每一个公民的姓名标注清楚，并写上他的父亲或者解放者是谁，具体地区、年龄及财产数量。这个统计表需要在最短的时间内交到罗马监察官的手中，由他们尽早制作一张罗马公民及其财产的统计总表。

对于其他行省，恺撒也有着相同的构想。最明显的证据就是他颁布了全帝国的度量衡规划和普遍调查命令，从这件事情的根本性质就可以看出，这为中央治理所需的数据收集提供了普适性的工具。在这方面，恺撒也想恢复共和国早期阶段实施的一些办法，让整个国家都实行他在意大利所采取的那种调查方法。毫无疑问，种种迹象都表明了一个问题，恺撒打算恢复荒废了好几个世纪的总调查制度。

不必说，在宗教和法律上是不可能有完全彻底的平等的。尽管新帝国以宽大的态度来容忍各个地方特有的信仰与法规，可是它仍需要遵守一个与意大利—希腊民族性相对应的共同的宗教，这个宗教应该超越各个城市的一切宗教法规。很多世纪以来，大家都将意大利和希腊的宗教崇拜混为一体了，不管是在外部的运用之上，还是在内部的调整之上，都让这两个民族的神的概念重合到了一起。因为意大利诸神形象具有较大的弹性，所以很容易就会把朱庇特和宙斯混淆，将维纳斯和阿佛洛狄忒混淆等。实际上，意大利—希腊的宗教已经基本形成了。之前说到过的法罗神学作品中，就曾经分析过罗马人和希腊人"共认"的那些神的形象同罗马其他社团中特有的神的形象之间的差别。这件事情可以证明，还是有人认识到了二者的不同的。

对于刑法，因为政府采取的是直接干预的方法，而且有法律明文规定，所以想要得到整个帝国的统一性并不困难。民法方面，最早在商业往来上得到运用，并且立法的只是一个具文，所以联合帝国所需要的民法规定在很早以前就已经从商业法中演变出来。的确，罗马城市法依旧是以十二铜表法中所包含的拉丁民族法作为基础。尽管后来也在法律的细枝末节上进行了种种修改，最具代表性的就是废止了之前起诉时所需的种种复杂手续，现行的方案只需要首席法官对某个陪审员的一张纸令。总的来说，民法就是在十二铜表法这个可敬的基础之上形成的，由一大堆特别法组合起来的混合体，唯一可以和它相提并论的就只有英格兰的成文法了。因为想要制定一个科学合理的法律体系，这份付出的努力加上那古老的法律勉强能够做到。可是，毕竟那是400年前颁布的一部城市法，又补充了那么多杂七杂八的附文，作为一部需要在大帝国内实施的法律，其自身肯定不可避免地具有种种无法弥补的缺陷。

但是这部法律本身却为自己找到了一个比较彻底的补救方式：那就是商业交易。长久以来在罗马人与非罗马人之间进行的灵活交易，已经使得一套国际性的与商业特别有关的私法产生了。罗马城的法官也以此标准为判断事务的依据。比如当一个案子既不能按照自己民族的法律规定来解决，同时其他民族的法律也不能解决这个问题的时候，他们便不得不依靠整个交易体系中被共同承认的是非观。较新的法律便是以这个为基础的。罗马城的公民在交易的过程中，旧有的法律在"事实上"已经变为无用的了，已经被新法所替代了。十二铜表法之上的国际法与民族法的法律法规相互调和妥协之后，就形成了新法的立法基础。婚姻法、家庭法，以及遗传法上，主要参照的还是各地的民族法，在此基础上进行合乎时代的修改。而有关财产、所有权以及契约方面，则主要参照的是国际性法规。

在钱币还有度量衡方面，拉丁以及希腊系统之间早已有了共同的交换标准。自很古老的时代开始，度量衡之于商业就已经是不可或缺的了。在币制上，银币开始铸造之后不久也就有了公准。但是古代的公准仍旧觉得不够，因为希腊世界中长度与钱币的种类繁杂而且共同存在。因此必将罗马的钱币以及度量衡在全帝国推行起来，让它成为全帝国正式交易中唯一被官方认可的标准，而非罗马的钱币以及度量衡只能在特定的地区流通，或者可以按照固定的比值兑换成罗马的。这一切显然是恺撒计划中的一部分。

罗马的币制是以两种可以相互流通的贵金属为基础的，两者有固定的关系，黄金主要按照重量进行流通，而白银则主要铸成银币流通。事实上在国际的交流贸易中，黄金的地位远超白银之上。在帝国早期，各个地区是否要强制执行流通帝国银币都是个问题。无论怎样，整个帝国承担主要流通任务的还是没有被铸造过的黄金，尤其是罗马不允许各个行省以及保护国铸造金币，因此，除了整个意大利之外，阿尔卑斯山南高卢、西西里、西班牙以及许多地方，尤其在西方，德纳尔都成为无论是在事实上还是法律上的正式货币。但是帝国的铸币是从恺撒开始的。他同亚历山大一样，只准许一种普遍公认的金属在铸币上占据首位，以此来标志新君主国涵盖了文明世界。恺撒当时铸造金币的数量之大，只要一个例子就能说清楚——在他死后7年，在一个宝藏之中就发现了8万枚这种金币。当然，这个例子也不排除可能有投机者参与的可能性。

银币方面，罗马的德纳尔在西方早已奠定了基础。等到恺撒封闭了马西利亚的铸币厂，这唯一一个能与罗马竞争的铸币厂以后，罗马的德纳尔就在西方彻底确立了统率的地位。在若干西方的社团之中，小额银币或者铜币的铸造仍然被允许。南方高卢的某些拉丁铸币厂仍然铸造3/4的德纳尔银币，北方高卢的几个地区也仍然铸造

1/2德纳尔，西方的一些小地区甚至在恺撒时代以后仍然铸造一些小额的铜币。但这种小额的铜币完全按照罗马的标准铸造，也只能在特定地区内交易使用。

恺撒像那些早期的政府一样，似乎并不想统一东方的币制。在东方，大批容易降低成色或者破旧的粗制银币仍然在使用，甚至在埃及，一种和现在的纸币性质一样的银币在某种程度上仍在流通。叙利亚的商城如果改换币制的话，也会因此遭受严重的损失。在东方，德纳尔后来成为合法货币，成为官方计算的唯一媒介。而地方硬币则在有限的地区之内流通，但是交换价值则要比德纳尔低很多。这或许并不是一时导入，可能在恺撒之前就已经是这样了。但毫无疑问，它是恺撒帝国货币的重要补充用品。而恺撒铸造的新金币却几乎和亚历山大一样重，无疑主要用于东方。

另一个重大的改革则是在日历上的。奇怪的是共和国的日历仍然沿用的是公元前450年的历书，也就是10大执政官时期的历书。这个历书由于无能的数学家进行了错误的运算，使得真正的时间比之提早了整整67天，导致百花节的时间不是4月28日，而是7月11日。恺撒终于纠正了这个错误。在希腊数学家索西杰内斯的帮助下，按照欧多克索斯的埃及历法以及合理的闰日的加入，正式制定了意大利农历。以前每年以3月1日为起点的传统被定为1月1日。这一日，本来是作为最高行政官交接的日期，因此在人民的生活中是重要的日期。这两项改变都是由公元前45年的1月1日开始生效的。与它同时投入使用的是朱利安历。意大利农历在恺撒的君主体制解散了以后仍然是文明世界的规范，到了现在也仍然是。另外为了说明历书上每一个日子的名称是星辰的升降，还颁布了一个详细的、由埃及星象观察所得的但是可能并不算精确的星辰历书。在这方面，罗马与希腊世界也站在平等的立场上。

这是恺撒在地中海世界的基础。在罗马历史中，这是第二次对立双方的力量都无法和解的情况下，社会问题成为危机。第一次危机的时候，罗马靠着融入意大利而获救，因为新的大家庭中，原有的对立力量被消除了。现在，罗马的危机也因为其他地中海各国融入或准备融入意大利而被解决了。旧有的意大利之中，贫富之战可以导致国家毁灭。到现在，意大利已经成为横跨三大洲的国家之后，那些贫富之战就失去了战场或者说失去了意义。公元前3世纪，罗马社团几乎要被这种贫富的鸿沟吞灭，但是拉丁殖民地将这个鸿沟填好了。但200年后，更深的鸿沟出现了，则被盖约·格拉古与尤里乌斯·恺撒的阿尔卑斯山北与海外殖民地所填平。

而历史只对罗马赐予了这样的奇迹，而且还不止一次奇迹。这两次的危机从罗马本身来看，是无论如何也解决不了的，但是历史却使罗马获得了新生从而拯救了它。当然，这样的奇迹中衍生了许多罪恶。意大利半岛的统一是建立在萨姆尼和埃特鲁利亚民族的尸骨之上的。同样的道理，无数原先有活力的国家还有部族，用自己的退场成就了地中海帝国。这是一种有新的希望还有生命可以从中衍生出来的腐败，其中有些部分到现在依然生机勃勃；被替代的、被征服的都是次等的民族，他们的命运注定了要被文明同化的进程摧毁。

历史的发展所宣告的命令都是由恺撒执行的，他以摧毁者的身份行动，只是在回应这种审判。但凡他发现了文化的芽苗，不论是姊妹国希腊还是在自己的本土，他都予以保证。他挽救了罗马的文化，并且使其新生。同样，他的这种保护使罗马文化得以新生，让希腊文化得以重生。我们可以确信恺撒的灵魂里一直有着亚历山大的影子，因为他一直所做的就是伟大的亚历山大没有做完的工作。他同时解决了这两个重大的而且相辅相成的任务：总体的发展以及个人的发展，或者说，国家和文化。它们曾经在胚芽时期就结合在古老的希腊—意大利人的生活中，那时，他们生活在远离地中海海岸与岛屿的地方，过着放牧羊群的原始生活，但是他们分离成希腊人与意大利人，从此分隔开了两个本来结合在一起的国家与文化这两个要素。此后，许多个世纪中都是处于这种被分离开的状态。但是现在，特洛王之子与拉丁王之女的后裔，从一个没有明显特性文化或者世界的文明之国中，创造出了一个新的整体；在这个整体之中，文化终于与国家相遇，产生了最好的成熟果实。

这是恺撒为他的工作制定的大纲，他按照这个大纲所要求的努力工作。他的后代在之后的许多世纪中仍然按照这个大纲努力，尽管可能没有他那样的才智和热情。恺撒一生其实完成的部分甚少，多半都仅仅只做了一个起步。至于他的计划是否完善，自会有敢于和这样的伟人站在同一高度的人裁定。我们则没有看出这个计划的重大的缺陷。如果将这个计划比喻成一座建筑，那么这些和谐地构成整个整体的每一块石头，都伟大得足以使人不朽。恺撒任罗马元首的时间仅仅5年半而已，还比不上亚历山大的一半，在其间，因为有7次大战争，所以他留在首都的时间没超过15个月。然而就在这短短的时间内，他却为世界规划了今后的目标，大的方面可以在文明世界以及野蛮世界之间界定边界，小的方面他甚至还能关怀消除首都的污水坑，而且他仍然有时间去戏院观看竞赛剧目，并且写下即兴小诗给予奖赏。

他执行他的计划的时候非常迅速准确，而这种雷厉风行的执行力同样证明了计划的完善，这种执行上令人惊叹的部分一点都不输于计划本身，只有连细节都经过深思熟虑反复考证，才能保证这样迅速地执行。新的国家大纲是为未来所设计的，那就让无穷尽的未来来完成它的构建。在这种意义上，恺撒有时说他"活得够了"，或许就是因为他知道自己的目的已经达成了。正是因为这个"建筑"是无尽的，所以恺撒活着的时候永远都忙碌着，用同样的巧妙，同样的活力，永不停歇地在这建筑上添加一块又一块的石头，从来不推翻以前做过的，也从来不曾拖延。就好像他只有今天，没有来日一般。因为这样，他的工作还有创造都成为前无古人后无来者的杰作。就算是在2 000年后的今天，他仍然以工作者以及创造者的身份，活在许多国家还有民族的记忆之中。这就是第一个，也是唯一的一个元首——恺撒。

蒙森及其作品

　　瑞典学院将诺贝尔文学奖授予特奥多尔·蒙森一年之后，1903年11月1日——还有29天就是蒙森86岁的生日，那天他中风了。当时他正站在家里藏书室的梯子上，想要寻找一本自己需要的参考资料。

　　要是天才只不过是强大忍耐力和高超智慧的结合，那就没有人值得我们去崇拜了。蒙森的书是这么的多，这么的厚重，就算所有的本奈蒂克修道院的院士写的书加起来都不可能达到这样的成就。这些书的内容是那么充实，所以在过去的一个世纪，有许多成果仍然是不可动摇的。另外，他的才能是多方面的，所以我们可能永远无法窥探到他的真实性格。

　　德国人认为蒙森不仅是帮助德国成为罗马史领袖的功臣，并且还是一个奇怪但充满激情的政治家。1873—1882年，他是德国帝国议会的成员，因为激烈的极端主义使他失去了在莱比锡大学的职位——1874年再次被聘任——他由于猛烈地反对俾斯麦而被监禁6

个月，但后来又极力支持这个曾经谋害他的人，帮助俾斯麦完成了统一德国的宏伟蓝图。全世界的专家都认为，蒙森是无可争议的古代历史的巨匠，是罗马史的灵魂。

在这里，我们要评价和介绍的，主要是后面这部分内容。奇怪之处在于蒙森的青年时期完全看不出来他会成为一个德国的民主斗士和罗马历史学家，他当时唯一令人震惊的是令普通老百姓无法企及的文化修养、对所有知识的急切渴求以及超乎常人的工作能力。

特奥多尔·蒙森于 1817 年 11 月 30 日出生在丹麦席莱斯维克的嘉定村庄。他在丹麦豪斯坦的小城镇奥斯洛度过了童年和少年时代，并在那里完成了学业。1834—1838 年，他在阿东那的克里斯坦学院上学；1838—1843 年就读于丹麦的基尔大学。在踏上德国的土地之前，他就得到了丹麦国王克里斯蒂安八世提供的奖学金，资助其去意大利学习。蒙森是如此地忠实于丹麦王室，所以，当 1836 年从哥本哈根传来老国王费德烈六世生病的消息时，他感到非常忧虑。

但是，近 30 年之后，蒙森在哈尔参加选举，却主张将席莱斯维克和豪斯坦割让给普鲁士。这种改变还表现在另外一方面，他虽来自基督教家庭，他的父亲是嘉定和奥斯洛敌对派系的助理牧师或者副牧师，但他后来却成为极端民主派人士和极力主张"不可知论"的人。蒙森童年写的是关于祈祷和虔诚的文章，可是 20 年之后，他却让他的未婚妻雷玛小姐将这些手稿全部焚毁。

他放弃宗教而转换成民主人士的原因，大概是因为在基尔大学受阿尔伯塔提那团体的影响。然而，就算在基尔，他还没有响应历史对他的呼唤，仍然对自己肩负的历史使命全然不知，在这种情况下，他没有选择涵盖历史课程的哲学系，而是选择了法律，并且他拿到的也是法学的博士学位。就如巴斯托没有从事过医生职业却掀起了医药革命，蒙森从没有当过罗马史教师，却转变了民众对罗马史的认知。他毕业以后在莱比锡和柏林从事法律的研究，这可能是由于在法律行业更容易找到工作。

然而，命运之轮缓缓转动，蒙森天性中对历史的喜好在适宜这个喜好发展的环境之中成长，使他很快就从法学家转变为世界著名的历史学家。

蒙森的成就主要归功于他的生长环境。他没有体验过生存的压力，但他了解何所谓贫穷、自律、尊严以及因为贫穷而必须工作。他年少时在海滨小镇喜欢游泳、划船和滑雪，这几个积极、有益健康的消遣活动锤炼了他健康的身体。蒙森从小被教导要有基督徒的责任感，长大后，就算他放弃了宗教信仰，也从来没有失去《圣经》中描述的美好品质，比如勇气、讨厌虚假、慷慨和坦率。

童年时，他总是在院子里面捕捉蜻蜓，目的只不过是为了再放走它们。长大之后，他对于认定的懦夫从不嘴下留情。至于那些敢于和他争论，或者他认为愚笨、由于撒谎而犯错的人，他也绝不手软。不过他渊博的知识得益于他的父亲，他的父亲是他一生最优秀的老师，所以蒙森的知识在广度、深度和心智成熟上都要令人吃惊。

当特奥多尔还是个孩子时，他离开家去阿尔东那的克里斯坦学校学习，那时他带到学校的书籍就比现在我们许多大学生要多。他的父亲教会他希腊语，这样他就可以很容易地翻译文章；他学习拉丁语，这样就可以流利地说话和写字；他还学会了法语和英语。此外，因为他住所的环境，他又掌握了德语和丹麦语。但他在家中学习的内容，绝不是无聊和乏味的。虽然学习的步伐正在加快，但是，他学习的环境充满了真正的人文主义。他的父亲依耶士·蒙森有一个特殊的爱好——诗歌，主要是德语诗，其他语言的诗也有。他的这种爱好感染了他的儿子，他让蒙森务必把贺拉斯的抒情诗、拜伦的诗、莎士比亚的戏剧、雨果的民歌，还有弗洛里安的寓言都翻译成德文。

阅读，是特奥多尔的第二大爱好。他一直坚持读书，在奥斯洛、基尔、莱比锡和柏林，读书都是他的主要工作。对知识的热切渴求是以艰苦的工作和减少睡眠换来的。他艰苦地工作着，并感到喜悦和自豪。虽然长期缺乏睡眠，但他健康的身体却使他丝毫没有疲劳的迹象。在基尔大学，他很容易地掌握了两个新的语种——瑞典语和意大利语。我们能够肯定地说，在此期间，无论是古代的还是现代的西方文化，蒙森已经把有价值的部分都消化和吸收了。

和他一起学习语言的人都佩服这个法律专业的学生，因为他们是真的无法匹敌。他们无法理解，除了上课和娱乐，他怎么能挤出时间学习如此多的知识。最后，他们发现了蒙森的秘诀：他简直不需要睡觉，他在晚上学到的知识要比白天学到的多得多。蒙森总是最后睡觉和最早起床的人，永远都是这样。我曾偶遇过他3次，在1901年或是1902年，巴黎的里西留大街，大概是半夜12点到1点。他和他的女儿一起返回鲁瓦旅馆，这是他在巴黎固定的住所，到他工作的法国国家图书馆只用穿过一个小广场，不需要因为上楼梯和路程遥远而浪费时间。

在巴黎和罗马，卡米尔叶·朱利安和施托尔·佩斯各曾跟我说过他们在柏林向蒙森求教时发生的趣事。因为他们两个是外国人，所以引起了蒙森的兴趣，有时候蒙森邀请他们到家里闲坐，但总是约在黎明，甚至是早上 5 点。爱德华·赫利欧曾对安德烈·比利说："我晚上只休息两个小时，其他时间我都用来读书，我记得读过的每一个字。"蒙森也可以这么形容自己。哈纳克说："蒙森孜孜不倦的夜晚照亮了众人的白天。"他无比渊博的头脑是配得上这样的敬语的。

他希望探索过去，希望让历史重生，他用诗歌的光明和璀璨让历史得以再现。蒙森其实可以放弃历史而成为一个诗人。他研究的领域是这么广阔，或早或晚会超越他从事的任何一个特定的学科。他以扎根于事实、冷静理智地思考而积累的渊博知识，必定会带来新的发展和对知识的强大集成，这些都很快让他声名远扬。

蒙森的事实感使他挣脱了陈规的束缚去发现真理。此外，无论什么样的研究主题，他的学术素养都让他首先去了解根本问题，所以他的知识储存将更深入、更广泛。在早期，他在学校的研究就经常突破学校常规的束缚，他的首篇文章已展现了大师的风范。1843年，基尔大学的教授要他把论文中涉及的古代抄录员和门卫的法律进行整理。蒙森突破当时普遍的做法，直接剖析法律的根基，马上给这个备受争议的议题带来新的思路。基尔大学的评审委员会面对他的评审证据，只有接受他的做法。蒙森的《抄写员和门卫法律剖析》虽然篇幅不长，遣词造句较为粗糙，但仍获得了最好的成绩，使蒙森顺利拿到了博士学位。

1843年，他还写了一篇文章，题为《罗马协会和法人浅析》。他写这篇文章，不是因为义务，而是源于他的学术修养。公元前133年，戴安娜和安亭纳斯的追随者将葬礼行业的规定刻在石头上，这段碑文于1816年被发现，并在学术界引起了一些争论。蒙森在《罗马协会和法人浅析》的附录中详细探讨了这段碑文，基尔大学的教授极力支持蒙森的这篇论文，最终为他赢得了国王奖学金。

借此机会，蒙森来到了那不勒斯和罗马，在当地的美术馆中研究保存的历史文献，他独到的眼光看到了这些文献的范围和重要意义。虽然他开始这项工作时只有 26 岁，但他早已设计了一个惊人的计划，这个计划原本会使他退缩的，但实际证明只是激励着他奋进。受基尔大学的讲师奥托·雅恩的感染，蒙森确定了研究罗马法真正知识的根本途径——必须以立法者铭文作为依据，他的目的除了搜集罗马法铭文，还包括所有通过手稿可以整理出来的拉丁铭文，以及阿尔卑斯往北的古代文章和意大利搜集的古代作品中包含的拉丁铭文，即使资料是在更遥远的地方被发掘，蒙森依然要去寻找。

特奥多尔·蒙森在这个时候还没有发觉自己将成为未来的罗马史学家。但他已经有了成为铭文家的意向；1843 年，他来到了意大利，其实是为前往大马士革打下基础。

其实蒙森的想法早已出现了很多年，法国科学院的院士就曾经提出过类似的观点，但他们既没有设定一个现实的计划，也没有申请制订计划必需的资金。在德国，学者的想法也不一样。有的学者倾向于绘制基于文献主题的文学逻辑系统，其他学者则倾向于采用编年史的形式研究历史，蒙森谨慎地避开这些观点，不受其影响。

他向奥古斯都·巴克学习，把希腊铭文根据其来源进行分类。这不仅得到由奥托·雅恩的欣赏，也获得博吉西伯爵的赞同。博吉西伯爵在这方面的经验是无人可比的，他经常写信给欧洲学者，给他们提供指导。1845 年春天，蒙森公开表达了他对博吉西的感激之情，声明将博吉西作为他唯一的老师，并前往伯爵在圣马力诺的住所求教。他才高气傲，没有一丝犹豫，马上开始检查当地所有已经发掘的罗马铭文，并采取他认为正确的分类标准：按照区域和地点位置进行分类。通过这种地域性的分类来制定目录，才可以各归其位，准确地抽取时间和数据。

他并不理睬反对的意见，也不寻求政府的帮助，他认为等自己的工作有所成就时，政府自会给他支持，不过他获得了莱比锡出版商韦甘的青睐。韦甘在1852年出版过两本在那不勒斯发掘的拉丁文集。随后，蒙森和韦甘合著了《拉丁铭文集》的第十章。这件事情迅速地向世人宣告了对铭文的归类方式，他们赢得了这场战争，就像毛利次·浩普特说的那样，希望之光冲破了黑夜的遮盖。

柏林学院紧跟蒙森的脚步，最终选择承担起整理拉丁铭文的义务，并将该工作指派给了蒙森。这样，蒙森接触到了最出色的收集专家。这些收集专家按照蒙森按地区分类的方式，相互协助铭文的收集工作。蒙森以他那套着天鹅绒手套的强有力的手腕领导着他的工作团队。以至于1903年11月1日，在德皇威廉二世写给蒙森遗孀的信中恰如其分地称赞了他的技能。由于政府已经多次见识了蒙森的厉害，可以看出德皇对蒙森的评价之高。

蒙森自己负责阿普利亚、阿尔卑斯山南高卢和东部省份。所有的铭文，无论什么样的来源，只要是尤利乌斯·恺撒之前的年代，他都要参与该项工作。只有在这样的环境下，他才对编年体做出妥协。在他的领导和署名下，铭文书集在1863年出版，并成为《拉丁铭文集》的第一册。随后出版的其他卷册都受到所有有关方面的好评。只有最后的第16册，是在蒙森去世后发行的，其他的15册都是由他监督发行的。所有卷册包含的铭文大约有20多万件，覆盖了全世界。就像蒙森预计的，随着古罗马世界探索的深入，重新补录的出版物甚至会像正编那样厚实。

就算只有《拉丁铭文集》上留下了蒙森的名字，也足以使他流芳百世。但是，尽管这项工作是如此巨大，依然不能耗尽他无限的能量。其实，这项工作好像只不过引起了他的兴趣，随着工作的深入，他发现了一个新的探索领域，他巨大的作品产出量确实让那个年代的人们感到惊讶。

蒙森非常强调古时期经济的繁荣与衰败对那时制定法律的影响，这使他开始了研究钱币学，并于1860年发行了《罗马钱币史》。

蒙森在那不勒斯博物馆整理保存的铜铭文时，发现了一块特殊的铭文——不是使用拉丁语而是使用奥斯坎语。为了不在整理和翻译中犯错误，他认为必须将拉丁语和古代意大利所用的其他语言进行比较，由此在1950年出版了《意大利南方语言》。

蒙森非常敏锐，他对罗马的一切都了如指掌，能顺利解决遇到的难题。他的学生将他的文章整理为8本《文集》，收集了大约200篇杂文，每一篇都非常重要。

在《文集》里，法律的地位至高无上。另外，他还完成了《民法大全》（1866—1870年）。

完成了在大学的工作以后，也许是因为爱国主义，蒙森劝说工件委员会编纂《日耳曼历史》，其涵盖范围最早可追溯到罗马帝国屈服于蛮族入侵时期。这部作品可以把恺撒帝国和日耳曼神圣帝国联系起来，更加强调德国有资格认为自己是罗马的真正传承者。蒙森把较轻松的工作交给他指定的学者，而他自己则负责任务最重的工作。

假如在蒙森年老的时候有人问他，他是否读完了古罗马及其相关的所有著作，他一定会诚实地回答是的。他已经收集整理了一位历史学家需要的所有的区域，他比所有人更有条件写出完整优秀的作品。经过扎实的知识积累，没有理由不进行一个全面的整理。

蒙森留下的两本著作代表了他的博学多才和原创能力，一本是《罗马公法》，所有研究、学习罗马政府机构的地方都可以从这本书中受到启发，第二本是《罗马史》，这本书得到了全世界的称赞，并畅销全球。

我认为《罗马公法》的优点数不胜数。蒙森起稿于 1876 年，与他的《罗马刑法》一起完成。这是他高峰期的作品，他在这些作品里面探讨了所有的法律。现在，也许有很多人不再研读这本作品了，那是由于后人已经将他书中的精华吸收并发展了。对于那些研究古罗马建制的人来说，他们都或多或少地得益于这本著作。

我不得不承认，在 1853 年刚开始发行的《罗马史》不会有这样的待遇。这本书编写的速度很快，那时蒙森还不到 36 岁，不管能不能避免，这本书的不足之处都是非常明显的。

首先，蒙森很少提到它的来源，使得读者非得接受他的观点。

其次，这本书并未写完。第一卷描写意大利的起源——唯一准确的开端，但第三卷仅只写到公元前 46 年，这一年恺撒赢得和参议院在非洲的战争，小伽图自杀身亡。第四卷原本应是描写帝国的发展衰败的，但蒙森大概并没有写过这些。至于第五卷，是第三卷出版了 32 年后才发行的（1885 年），并且根本不能称之为历史，它只不过是对帝国各区域的描述。其实这反映出了作者的前后一致性。他计划中的前 3 卷不是罗马的历史，只是意大利走向罗马的历史，与之类似，在第五卷，蒙森将帝国的范围突破拉丁的局限，而扩大到整个全国各地。尽管这个想法是正确的，但这本书仍缺乏内部连贯性——真正的著作所具有的品质。虽然这部巨著足够恢宏，但还是有这些不足之处，就像所有的缺乏安全感的半成品建筑一样。

再次，该书的部分内容已经失效了。由于蒙森的《罗马史》前几卷发行之后，考古活动有了很大的进展，很多新数据被发现，使得蒙森被他的继任者一一越过。

但是，《罗马史》尽管有如此多的缺陷，却仍然受到大家的追捧。

蒙森能够对过去很多人和事有新的见解得益于他令人不可思议的渊博的知识和非凡的鉴赏力，虽然他的一些比喻确实是有点缺陷的。比如，他把西塞罗说成受雇用的作家，把庞培比喻成一个伍长，把家兔当作唐·吉诃德先生，把马库斯·法乌涅斯当作他的桑丘。不管是习惯讽刺或是时间过于仓促，有时他的结论都跟事实会有很大出入，例如，他认为苏拉和克伦威尔是一类人，都是模仿乔治·华盛顿，是唐·吉诃德先生的翻版。不过这些比喻不过只有很少的50行而已，书中其他那些令人惊讶的比喻，却是多么直观精彩啊！

但是，假如我们觉得《罗马史》只不过勾起了我们的兴趣，那就小看它了。首先这本书完全能满足所有的好奇心，此外，我们还会不由自主跟随蒙森一起沉思。看看他的文字："因为战争而有所得的人，必将因为战争而失去；但是用犁头耕种的人，则会永垂不朽。"在他写下下面这段文字时，我们会跟他一起思考，一起担忧：他称赞了古地中海各个国家建立的"灿烂文化"，然后说，"他们耗尽了创造的力量"，所以，新的族群"拍打着文明的堤岸，就如海水拍打着沙滩"，导致文明的中心从地中海转移到大西洋，直到有一天被新来者替代。他的头脑一次次参透最混乱的谜团。蒙森的《罗马史》，可能在一些方面确实过时了，但是在其他方面仍然是先进的，没有一个学者能离开它。

　　但凡是钻研古罗马史的学者，必须学习《拉丁铭文集》；但凡是研究法学根基的学者，必须学习《罗马公法》；但凡是把历史当作科学，也当作艺术去研习的人，都会痴迷于蒙森的《罗马史》。

蒙森获奖经过

在 1901 年，诺贝尔组委会的筛选工作还不够成熟。那时候的瑞典只是一个地处偏远的小国家，因而由她的学院来授予这个备受瞩目的奖项似乎有点力不从心。那年的获奖者是苏利·普吕多姆，一个名气不太大的诗人。这是一个很难让人信服的决定，所幸的是获奖者的国家是法国，法国科学院的威望弥补了获奖者名气不足的缺憾，这样诺贝尔文学奖的地位才得以不受冲击。然而，争论仍然是很激烈的，主要是由于瑞典学院在筛选作家时"有意"撇开两大巨头：左拉和托尔斯泰。尤其是托尔斯泰未获奖所引起的争议要算是当年文学界最具影响力的事件之一。

对托尔斯泰落选表示不满的信件大批地寄往瑞典学院。对于这些不满意见，瑞典学院常任秘书做了如下的答复：这个优秀的候选人没有获得诺贝尔奖，是由于他不符合诺贝尔文学奖的竞选章程，候选人应由合格的个人或团体进行推荐。这是多么没有说服力的理由！但又无法指出它的错处。这个借口激怒了托尔斯泰的崇拜者，他们马上进行了反驳。在这些抗议者中，瑞典斯德哥尔摩大学的一位教授文学的批评家马上向瑞典学院递交了一封推荐信，还寄去了托尔斯泰的小说《复活》。

法国的抗议也在同步进行着。法国科学院的米歇尔·布雷亚和巴黎大学的利希滕伯格都推荐了托尔斯泰。然后，哈勒维也亲自给瑞典学院写了一封推荐信。哈勒维之前曾经和梅尔哈克一起为奥芬巴赫写过一些轻歌剧的歌词，之后他就一直进行各种文学体裁的创作。长时间的辛勤工作，使他成为巴黎文坛的老将。他在1884年当选为法国科学院的院士，因此其推荐信是很有意义的。

这样，托尔斯泰就完全具备了候选人的资格，瑞典学院无法再回避。因此，瑞典学院不得不向公众表示其态度，由常任秘书负责此事。根据学院的规定，常任秘书的任务就是要用充足的说辞来解释学院某项很难被众人接受的决定。时任常任秘书的 C．D．威尔逊博士据说非常"高兴"并及时地完成了这项任务。威尔逊博士善于用客观的理由遮盖主观的反感。他的理由如下：《战争与和平》的作者当然是一个很优秀的作家，但不幸的是，他透露出对道德的不相信。此外，他作为一个作家，没有全面理解宗教就公开批评《圣经》。虽然按照他的文学成就是可以获奖的，不过，假如真的让他获奖，那么这个奖项代表的"理想观"势必会滋长他的革命性理论的作风，让它更加的危险，瑞典学院不愿发生这种情况。

这种理由使托尔斯泰非常不满，所以他自己提出放弃竞选诺贝尔文学奖。这样，既然他自己都不想去竞选，那么他的支持者也只得作罢。

那一年除了托尔斯泰，很多优秀的作家都参与了诺贝尔文学奖的竞争。左拉由于其人文主义的作品使其忠诚的支持者波西罗再次推荐了他。还有帕里斯、米斯塔尔、乔治·梅瑞狄斯、叶芝、卡尔杜齐、安东尼奥·佛加沙洛、霍普特曼、显克维支、尤哈尼·阿霍都加入了角逐。其中一些人后来多次参加了诺贝尔文学奖的竞争，有几位最终得偿所愿。

苏利·普吕多姆从众多竞争者中脱颖而出主要归功于法国科学院的集体行动，导致那时所有的欧洲人都认为这才是最有效的推荐方法。1902年，瑞典学院仍采取与往年相同的筛选方式，尤其看重采取这种推荐方式的候选人。诺贝尔组委会以推荐信上的签名作为评判的唯一标准，甚至都不做实际的调查。瑞典学院选择这种方式的原因是避开因为受流行文学的影响而将诺贝尔文学奖授予无法接受时间考验的作家。

另外在1902年还有一个大新闻，即英国第一次参加了诺贝尔文学奖的角逐。伦敦作家联合会成立了一个专门的部门负责挑选代表英国的作家，他们采取英国的传统做法完成了这项工作：将所有候选人集中在一份名单上，并寄给联合会的每位成员，以供他们做出选择。此项工作在1月份就已成功完成。埃夫伯里勋爵作为联合会的发言人及时将他们的决定告知了瑞典学院：伦敦作家联合会高票通过由斯宾塞先生作为英国作家的代表参与诺贝尔文学奖的角逐。斯宾塞的48名支持者差不多都是英国文学界的大腕，他们组成一个实力强大的团队，并共同签署一封极具分量的推荐信。这个团队的成员包括巴里和达博逊，还有一些流行作家，如瑞德·哈葛德、柯南·道尔和阿瑟·平内罗。在文坛和史学界还有埃德蒙·格斯、博雅思、沃尔特·斯基特和爱德华·道登。

虽然斯宾塞的作品技巧精湛，但它透露出来的陈腐气息却让瑞典学院厌恶。永远没有人知道瑞典学院是否会在英国作家联合会的影响下做出违背自己本心的决定。因为几天之后，与斯宾塞齐名但却更被大家看好的蒙森凭借其驰名世界的《罗马史》帮瑞典学院摆脱了窘境，他的推荐者是德国腓特烈二世和莱布尼茨共同创建的普鲁士科学院，也是很有地位的。

蒙森的著作符合瑞典学院诺贝尔奖对参选作品的界定，因为历史学属于文学分支中的人文学科。其实，这本著作自身已经具有出色的艺术造诣。蒙森的笔风非常简洁，擅长对历史人物的描写，在历史事件的刻画上带有浓重的戏剧感，但他却在《罗马史》的后序中谦虚地称"本书的完成很需要耐心，阅读它也是如此"。

他的著作在全世界流传，并以多种语言版本发行各地。由此可见，他的书绝对不是枯燥无聊的，不像他说的那样"很需要耐心"。在全世界的国家中，蒙森的罗马史被一致推荐为20世纪最有价值的文学著作之一。基于此，瑞典学院于1902年为蒙森授予了诺贝尔文学奖，颁奖辞为："当代最伟大的编史大师，这点在他的巨作《罗马史》中得到了淋漓尽致的展现。"

蒙森的颁奖辞迅速登上了德国各地新闻的头版头条。对此，蒙森用自己一贯的大气恢宏的行文风格给瑞典学院写下了致谢信，内容如下：

"当我听到这个有点突然但却慈善的决定时，我觉得我那处于纷繁复杂阶段的生命恍如到达了顶点。除了这些，我无法用其他的言语来表达我内心的欢喜。但是，由于我目前需要集中精力去完成一部法律著作，不幸的是这项工作现在遇到了困难，所以眼下这个时刻无法亲临贵院。虽然我们在德国的生活非常困苦，但是，这项崇高的荣誉让我觉得自己所受的苦、所承受的生活的艰辛都是值得的。"

　　蒙森没有出席斯德哥尔摩的颁奖仪式。12 月 24 日，他在德国的瑞典领事馆领走了诺贝尔文学奖的奖金。蒙森对这项崇高荣誉感到欢喜的部分原因，可能是他自己的经济状况不容乐观，蒙森一共有16 个孩子，生存下来的有 12 个。5 个待嫁闺中的女儿仍然和他一起生活，帮忙做些家务。获得诺贝尔奖后，蒙森可以维持子女往后的生活了。卸下了这个重任，蒙森便于第二年逝世了。

蒙森作品年表

1817 年　11 月 30 日，特奥多尔·蒙森出生在席莱斯维克的一个村
庄伽丁，当时仍由丹麦管辖。父亲是依耶士·蒙森，
母亲是佐菲，特奥多尔·蒙森在家里年纪最大，他还有
两个弟弟。

$\dfrac{1821}{1834}$ 年　就学于浩尔斯坦的奥斯浩牧师公馆。

$\dfrac{1834}{1838}$ 年　就学于阿冬纳的克里斯丹学院。

$\dfrac{1838}{1842}$ 年　就读于丹麦基尔大学的法律专业。

1843 年　凭借《抄写员与门卫法律剖析》取得基尔大学的博士
学位。之后又完成《浅析罗马团体与法人》，并获得丹
麦王克里斯丁八世的资助前往意大利学习。

1844 年　在拿不勒斯和罗马负责收集整理当地美术馆中所保存
的原始资料和文献。在奥托·雅恩的指导下，形成了
以立法者发布的法律条文作为研究罗马法依据的风格，

他致力于收集包括罗马法律条文在内的所有拉丁文铭文。

1845 年　公开对波吉西伯爵的帮助表达谢意，并宣布将其作为
　　　　自己永远的老师，随后前往圣玛利诺山伯爵的住所虚
　　　　心求教。之后完成了《欧斯基语文集》。

1848 年　丹麦爆发了席莱斯维克独立战争。蒙森为支持临时政
　　　　府，为《浩尔斯坦》国家报纸工作。战争失败以后，
　　　　逃离浩尔斯坦，在莱比锡教授罗马法。

1850 年　出版《三五四年作家年代考证》、《意大利南方语言》。

1852 年　在苏黎士讲授学问。完成了《拿波里王国铭文大全》、《罗
　　　　马测量家详解》。

1853 年　出版《也妥路斯基北部在铭文、钱币上的 26 个字母》、
　　　　《罗马史（第一卷）》。

1854 年　任职布勒斯劳，教授法律学。出版《瑞士语及拉丁文
　　　　书集》。

1855 年　出版《罗马史（第二卷）》、《巴耶狄卡、沙鲁朴斯及马
　　　　拉各城市法规》。

1856 年　出版《罗马史（第三卷）》。

1857 年　出版《恺撒帝国前的罗马史学》。

1860 年　出版《罗马钱币史》。

1861 年　加入德国进步党，成为普鲁士议会成员。出版《东罗
　　　　马查士丁尼皇帝前的法律大全》、《殖民地尤尼亚及凯尼
　　　　狄凡法规》。

1863 年　出版《拉丁铭文集》第一卷和《恺撒帝国前之最古拉
　　　　丁文集》。

1864 年　出版《罗马研究·一》。

1865 年　编纂《奥古斯都之功》。

1866 年　德国进步党分化，蒙森加入德国国民自由党。

1867 年　出版《罗马附庸国研究》。

1869 年　出版《肖普力索的生活》。

1870 年　出版《献给意大利人》、《阿玻雷雅手稿研究》、《查士丁尼理论汇编》、《民法》。

1871 年　开始《罗马公法》全书的创作，并于 1888 年完成。出版《德法战争信件整理》。

1872 年　开始《拉丁铭文集》《加利亚及基沙鲁比拿拉丁文集》的创作，并于 1877 年完成。同年开始整理《拉丁铭文集（第一卷）》及《普鲁迪鲁姆、卢卡尼亚、喀巴尼亚、叙利亚、沙蒂尼亚拉丁文集》，并于 1883 年完成。

1873 年　加入德意志帝国的国会。出版《拉丁铭文集（第三卷）》及《亚洲、欧洲、古希腊附庸国、伊利克的拉丁文集》。再次被莱比锡大学聘为教习。

1879 年　完成《罗马研究·二》。

1881 年　出版《拉丁铭文集（第八卷之一）》及《非洲拉丁文集》。

1882 年　出版《德国历史》。

1883 年　出版《拉丁铭文集（第九卷）》及《卡拉布尼亚、阿普尼亚、沙姆利、沙利尼比沙尼的拉丁文集》。

1885 年　出版《瓦路斯战争》、《罗马史（第五卷）》。

1887 年　开始《古罗马研究大纲》19 卷。

1890 年　完成《瓦迪卡那汇编》。

$\dfrac{1891}{1892}$年　编纂《四、五、六、七世纪年代研究（第二卷）》。

1894 年　编纂《元老院议员加西欧多利作品集》、《四、五、六、七世纪小研究（第三卷）》，并于 1898 年完成。

1897 年　完成《蒙森青年作品集》，共 3 篇。

1898 年　完成《罗马公法》、《意大利周边》。

1899 年　完成《罗马刑法》。

1902 年　荣获诺贝尔文学奖。完成《拉丁铭文集（第三卷增补）》、《伊利克拉铭文集（第二卷）》。

1903 年　编纂《尤思彼斯文选》。同年 11 月 1 日，患中风而与世长辞。

1905 年　发行《特奥多尔西法典第二卷》、《演讲记录和短片论文集》。

1907 年　发行《拉丁铭文集（第十三卷之加利亚及德国标志性事件）》。

1936 年　发行《拉丁铭文集（第六卷）》。

图书在版编目（CIP）数据

罗马史 /（德）蒙森著；肖婷译. — 北京：北京理工大学出版社，

2015.7（2019.6重印）

（诺贝尔文学奖大系）

ISBN 978-7-5682-0441-5

Ⅰ.①罗… Ⅱ.①蒙… ②肖… Ⅲ.①古罗马—历史

Ⅳ.①K126

中国版本图书馆CIP数据核字（2015）第072241号

出版发行 / 北京理工大学出版社有限责任公司

社　　址 / 北京市海淀区中关村南大街5号

邮　　编 / 100081

电　　话 /（010）68914775（总编室）82562903（教材售后服务热线）

　　　　　 68948351（其他图书服务热线）

网　　址 / http：//www.bitpress.com.cn

经　　销 / 全国各地新华书店

印　　刷 / 北京通州皇家印刷厂

开　　本 / 889 毫米 ×1194 毫米　1/32

印　　张 / 10.625

字　　数 / 218 千字　　　　　　　　　　　　责任编辑 / 朱　喜

版　　次 / 2015 年 7 月第 1 版　2019 年 6 月第 7 次印刷　　责任校对 / 陈　玉

定　　价 / 46.00 元　　　　　　　　　　　　责任印制 / 李志强

图书出现印装质量问题，请拨打售后服务热线，本社负责调换

诺贝尔文学奖大系书目

1922 年	贝纳文特（西班牙）	《不该爱的女人》
1923 年	叶芝（爱尔兰）	《当你老了》
1924 年	莱蒙特（波兰）	《农夫》
1925 年	萧伯纳（爱尔兰）	《圣女贞德》
1926 年	黛莱达（意大利）	《邪恶之路》
1927 年	亨利·柏格森（法国）	《创造进化论》
1928 年	温塞特（挪威）	《新娘·女主人·十字架》
1929 年	托马斯·曼（德国）	《布登勃洛克一家》
1930 年	辛克莱·刘易斯（美国）	《巴比特》
1931 年	卡尔费尔德（瑞典）	《荒原与爱情》
1932 年	高尔斯华绥（英国）	《福尔赛世家》
1933 年	伊凡·蒲宁（俄罗斯）	《阿尔谢尼耶夫的一生》
1934 年	皮兰德娄（意大利）	《六个寻找剧作家的角色》
1936 年	尤金·奥尼尔（美国）	《进入黑夜的漫长旅程》
1937 年	马丁·杜·加尔（法国）	《蒂博一家》
1944 年	延森（丹麦）	《希默兰的故事》
1945 年	加夫列拉·米斯特拉尔（智利）	《葡萄压榨机》
1946 年	赫尔曼·黑塞（瑞士）	《荒原狼》
1947 年	安德烈·纪德（法国）	《窄门》
1949 年	威廉·福克纳（美国）	《喧哗与骚动》
1954 年	海明威（美国）	《永别了，武器》
1956 年	希梅内斯（西班牙）	《小毛驴与我》
1957 年	加缪（法国）	《局外人·鼠疫》
1958 年	帕斯捷尔纳克（苏联）	《日瓦戈医生》